本书得到国家自然科学基金项目（42161046）、广西自然科学基金项目（2021JJB150070）和应用经济学广西一流学科建设项目的资助。

沿边土地利用
多功能研究

黄天能　韦振锋◎著

西南财经大学出版社

中国·成都

图书在版编目(CIP)数据

沿边土地利用多功能研究/黄天能,韦振锋著.—成都:西南财经大学
出版社,2023.7
ISBN 978-7-5504-5825-3

Ⅰ.①沿… Ⅱ.①黄…②韦… Ⅲ.①土地利用-研究-中国
Ⅳ.①F321.1

中国国家版本馆 CIP 数据核字(2023)第 215288 号

沿边土地利用多功能研究

YANBIAN TUDI LIYONG DUOGONGNENG YANJIU

黄天能　韦振锋　著

策划编辑:杨婧颖
责任编辑:杨婧颖
责任校对:雷　静
封面设计:墨创文化
责任印制:朱曼丽

出版发行	西南财经大学出版社(四川省成都市光华村街 55 号)
网　　址	http://cbs.swufe.edu.cn
电子邮件	bookcj@swufe.edu.cn
邮政编码	610074
电　　话	028-87353785
照　　排	四川胜翔数码印务设计有限公司
印　　刷	郫县犀浦印刷厂
成品尺寸	170mm×240mm
印　　张	11.75
字　　数	214 千字
版　　次	2023 年 7 月第 1 版
印　　次	2023 年 7 月第 1 次印刷
书　　号	ISBN 978-7-5504-5825-3
定　　价	69.80 元

前　言

随着人口快速增长和人类需求的不断提高，土地资源稀缺和生态环境退化等资源环境问题日益突出，人地关系趋于紧张，影响了区域可持续发展。土地利用功能诠释了土地利用各子系统为人类提供福祉和服务的能力，对理解土地多用途之间相互作用的复杂关系、时间序列和空间格局演变及土地可持续发展具有重要意义。近年来，多功能土地利用性研究得到国内外广大学者的认可，并成为国际可持续性研究的重要前沿领域；土地利用的多功能评价及其优化调控研究为提高土地利用效益、缓解人地关系和促进区域可持续发展提供了新的思路和途径。2017 年 4 月国务院发布的《全国国土规划纲要（2016—2030年）》，提出"以资源环境承载能力为基础，推动国土集聚开发和分类保护相适应，立足比较优势，促进区域协调发展，切实优化国土空间开发格局"的战略部署。土地利用为人类提供各类产品和服务，具有经济、社会和生态等多种功能特性，土地利用多功能成为衡量区域经济、社会和生态协调可持续发展的重要研究视角。开展土地利用多功能研究，优化区域开发与保护格局，提升土地资源持续为人类提供产品和服务的能力，是实现区域可持续发展的有效途径。

边境地区区位优势和国际枢纽的作用日益凸显，在各项政策和制度的推动下，广大边境地区经济社会以较快的速度转型发展，而边境经济社会发展与土地利用存在着密切的关系。近年来，边境旅游、边境贸易等边境优势产业迅速崛起，边境地区逐渐成为区域经济发展的活跃地带，土地利用功能由传统功能向复杂多样化的功能转变，土地利用的农业生产、社会保障等传统功能在土地利用综合功能中的比重逐渐变小，边境旅游、国家安全等新兴功能和特殊功能日益凸显，而目前我国多数边境地区仍然执行全国和省一级的政策和标准，现行政策与边境发展的特殊性不完全匹配，现行各类政策对边境开发开放和鼓励边民守土戍边的支持力度不够，影响了我国国土安全和边境优势的发挥。本书以中国中越边境地区为研究区域，开展边境土地利用多功能评价及优化调控研究，既拓宽了土地利用多功能的研究范畴，还丰富了边境土地利用的研究成果，对我国各级部门制定差异化的边境土地利用多功能调控措施、优化政策，维护国家安全和繁荣边境经济社会具有重要的借鉴意义。

当今，土地利用多功能问题已成为土地利用变化科学领域新的研究热点。从已有研究成果来看，以往研究多局限于经济（生产）、社会、生态三大传统功能；从时空维度分析土地利用多功能演变规律并进行分区优化研究仍显滞后，对各功能之间的相互作用关系和影响程度的研究较少；将土地利用多功能评价结果与土地利用管控相结合的研究尚不多见，土地利用多功能优化的地域差异化管理体现不明显；边境土地利用多功能研究成果匮乏，支持边境差异化发展的优惠政策不足。区域土地利用多功能的时空演变规律、经济社会及生态效应、驱动机制及分区优化调控等将成为未来土地利用多功能研究的主要内容。因此，本书以中国中越边境地区为研究对象，主要从以下五个方面开展研究：一是基于边境安全、边境经济社会转型发展等背景，提出本书的研究意义、问题、目标、内容、可能的创新点等，并明晰相关概念及理论基础；二是对中国中越边境地区的自然、社会、经济、土地利用等基本概况开展研究；三是研究中国中越边境地区土地利用多功能的时空演变特征，并诊断主要障碍因子；四是从时间和空间两个维度对土地利用各功能之间的耦合协调关系开展研究；五是对中国中越边境地区土地利用进行功能分区，并提出各功能区具体的调控措施和研究区土地利用功能综合优化的政策建议。具体内容如下：

第一，挖掘了影响中国中越边境地区土地利用功能效益的主要问题。

边境地区经济社会发展的特殊机遇和路径使土地利用功能逐渐区别于其他内陆地区，并呈多样化状态，而目前我国边境地区各项事务执行的是全国或省一级的各项政策和标准，缺乏支持边境发展的差异化政策体系，现行政策与边境发展的特殊性不完全匹配，影响了边境土地利用功能的发挥。边境公民国土安全意识和保护措施不足，大量青壮年外出就业，耕地撂荒现象严重，部分农村居民点和工业用地被废弃。长期以来，我国自上而下的建设规划指标分解方法，使大部分指标倾向于重点市区，下达给边境地区的指标较少，规划建设用地规模已不能适应边境发展的新形势，边境地区的国土空间规划亟须调整。中国中越边境地区是我国重要的生态屏障，但目前不完善的生态补偿机制，不利于激励该地区长期坚持发展绿色生态经济，研究区生态环境脆弱，易受人类活动的影响，局部地区生态环境已遭到不同程度的破坏。

第二，中国中越边境地区土地利用多功能时空动态评价和障碍因子诊断结果。

从时间序列上看，中国中越边境各县域土地利用的综合功能随时间推移总体呈不断提高的良性发展趋势。研究区农业生产功能演变类型多样，农业生产功能总体呈稳定增强的趋势。研究区土地利用的社会保障功能总体上呈先下降后上升的变化趋势，上升的幅度大于下降的幅度。研究区生态服务功能总体呈波动衰退的趋势。中国中越边境地区旅游产业发展势头良好，所有县域土地利用的景观游憩功能都处于稳定增强的状态。中国中越边境地区土地利用的国家安全功能随经济社会进入发展阶段和成熟阶段体现出不同的特征，多数发展型县域土地利用的国家安全功能不断增强，相对成熟型县域土地利用的国家安全功能容易受经济利益的驱使。总体上中国中越边境地区土地利用的国家安全功能处于波动增强的状态。

从空间演变特征来看，中国中越边境地区土地利用的综合功能表现出显著的空间分异和聚集特征：研究初期，土地利用综合功能表现出显著的东强西弱的空间分异特征；研究中期，高值区主体规模由东部逐渐向西部转移；研究末期，土地利用综合功能呈现中间强两头弱的格局。农业生产功能高值区前期主要集中在东部地区，后逐渐向中西部地区转移，后期高值区主要集中在中部和西部地区。2000—2015 年研究区土地利用的社会保障功能相对高值区呈现由东部向西部演变的趋势，2018 年除地处东西两端的防城区和江城县以外，其余县域均达到较理想的状态。研究区土地利用生态服务功能空间演变规律不明显，2000 年高值区以云南段为主，2010 年和 2015 年呈高低相间的空间分布格局，2018 年在中部和西部地区出现空间聚集的格局。研究区景观游憩功能在各阶段呈现不同的空间分异特征：2000 年高值区主要分布在广西的凭祥市、东兴市和防城区，以及云南的金平县、河口县和麻栗坡县；2005—2015 年，景观游憩功能高值区逐渐向广西段各县演变，到 2018 年中国中越边境沿线旅游产业全面发展。研究区土地利用的国家安全功能表现出较明显的地域分异特征和演变规律：2000 年呈现东强西弱的空间分布格局；2010 年和 2015 年高值区逐渐向中西部地区转移；2018 年高值区主要集中在研究区的中西部地区。

从障碍因子诊断结果来看，影响中国中越边境地区土地利用各功能效益的主要障碍因子具有普遍一致性，障碍度从高到低依次为旅游收入、2A 级以上景区个数、旅游接待人次、城乡居民收入平衡指数、土地退化指数、耕地撂荒比例等，主要障碍因子涵盖了社会保障、生态服务、景观游憩和国家安全四个方面。其中景观游憩功能方面的障碍因子较多，其主要体现在研究前期，中后期已经逐步得到缓解，今后随着中国中越边境各地旅游产业不断发展，景观游憩功能方面的障碍因子障碍度会逐渐减弱。

第三，中国中越边境地区土地利用多功能耦合协调的时空特征及格局演化。

中国中越边境所有县域土地利用多功能之间的综合耦合度和各县域两两功能之间的耦合度均属于耦合协调类型，土地利用的农业生产功能、社会保障功能、生态服务功能、景观游憩功能、国家安全功能彼此之间相互作用强度较大。研究区土地利用多功能综合耦合度的时空格局差异显著。时间序列上，可将土地利用多功能综合耦合情况划分为三个阶段：第一阶段为平稳发展期，第二阶段为快速提高期，第三阶段为缓慢提高期。农业生产功能与国家安全功能耦合度最高，其次是农业生产功能与生态服务功能耦合度和生态服务功能与国家安全功能耦合度，生态服务功能与景观游憩功能耦合度前期最低，后期快速提高并达到与其他类型耦合度同等水平。空间上，土地利用多功能耦合度呈现出云南段各县域比广西段各县域变化幅度更小、发展更平稳的状态。

研究期间，中国中越边境地区土地利用多功能耦合协调度均属于良好协调发展和优质协调发展两种类型，由良好协调发展向优质协调发展演变是多功能之间耦合协调的主要变化趋势；土地利用两两功能之间的耦合协调度呈现中级协调发展、良好协调发展和优质协调发展三种类型。总的来说，研究区土地利用多功能之间耦合协调度总体呈上升趋势，各功能之间的关系越来越密切，协调程度逐年提高，为边境地区经济社会协调稳定发展奠定了良好基础。土地利用两两功能之间的耦合协调度均属于中级协调发展及以上类型，各功能之间处于较好的耦合协调发展状态。

第四，中国中越边境地区各县域土地利用功能定位及不同主导功能类型下的优化调控。

本书确定大新县为农业主导型县域，绿春县为社会主导型县域，江城县、马关县、靖西市为生态主导型县（市）域，金平县、河口县、麻栗坡县、富宁县、凭祥市、防城区、东兴市为旅游主导型县（市、区）域，龙州县、那坡县、宁明县为安全主导型县域。从各主导类型包含的县（市、区）域数量来看，景观游憩功能已成为中国中越边境地区多数县（市、区）域土地利用的引领功能，旅游已成为中国中越边境地区新兴的产业并逐步发展成为该地区重要的支柱产业。龙州县、那坡县和宁明县在土地利用的国家安全防护方面做得比较好。

针对不同主导功能区，基于微观层面，本书从多角度提出各主导功能区和各县域土地利用多功能优化的具体调控措施；针对中国中越边境地区土地利用多功能存在的普遍问题和经济社会发展的迫切需求，本书将跳出土地利用的范畴，基于多角度的宏观层面，从制定差异化的边境土地政策、优化边境国土空间开发格局、健全边境户籍制度、完善边境生态保护与生态补偿机制等方面提出中国中越边境地区土地利用多功能优化的政策建议。

黄天能

2023 年 3 月

目　录

1 绪 论

1.1 研究背景与意义

1.1.1 研究背景

（1）边境安全是我国长期以来高度重视的热点问题

当前，在各国对外开放程度不断加深的形势下，现代各国处于全球关系格局中，"全球化"和"逆全球化"浪潮和冲突不断涌动[1]，各国之间的博弈日益激烈，在大航海时代、大航空时代、大航天时代，边境地区具有立体性、扩展性、跨越性的特点，边境安全成为世界各国高度重视的敏感议题。在我国由地区性大国向世界性大国迈进的过程中，边境地区作为对外开放和"一带一路"倡议推进的重点场域，是国内安全风险和国际安全风险的重叠地带。由于我国海陆邻国较多，国境线绵长，周边地缘环境复杂多变，随着人口、物质、信息等在全球范围内的加速流动，边境社会矛盾异常复杂，边境传统安全与非传统安全的内涵日益丰富[2]，边境安全问题与发展问题彼此交织，因此，我国始终把边境安全作为国家发展的一件大事。边境安全是国家安全的保障，边境安全问题关系到国家的领土完整和主权的统一。

在党的十九大报告中，习近平总书记提出了"加快边疆发展，确保边疆巩固、边境安全"的总体要求，进一步强调了我国边境安全对国家安全的重要性，以及国家治理边疆的决心，把"加快边疆发展"问题凸显出来，为边疆研究提供了契机。在国家政策的引导和支持下，关于边境安全和边疆治理的议题再次成为学术界的研究热点和重要议题，学者们从不同的学科角度进一步审视了中国边疆治理的内涵，深入探讨边疆治理的具体问题。2019 年 3 月，学者们在云南大学召开了以"边疆治理与边疆发展、边境安全"为主题的第四届"民族政治与边疆治理"高端论坛[3]；2019 年 10 月，以"中国西部边疆安全与发展"为主题的会议在西藏大学召开,该会议提出了边境地区深入实施"调整结构、转型创新"的经济社会发展战略;2019 年 11 月,以"中国边疆治理与国家安全"为主题的学术研讨会在云南省临沧市沧源佤族自治县举行。作为非传统安全的重要组成要素,边境国土安全问题也逐渐引起学者们的高度重视。2017 年年末和 2018 年年末,我国土地利用研究领域的学者们在广西南宁分别召开了以"改善国土安全,促进边境发展"为主题和以"探索土地利用创新,助力边境地区发展"为主题的学术会议,重点对边境土地利用现状、边境土地利用变化和边境土地利用存在的问题等进行研究。

（2）中国中越边境地区非传统安全领域的研究和防护措施不足

边境安全关乎国家各民族的生存安全、发展安全以及生命财产安全,不仅涉及军事、政治、外交等传统安全领域,还涉及生态、资源、土地、人口、粮食、卫生、教育、信息等非传统安全领域,世界各国在传统安全领域早已做好了充分的防护工作,而非传统安全领域由于其构成元素复杂多样,各国对其防护策略仍然处于不断探索之中。长期以来,西北、东北以及东部沿海边境地区一直是我国各级政府部门和学术界关注的热点区域,中越边境地区虽然一直得到政府部门"兴边富民""脱贫攻坚"等各项政策的大力支持,但并未引起学术界的广泛关注,其作为中国边境疆域研究相对的"冷场域"进入了学界的视野[4]。当前关于中越边境地区非传统安全领域的研究主要集中在跨界民族的历史渊源、非法入境、跨境劳务、跨国婚姻等方面[4]。土地作为边境经济社会发展的重要载体,国土安全理应成为非传统安全的防护领域,然而,目前我国尚未出台边境土地政策,只针对全国 8 个国家级重点开发开放实验区给予了部分政策倾斜,政策福利覆盖面小,并且容易引起边境内部冲突和边境经济社会发展不平衡。广西及云南各级政府也未制定相应的边境土地利用与管理文件。边境土地利用结构、边境土地利用方式、边境土地利用效率等因素都将影响边境国土安全。当前,我国的边境大会战、兴边富民行动等均有效促进了边境经济社会的发展,但越南对边境地区的建设力度、经济发展的优惠政策等优于中国的边境政策,通过大力改善边境地区的生产和生活环境,强化和激发越南边民的爱国热情和守土戍边的决心。越南相对优越的边境政策逐渐对中国"安边、固边、治边、富边"行动带来巨大挑战,目前我国"兴边富民"行动所蕴含的政策资源不够,不足以有效地推动边境发展。我国应在"兴边富民""脱贫攻坚"政策基础上,充分理解边境的特殊需求,着眼于地域特征,尽快出台能够上升为政府行动的、可操作性强的支持边境经济社会发展的差异化政策。

（3）边境经济社会环境变革推动土地利用功能多样化发展

"一带一路"是我国提出的建设"新丝绸之路经济带"和"21世纪海上丝绸之路"的合作倡议，依靠中国与相关国家的双边关系，以"和平发展"为主题，积极与沿线国家共同构建政治互信、经济互通、文化包容、成果共享的利益共同体、责任共同体和命运共同体[5]。当今世界各国发展形势复杂多变，共建"一带一路"顺应世界多极化、经济全球化、文化多样化、信息现代化的发展潮流，秉承互利共赢的开放合作精神，推进"一带一路"沿线各国实现政治经济协调发展，开展更大范围、更高水平、更深层次的对外合作，共同构建开放、包容、均衡、共享的经济社会发展格局[5]。"一带一路"的建设使我国与各国之间的政治经济往来日渐频繁，随着经济全球化的不断深入，边境地区由于其特殊的地缘位置，其区位优势和国际枢纽的作用日益凸显[6]，在国家和地方各项政策和制度的推动下，近年来广大边境地区经济社会以较快的速度转型发展，而边境经济社会发展与土地利用存在着密切的关系。

中越边境是中国通往东盟国家的重要门户，承载着建设21世纪海上丝绸之路与丝绸之路经济带有机衔接的中国与东盟海陆通道的使命，近年来，边境旅游、边境贸易等迅速崛起，中越边境地区已逐渐成为区域经济发展的活跃地带，土地利用方式及类型变化显著，土地利用功能由传统功能向复杂多样化功能转变。而土地利用功能的变化不仅是土地利用本身的问题，更是区域经济社会发展综合效益在土地上的体现。在特殊的地理区位和边境经济社会转型发展等多种因素的共同作用下，边境土地利用不仅承载着传统的生产、生活和生态功能，而且随着边境旅游的兴起，边境地区的景观游憩功能日益增强；同时，边境地区日益成为各国国家安全与各类事务发展重点关注的区域，边境土地利用承载的国家安全的特殊功能日益凸显。

（4）土地利用多功能研究已经成为国际可持续发展研究的前沿领域

土地利用变化研究经历了从土地利用/覆被变化（land-use and land-cover change，LUCC）到全球土地计划（global land project，GLP），再到土地利用变化科学（land change science，LCS）的演变过程，土地利用变化研究早已成为全球环境变化及其可持续发展的重要内容[7, 8]。2005年全球土地计划的成立，使多功能性概念与土地利用紧密结合起来，全球土地计划将多功能性作为辨析土地利用的经济、社会和环境功能的新方法，对理解土地利用多用途之间相互作用关系、时空演变以及土地可持续发展具有重要意义[9]。此后，土地利用多功能成为衡量区域经济、社会和生态协调可持续发展的重要研究视角[10, 11]。土地利用的功能由土地利用各子系统组成[12]，人类在利用土地的过程中不断协调各子系统，以最大限度地获取土地利用的经济、社会和生态等各方面效益和价值[13-15]。土地利用功能诠释了土地利用各子系统为人类提供福祉和服务的能力[10]，对理解土地利用的多种用途相互作用的复杂关系、时间序列和空间格局演变及土地可持续发展具有重要意义[16]。近年来，土地利用多功能性研究得到国内外广大学者的认可，并成为国际可持续性研究的重要前沿领域。边境地区复杂的经济社会因素使土地利用多功能逐渐区别于广大内陆地区，边境土地利用多功能问题将会逐渐成为政府和学术界关注的新焦点，并将成为土地利用变化科学领域研究的热点和趋势。

2018年9月，学者们在北京召开的"土地香山科学会议"中达成共识：土地科学（landology）是人类研究土地要素结构功能、空间关系、演变机理，揭示土地系统变化规律，研究土地资源管控与运营，探索土地系统健康发展模式的综合性交叉学科[9]。探讨土地利用结构的系统与功能是土地科学研究的重要内容，土地利用系统提供的产品和服务是土地利用功能的具体体现，土地功能是土地的固有属性，是经济、社会和生态等多系统交叉综合作用的结果，直接或间接影响着人类的生存与发展[11]。随后，政府部门对土地利用多功能的管控也提出了新的要求，2018年10月自然资源部颁布的《自然资源科技创新发展规划纲要》（以下简称《纲要》），多处提到了土地利用功能的问题，其中在"主要任务"章节中提出"创新国土空间多功能精细化识别技术和面向不同地域功能的国土开发适宜性评价方法""探索土地利用功能修复的关键技术和成套装备"，在"重大科技工程"章节中进一步强调"揭示不同自然综合体的功能特性是形成国土管控机制的重要基础""要进一步研究生态系统服务多功能的权衡问题，提升生态功能服务的水平"，将"研究山水林田湖草等生命共同体要素配置和功能重构技术"列为近期优先支持的科技发展方向，厘清生命共同体"要素—结构—功能—效应"的协同机制，将"土地功能协同增强技术"列为土地资源安全与管控技术体系的重要内容[17]。《纲要》既阐述了国家发展的需求，也明确了土地利用功能领域今后重点研究的方向和内容，以及需要突破的科学技术。

随着人口快速增长和人类需求的不断提高，土地资源稀缺和生态环境退化等资源环境问题日益突出，人地关系趋于紧张，影响了区域可持续发展，土地利用多功能评价及其优化调控策略研究为提高土地利用效益、缓解人地关系和促进区域可持续发展提供了新的思路和途径[18]。但是受人类认知水平及人类活动的影响，土地利用各功能之间同时存在着协调发展和相互抑制的作用，科学识别不同区域土地利用功能包含的内容并厘清土地利用各功能之间相互关系、时空演变规律和影响机制是实现区域土地可持续利用的重要基础[19]。当今，土地利用/覆被变化仍是土地科学领域的研究热点，区域土地利用多功能的时空演变过程、区域效应、驱动机制及分区优化调控等将成为未来土地利用多功能研究的主要内容，厘清"格局—过程—功能（结果）"的级联关系，有助于深入认知人与自然的相互作用关系，有利于进一步探索土地资源的新兴理论和管控措施[20, 21]。

（5）我国边境地区经济社会发展的政策支持体系不完善，边境地区土地利用效率不高

特殊的地缘区位和边境经济社会的转型发展使边境地区土地利用功能朝多样化方向发展，土地利用的农业生产、社会保障等传统功能在土地利用综合功能中所占的比重逐渐缩小，景观游憩、国家安全等新兴功能和特殊功能日益凸显，而目前边境地区执行的是全国和省（自治区、直辖市）一级的政策和标准，现行政策和标准与边境经济社会发展和边境土地利用的特殊性不完全匹配。中央和地方政府尚未出台边境土地利用管理、边境户籍制度改革、边境生态补偿、边境产业发展等特殊支持政策（全国8个重点开发开放试验区除外），现行各类政策和标准对边境开发开放和鼓励边民守土戍边支持力度不够，影响了我国国土安全和边境优势的发挥；中国中越边境地区的东兴市、凭祥市和百色市相继被列为国家级重点开发开放试验区，虽然相关政策支持意见已出台，但作者跟随课题组到中国中越边境地区的东兴市、凭祥市、靖西市、那坡县和百色市调研时发现，部分政策过于广泛而空洞，政策导向模棱两可，难以落地。目前针对我国设立的8个重点开发开放试验区，都是在省级（自治区、直辖市）层面给予政策倾斜和适当减少各项审批环节，没能大胆地突破现有政策体制，国家层面没有出台正式的支持重点开发开放试验区乃至所有边境地区建设的若干政策文件；而已有差异化政策只针对重点开发开放试验区，不利于边境社会稳定，难以实现边境地区共同发展繁荣。

差异化的土地政策有利于提高土地资源的空间配置效率，增强区域发展活力，促进区域协调可持续发展[22]。越南为了激励边民在边境沿线集聚、守土戍边，全方位支持和鼓励边民在边境沿线进行开发建设，边民在边境沿线建设房屋等构筑物的选址上享有很大的自由度，除政府管控的少数特定区域外，边民可任意选址且无须办理行政审批手续，此外，边民在边境沿线建房可享受政府补贴，有的地方政府甚至为边民免费建房[23]。而中国中越边境地区目前执行的仍是国家和省（自治区、直辖市）统一的土地政策和人口落户政策，边民或企业在边境沿线修建建筑物必须严格按照国家和省（自治区、直辖市）

的统一标准，长期以来，自上而下的建设规划指标分解，使大部分指标倾向重点县（市），下达给边境地区的指标较少，边境地区规划建设用地规模已不能适应边境发展的新形势；根据调研得知，目前我国边境人口落户条件仍按照全国的统一标准，只能通过婚嫁和购房等方式落户边境，而边境地区大多处于偏远山区，房地产行业发展滞后，人民难以通过购房的方式进行落户，边境户口问题一般只能通过婚姻途径来解决，不利于边境人口的聚集。而越南在边境沿线上实行的优惠政策与我国形成鲜明对比，越南边境的各类优惠政策给我国边境地区带来巨大压力。

基于立雪等对东北边境口岸土地资源利用的研究结果[24]，结合本书写作过程的调研，笔者发现，边境公民国土安全意识不强和边境土地保护措施不足的现象普遍存在，因大多数边境地区生存条件差、经济落后[25]，大量青壮年外出就业，长期在边境农村地区进行生产和生活活动的多数为老人、妇女和儿童（被称为驻守边境农村的"九九""三八"和"六一"部队），边境地区不仅失去了大量主要劳动力，还失去了守土戍边的重要力量；据许坚对中国中越边境地区人口调查结果可知，中国中越边境地区常住人口比户籍人口少1/5以上[23]，部分远离边民互市点、口岸的边境村庄，人口外流现象最为严重，由此造成的耕地撂荒和村庄空心化日益严重。根据遥感监测和论文数据采集过程中的抽样调查结果，2018年中国中越边境地区撂荒耕地面积约为883.49公顷（1公顷＝10 000平方米，下同），一方面，耕地撂荒反映了边境土地流转制度的缺失；另一方面，边境耕地撂荒既不利于保护边境国土完整，也可能为不法分子进行边境间谍、走私等非法活动提供场所，威胁边境社会安全。

1.1.2 研究意义

（1）理论意义

土地利用多功能动态评价及空间格局演变规律研究，是实现边境土地空间优化实践的理论基础[26]。中国中越边境地区位置偏远，自然条件恶劣，经济社会发展长期处于落后水平，近年来随着兴边富民、脱贫攻坚、"一带一路"倡议等的实施，中国中越边境地区经济社会发展迎来了新的机遇，为避免走高耗能、高污染的发展之路，充分利用边境地区特殊的区位优势和优良的自然景观条件，协调经济社会发展、土地利用和生态环境保护之间的关系，是实现边境地区可持续发展的关键。本书从地球系统科学、区域经济学、管理学、生态学、可持续发展理论和国家安全论等相关学科和理论识别边境土地利用多功能研究应包含的内容[27]，并构建评价指标体系，综合评估不同评价时点中国中越边境地区土地利用各功能的状态，并诊断影响边境土地利用功能效益的主要障碍因子，分析土地利用各功能的时空演变特征，揭示不同功能之间的相互作用关系，探讨边境土地利用功能优化对策，为指导边境地区兴边富民、脱贫攻坚和参与"一带一路"各项建设提供理论和方法支撑，这有助于丰富边境土地利用的研究成果和拓宽土地利用多功能的研究范畴。

（2）现实意义

不同土地利用方式可直接或间接地影响区域国土空间发展，从而影响土地利用系统为人类提供产品和服务的能力。虽然已有较多学者研究土地利用多功能性，但这些研究对土地利用多功能的识别和分类没有形成统一的标准，在评估土地利用效益时，多停留在投入与产出的相对效率研究上，对土地利用非期望产出效率的研究较少，容易忽略土地利用多功能的地域差异特征，研究结果的实践性不强。在生态文明建设的新背景下，土地利用的主要目标是不断提高土地利用的经济、社会和生态等综合效益，使有限的土地资源能够满足人类日益增长的物质需求和精神需求。本书在评价土地利用多功能效益的基础上，诊断影响土地利用功能效益的主要障碍因子，对症下药，为地方政府解决土地利用存在的问题提供思路借鉴；同时划分不同土地利用主导功能类型区，对边境地区优化国土空间管制规则、形成边境国土空间优化格局具有重要的指导意义；针对各功能区提出具体的管控措施，进而构建边境地区土地利用多功能优化的政策体系，对相关部门制定差异化的边境政策、维护国家安全和繁荣边境经济社会具有重要的借鉴意义。

1.2 国内外研究现状及进展

1.2.1 土地利用多功能起源及发展

20世纪90年代末，"多功能性"成为全球农业政策变化研究的一个重要科学问题[28]，2005年全球土地计划（global land project，GLP）的发布，使多功能性概念与土地利用紧密结合起来，它将多功能性作为辨析土地利用的经济、社会和环境等多功能的新方法，对理解土地利用多用途之间相互作用关系、时空演变特征以及土地可持续发展具有重要意义[29-30]。

1994年，乌拉圭在向世界贸易组织（WTO）提交的回合农业协定（uruguay round agreement on agriculture，URAA）中首次提出了农业多功能的概念，2001年，该概念得到国际组织的认可，农业多功能的概念被正式提出：

农业除了具有农产品产出的经济功能外，还具有非商品产出的社会和环境等相关功能。随着研究的不断深入，农业多功能逐渐发展为更具实际意义的土地利用的多功能[31-33]，因此，土地利用多功能的研究由农业多功能演变而来。为了平衡土地利用的经济、社会和生态等多维度，学术界基于农业多功能概念对土地利用多功能概念进行定义并达成一致：土地利用功能由土地利用各子系统组成[34]，土地利用各组成要素结构不同，其体现出来的功能也不同[35]，人类在利用土地的过程中不断协调各子系统，使土地利用达到合理的结构，以获取土地利用的经济、社会和生态等各方面效益和价值，诠释了土地利用各子系统为人类提供产品和服务的能力[36,37]。土地利用多功能强调以人为中心，注重人类对土地的利用和需求[30]。随后，土地利用多功能被首次运用于欧盟第六框架项目"可持续性影响评估：欧洲地区多功能土地利用的经济、社会和环境效应"，正式启动了土地利用多功能的实践[38,39]。

土地利用多功能是不同土地利用类型相互作用而形成的结果，其产生的根本目的在于为人类提供可持续的社会福祉，着重刻画土地利用提供商品和服务及满足人类社会需求的程度[40]。土地利用多功能研究促使土地利用变化的研究由土地利用过程的研究转向土地利用各类效益的时空格局演变及其可持续性的研究，并逐渐成为土地变化科学领域新的研究热点[9]。土地利用多功能作为新兴的概念框架和土地利用可持续性评价的新视角，其理论基础仍较为薄弱，如何有效整合土地利用的各项功能，促进土地利用结构和布局优化以及与人类的和谐可持续发展，是政府和学术界面临的巨大挑战，从时空维度研究土地利用多功能的演变过程、区域效应、驱动机制及优化调控，将成为未来土地利用管理领域研究的重点内容和趋势[9]。

1.2.2 土地利用多功能识别及分类

土地利用多功能识别及分类是人类在利用土地过程中对土地利用功能的认知、命名和归类的过程，是实施土地利用调控和实现土地可持续利用的基础，也是土地利用多功能评价的前提。土地利用功能具有综合性、多元化、地域性等特征，但目前学术界关于土地利用功能分类、评价方法及研究内容等尚未达成共识，不同学者关注土地利用多功能性的侧重点各有不同、分类体系各异[41]。人类对土地利用功能的认识经历了由简单到复杂、由一元向多元的演变过程，因此，其分类体系越来越完善和具体已成为主流。最常见的分类方法是以土地利用类型为基础，使土地利用功能与土地利用类型建立——对应关系，由此将土地利用分为生产、生活和生态三大传统功能[35,42]。随着土地利用范围广泛化、利用方式多样化和利用程度深层化[43]，不同土地利用目标所体现的土地利用功能不同[44]，识别并划分科学合理的土地利用的功能类型是区域土地利用多功能评价的前提和基础。因此，不少学者认为土地利用功能还可以在传统功能的基础上进一步细分，如资源功能、景观功能、文化功能等；其中，最具影响力的是海铭（Helming）等[28]和佩雷斯·索巴（Pérez-Soba）等[39]基于欧盟SANSOR计划的研究成果，根据不同产业特征，他们将土地利用多功能划分为就业支撑功能、人类健康和娱乐功能、文化和美学价值功能、居住和土地的独立生产功能、以土地为基础的生产功能、交通功能、提供非生物资源的功能、支持和供给生物资源的功能、维持生态系统过程的功能九大功能。由此可以推断，土地利用功能因受研究时代、研究区域、研究目的等因素的影响而呈现出复杂多样的特征，建立一个"万能"的土地利用功能分类体系是不现实的，今后建立土地利用功能分类体系时，应在坚持分类体系普适性的基础上，尽可能地兼顾研究需求的差异性。

1.2.3　土地利用多功能评价

土地利用多功能评价是土地多功能利用的基础工作，也是制定土地利用决策的前提[45]。对区域土地利用多功能的可持续性进行评价，划分低、中、高等可持续性级别，结合区域特征，提出未来土地利用的导向和重点是目前土地利用多功能评价的一个重要研究方向[46]。在土地利用多功能评价的基础上提出土地利用分区方案也是目前地理学界的研究热点[47]，以往研究多基于某一时点的横截面数据，是在国家、省（自治区、直辖市）大中尺度上对土地利用多功能进行评价[37]，然而对不同时期的中小尺度土地利用多功能进行评价才能更好地对土地利用进行优化调控。土地利用多功能评价指标一般采用文献查阅法、专家咨询法或是两种方法相结合的综合方法来确定，由于不同区域人地关系及土地利用特征存在差异，起主导作用的土地利用功能也不同，所选取的评价指标不尽相同，目前没有一个可以全面衡量土地利用多功能效果的指标体系。指标权重的确定方面，由于主观赋权法受人为因素影响较大，客观赋权法受数据本身影响较大，因此，多数学者采用定性与定量相结合的方式确定指标权重。在评价方法上，将多种集成模型综合运用到土地利用多功能的评价已成为国内外学者的研究趋势，因此，综合指数法[32]、综合数学模糊评价法[48]等综合性评价方法常被用来定量评价土地利用各功能和综合功能的效益问题。在空间表达方面，学者们多基于土地利用多功能的定量评价结果，采用空间分析技术或数学模型来表征评价结果，体现土地利用多功能的空间分异特征[49, 50]；也有部分学者通过雷达图将各区域土地利用多功能进行对比分析[38, 51]。在时间序列上，他们多采用土地利用功能倍比系数与增量[45, 52]、功能变化幅度与变化优势度[48]、各评价时点评价结果直接对比[42]等方式进行表征。此外，也有学者分析土地利用各功能之间的权衡与协同[53]、耦合协调度[54]、偏离度[55]等，拓展了土地利用多功能评价的研究方法。但从已有研究来看，从时空维度分析土地利用多功能的演变规律并进行分区优化研究仍显滞后，对各功能之间相互作用关系和影响程度的研究较少。将土地利用多功能评价结果与土地利用管控相结合的研究尚不够多，成果应用力度不足。

1.2.4 土地利用多功能优化调控

自 2000 年以来，我国要求各级政府在制定规划时，不仅要考虑产业的分布情况，还要统筹协调人口、空间、资源、环境等多要素的相互关系；2010年国务院印发的《全国主体功能区规划》，要求按照"生产发展、生活富裕、生态良好"的格局调整优化国土空间；2016 年国家颁布的《中华人民共和国经济和社会发展第十三个五年规划纲要》提出，建立由"空间规划、用途管制、差异化绩效考核机制等"构成的土地管理体系，推动主体功能区优化布局；2019 年颁布的《关于在国土空间规划中统筹划定落实三条控制线的指导意见》，要求科学有序统筹布局生态、农业、城镇等功能空间，优先保障生态安全、粮食安全和国土安全，针对土地利用的不同功能，建立健全分类管控机制。上述一系列政策文件推动了国土开发方式由以生产功能为主导的格局转向生产、生活、生态等多种功能协调发展的格局，使土地利用多功能优化调控成为我国地理学界新兴的研究热点和趋势。目前国内外土地利用多功能优化研究比较薄弱，已有研究主要围绕土地利用的数量比配和空间配置两个问题，按照精度深化和尺度细化的方向对土地利用过程进行优化调控[56]；近年来，华东师范大学地理科学学院教授黎夏团队和中山大学刘小平教授团队对 GeoSOS-FLUS 模型的开发和运用，大力推动了土地利用格局优化技术的发展[57-59]。在土地利用功能分区研究方面，张洁瑕[13]、王德光[60]等对土地利用的经济、社会和生态三大功能进行评价，根据评价结果和区域发展需求，划定土地利用功能区并进行空间布局优化。在土地利用覆被/变化（LUCC）的基础上，开展土地利用多功能评价和制图越来越受到学者们的重视，如何有效整合土地利用的多种功能，促进土地利用结构和布局优化与人类的和谐可持续发展，是政府部门和学术界亟待解决的问题。在功能分区的基础上明确区域土地资源配置的战略重点，构建多功能统筹的长效机制和途径，既是构建区域协调发展机制的客观要求，也是深化学术界对土地利用功能的认识，为区域"特质化"发展提供理论支撑[61]。然而，已有研究成果对于优化调控，经验总结和定性分析的优化路径偏多，对具有相似特征区域土地利用多功能水平低和对各功能之间失衡的障碍因素进行定量化诊断和并提出针对性对策的分析比较少[62]。多数研究停留在土地利用数量结构和空间格局优化的客观层面，缺乏与土地利用优化相对应的政策优化的研究，或者对人类制定的各项规章制度泛泛而谈，较少将土地利用过程优化与政策优化进行一一匹配，忽略了地域特征与政策需求的差异性。

1.2.5 边境土地利用研究

学术界关于土地利用的研究由来已久，成果丰富，但涉及边境土地利用的研究成果较少，边境土地利用研究力度略显不足。关于边境土地利用研究大体可以分为两个方面：一是多数学者多围绕边境土地利用时空格局演变[63-65]、土地利用变化驱动力[66-68]、土地利用评价[69,70]、生态环境响应[71,72]等方面进行研究。以往研究主要是针对某一尺度的特定区域，而针对某一类特点的特殊区域的研究尚未完全展开。关于边境土地利用变化的研究目前主要采用遥感技术和 GIS 技术并结合数学方法进行[67]，现有研究一般集中在土地利用变化的某一方面或某一类用地，研究方向比较分散，缺少全面系统地探讨边境土地综合利用问题。二是部分学者开展边境土地安全研究，有的学者从政府管理和解决问题能力的角度研究国土安全问题[73]；有的学者从边境环境的视角分析边境地区经济社会发展存在的安全困境和安全压力[74]；有的学者以边民的生存安全为研究切入点研究边民土地保护意识与边疆安全的关系[75]；有的学者认为边境耕地的充分利用不仅是为保障国家粮食安全，还能御敌固边，对保卫边境安全起到重要的作用[76]；基于国家领土安全的视角，分析当前中国与周边国家边界纠纷问题和国家间领土边界争端的文化、经济、生态等非传统安全因素的成果相对较多[77,78]。以往学术界对土地利用多功能问题的研究，主要聚焦于经济发达城市[79,80]、东部沿海快速城镇化地区[50]、大中城市群[81]、资源型地区[82]等经济社会发展较快的区域。

边境地区由于特殊的地缘位置，随着各国对外开放程度不断提高，其区位优势和枢纽作用日益增强，在日益强烈的土地利用变化中，边境地区土地利用所承载的功能逐渐区别于其他地区，目前我国尚未见有关边境土地利用多功能的成果发布。中国是世界上邻国最多的国家（陆上邻国 14 个，海上邻国 6个），但边境土地利用研究滞后，尚未出台专门的支持边境发展的政策体系和法律保障。正因如此，本书以中国中越边境地区为研究区域，以县域为评价单元，探讨边境土地利用多功能演变问题，在扩展土地利用多功能研究范畴的同时，试图找到边境土地利用功能的特殊性，从土地、人口、生态、产业等方面有针对性地提出优化边境土地利用多功能的具体措施和政策建议。

1.2.6 研究动态评述

综上所述，当今土地利用多功能问题已成为土地变化科学领域新的研究热点，区域土地利用多功能的时空演变规律、经济社会及生态效应、驱动机制及分区优化调控等将成为未来土地利用多功能研究的主要内容和发展趋势。土地利用功能分类复杂多样，以往研究多局限于经济（生产）、社会、生态三大传统功能，未来的研究中，应在追求分类标准一致性的基础上，尽可能兼顾研究需求的差异性；边境土地利用多功能研究既要涵盖土地利用的传统功能，更要突出边境土地利用的新兴功能和特殊功能，只有这样才能推动边境土地利用科学的发展。从时空维度分析土地利用多功能的演变规律并进行分区优化的研究仍显滞后，对各功能之间相互作用关系和影响程度的研究较少；将土地利用多功能评价结果与土地利用管控相结合的研究尚不多见，成果的应用研究力度不足；将土地利用措施优化和政策优化相结合的成果较少，土地利用多功能优化的地域差异管理体系不明显。目前我国边境土地利用多功能的研究成果尚未见公布，支持边境差异化发展的优惠政策不足。因此，本书聚焦中国中越边境地区，探索近20年来土地利用多功能演变特征并对其进行分区优化调控，为政府部门制定差异化边境土地利用多功能优化政策和繁荣边境经济社会提供参考依据。

1.3 研究目的与内容

1.3.1 研究目的

（1）构建边境土地利用多功能分类体系和评价指标体系

边境土地既具备土地利用的传统功能，又有其自身的特殊功能，已有土地利用多功能分类的体系复杂多样，没有统一标准的分类体系及评价指标体系，正确识别边境土地利用多功能研究应包含的主要内容以及如何根据数据的可得性、全面性等选取具有边境代表性的评价指标是本书的研究目标之一。边境土地利用多功能分类既考虑了农业生产、社会保障和生态服务的传统功能，又融入了边境新兴的景观游憩功能和边境土地利用特殊的国家安全功能；构建的指标体系既能反映土地利用多功能的内涵，又能突出边境特征。

（2）揭示 2000 年以来中国中越边境地区土地利用多功能演变的时空特征，并划分土地利用主导功能类型区

边境土地利用多功能的研究成果目前在我国学术界尚未见公布，本书从时间和空间两个维度研究并展示中国中越边境地区土地利用多功能演变的基本规律和时空特征，以发现边境土地利用存在的特殊性；并根据中国中越边境各县域土地利用多功能的特征划定主导功能类型，确定不同主导功能类型的发展目标。

（3）探究差异化的优化边境土地利用多功能的政策体系

我国多数边境地区属于偏远贫穷地区，而中国中越边境地区更是集"老、少、边、山、穷"于一体，是我国兴边富民的重要战场。中华人民共和国成立以来，各项规章制度不断完善，在这些规章制度的引领下，各领域取得骄人的成绩，实现了让一部分地区、一部分人先富起来的目标，在社会经济日益繁荣的今天，扶持落后地区发展成为我国重要的发展任务，而目前我国支持边境发展的各项优惠政策尚显不足，多数边境地区仍执行全国或省（自治区、直辖市）级的统一标准，尚未形成功能比较齐全的支持边境地区发展的政策体系。土地利用功能是区域经济社会综合效益在土地上的体现，本书基于土地利用多功能的视角，跳出土地利用范畴，从土地、人口、产业、生态等多方面构建促进边境经济社会发展的政策支持体系。

1.3.2　研究内容

（1）边境土地利用多功能的概念、内涵和研究框架

土地利用多功能来自农业多功能，目前，部分学者对土地多功能性、土地利用多功能、土地多功能利用等概念未能完全区分，本书有必要进一步界定土地多功能性、土地利用多功能、土地多功能利用的概念，区分三者之间的内涵。边境土地利用多功能研究的内容识别是本书需要解决的关键问题，根据学者们前期的研究成果可知，土地利用多功能研究的内容尚未形成统一的标准，由于受人地关系、自然地理等因素的影响，不同区域土地利用各功能也不尽相同，因此，不可能形成千篇一律的土地利用多功能研究内容体系。本书基于土地利用经济、社会和生态的传统功能，探索边境地区土地利用的新兴功能和特殊功能，确定中国中越边境地区土地利用多功能研究的基本框架。

（2）中国中越边境地区土地利用多功能时空动态评价及障碍因子诊断

基于边境土地利用多功能的概念、内涵和研究框架，本书确定从农业生产、社会保障、生态服务、景观游憩和国家安全五个方面构建边境土地利用多功能评价指标体系，评价各功能在各时点的状态。基本以每 5 年为时间间隔，运用改进的 TOPSIS 方法评价中国中越边境各县域 2000—2018 年土地利用多功能性，揭示近 20 年来中越边境土地利用多功能演变的基本规律和时空特征。引入"指标偏离度模型"和"障碍度模型"，诊断影响中国中越边境土地利用各功能效益的主要障碍因子。

（3）中国中越边境地区土地利用多功能耦合协调关系研究

土地利用的各功能并不是独立存在的，而是表现出复杂的相互耦合协调关系，基于土地利用多功能评价结果，运用耦合协调度模型和地理信息系统（GIS）对中国中越边境土地利用多功能耦合协调关系的时空演变规律进行研究，在时间和空间上识别区域土地利用相互促进和相互挤压的功能，充分发挥土地利用功能两两相互增益的协同关系，避免相互抑制的竞争关系，为土地利用功能分区、用地结构和布局优化构建差异化的边境土地利用多功能优化政策支持体系。

（4）中国中越边境地区土地利用主导功能类型划分研究

根据土地利用多功能评价结果，运用纵横对比法识别各县域土地利用各功能类型，区分各县域土地利用的主导功能、适中功能和短板功能；根据评价结果划分主导功能类型区，分析各主导功能类型区的发展特征（优势和劣势），确定各功能区未来发展方向和目标。根据各功能区的发展定位，结合障碍因子诊断结果，按照"优势发挥、短板补齐"的原则，从微观层面提出各功能区土地利用功能优化的方向和具体措施。

（5）构建差异化的边境土地利用多功能的优化政策支持体系

土地利用功能是区域经济社会发展综合效益在土地上的体现，本书跳出土地利用的范畴来看待土地问题，基于各功能区反映出的普遍问题以及边境经济社会发展过程中体现出的特殊需求和重大问题，从土地政策、户籍制度改革、生态补偿等宏观层面构建差异化的边境土地利用多功能优化政策支持体系。

1.4 研究方法、研究思路及技术路线

1.4.1 研究方法

理论研究法。由于土地利用多功能是土地利用的结果，因此，土地利用多功能不仅是土地利用的问题，更是经济社会发展过程在土地上的体现。为了能全面反映边境土地利用多功能所包含的内容，本书综合运用地球系统科学、区域经济学、管理学、生态学、可持续发展理论和国家安全论等相关学科理论识别边境土地利用多功能包含的内容并构建具有边境特征的评价指标体系。

资料梳理法。整理土地利用多功能评价、时空动态演变、边境土地利用、耦合协调理论等相关文献和书籍，对所获取资料进行分类整理，识别国内外相关研究热点和发展趋势，诊断现有研究的不足，以寻找本书的研究方向和突破点。汇总各国边境发展政策，尤其是与中国相邻的国家，其中重点梳理越南的边境发展政策，并与我国现行边境执行的政策进行对比研究，以发现我国边境经济社会发展过程中存在的不足，及时吸收其他各国边境管理的成功做法和先进理念。

实地调查法。为了能深入了解中国中越边境各县（市、区）的自然、社会、经济、人口、土地等情况，作者在相关课题的支持下到中越边境部分地区的图书馆、档案馆、政策研究室等单位搜集资料，组织各地发改局、自然资源局、商务局、财政局、环保局、农业局、边防站等相关部门管理人员召开座谈会，并对部分边境公民进行一对一访谈；同时在各县对个体农户和具体地块进行抽样调查，以修正遥感手段获取的耕地撂荒面积数据；重点调查边境旅游发展情况，边境土地利用现状，边民土地利用行为、态度和国家安全意识等。

专家咨询法。专家咨询法是指在指标权重计算过程中，为了避免客观赋值法存在的不足，在使用商权法计算指标权重后，通过专家咨询的方式对权重进行修正。在构建边境地区差异化政策支持体系的过程中，也对相关领域的专家进行了咨询。

模型分析法。模型分析法是指采用极值标准化法对指标进行无量纲化处理，结合德尔菲法和熵权法确定指标权重，运用改进的 TOPSIS 法计算土地利用多功能得分，使用指标偏离度模型和障碍度模型诊断主要障碍因子；运用耦合协调度模型测算各功能耦合协调度；运用纵横对比法诊断各县域土地利用功能类型，划分土地利用主导功能类型区。

空间分析法。空间分析法是指利用 ArcGIS 软件的空间分析功能获取研究区土地利用转移的类型和面积的相关数据，从中初步得到耕地撂荒面积数据；利用 ArcGIS 软件对各年份土地利用多功能评价结果和各功能之间的耦合协调度进行空间布局，以便发现和总结土地利用各功能和各功能之间耦合度及耦合协调度的空间演变规律。

1.4.2 研究思路及技术路线

本书按"提出问题—制定目标—分析问题—解决问题（实现目标）"的思路开展研究和写作，具体如下：

（1）提出问题

本书在"边境经济社会转型发展、土地利用多功能研究现状和趋势、我国边境经济社会发展及其政策支持体系现状等"综合背景下拟定了研究的问题——中国中越边境地区土地利用多功能演变及优化调控。

（2）制定目标

在提出研究问题后，本书按研究进程提出不同阶段的研究目标：首先，"构建边境土地利用多功能分类体系和评价指标体系"；其次，在土地利用多功能评价的基础上，"揭示中国中越边境地区土地利用多功能演变的时空特征并划分土地利用功能区"；最后，基于以上研究，提出"构建差异化的边境土地利用多功能优化政策支持体系"的目标。三个具体目标的设置为下一阶段的理论及实证研究指明了具体的研究方向和研究内容。

（3）分析问题

本书的理论及实证研究从五个方面详细展开。第一，识别边境土地利用多功能研究应包含的内容，明确土地利用多功能的定义和内涵，构建边境土地利用多功能的研究框架；第二，从生产、社会、生态、旅游、安全五个方面对边境土地利用多功能进行评价，总结中国中越边境地区土地利用多功能的时空演变特征；第三，进一步诊断影响中国中越边境土地利用的功能效益的主要障碍因子，以便各级政府管理部门对症下药，解决土地利用中存在的问题；第四，探索土地利用各功能之间的内在机理和空间关系，熟悉并掌握各县域土地利用各功能之间的相互关系，以更好发挥主导功能的作用，逐渐削弱对主导功能具有抑制作用的其他功能；第五，对中国中越边境土地利用多功能进行分区，以明确不同区域的不同发展方向和目标，更好地发挥各区域主导功能的作用，尽最大可能发挥优势资源的作用，培育优势产业，集中精力推进各区域重点领域建设，进而带动其他领域的共同发展。

（4）解决问题

针对前面结果分析得出的主要问题和主要障碍因子，按照做强主导功能、补足其他功能的原则，提出各功能区具体的调控措施。设计出确保各项调控措施能够顺利实施的优化政策体系，这正是本书研究的最终目标和落脚点。

根据以上研究思路，本书制定了以下技术路线（见图1.1）：

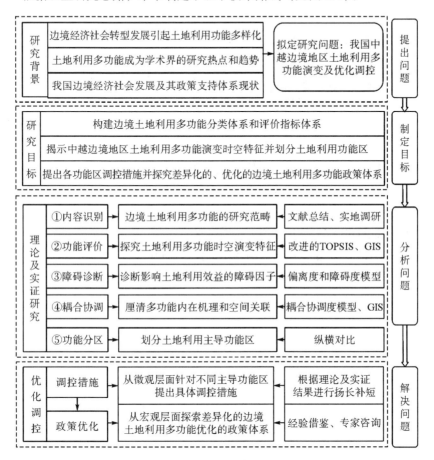

图 1.1　本研究的技术路线图

1.5　研究创新点

本书根据边境地区的地缘特征和战略地位，首次将国家安全功能纳入土地利用多功能的研究范畴，研究内容有一定的创新性。边境地区具有特殊的地缘区位，地域特征明显，本书基于土地利用的经济（生产）、社会、生态三大传统要素，考虑了近年逐渐火热的边境旅游及各国高度重视的国家安全问题，添加了景观游憩和国家安全两个维度，综合研究边境地区经济（生产）、社会、生态、边疆特色、国家安全等土地利用多功能问题；其中，将国家安全功能纳入土地利用多功能问题的研究范畴，研究内容也具有一定创新性。

　　本书在土地利用多功能研究中，从土地利用与管理非传统安全的角度探讨边境安全问题，协调了以往从军事、政治、外交等传统安全视角研究边境安全的惯性思维，研究视角有创新。广大内陆地区土地的主要功能是为人类提供产品和服务，而边境土地利用不仅是基于人类对产品和服务的需求，而且不同的土地利用方式、利用效率和利用结构还暗含着对边境安全的影响，如边境耕地撂荒不仅是土地利用效率低下的问题，还为邻国边民改变土地界线、侵占我国领土提供了机会。这不利于维护边境土地的完整性，影响国家领土的安全。从土地利用与管理的视角研究边境的安全问题，理论上拓宽了边境非传统安全的研究范畴，拓展了边境非传统安全的研究深度，实践上可为国家和各级地方政府制订边境经济社会发展计划及国家安全防护政策提供新颖而更深层次的切入点，为国家治理边疆、维护边境安全提供重要依据，从而进一步完善我国边境安全和国家安全的防护范围，提高我国边境安全和国家安全的防范意识，深化我国边境安全和国家安全的防范领域。

2 概念界定与理论基础

2.1 概念界定

2.1.1 土地利用多功能的概念与内涵

土地利用多功能概念由农业利用和生态系统提供产品和服务的多功能性演变而来。欧盟第六框架项目"可持续性影响评估：欧洲多功能土地利用的经济、社会、环境效应"（Sustainability Impact Assessment：Tools for Environmental Social and Effects of Multifunctional Land Use inEurope Regions）最早将土地利用多功能的概念定义为：不同土地利用方式为人类提供的私人或公共的产品和服务[32,83]。该定义涉及经济、社会和环境三个层面的问题，得到学术界的广泛认可。此后，不同学者在此基础上对土地利用多功能定义进行扩展和诠释。如王枫扩展了土地利用功能的构成，根据广州市发展特征，他将土地利用的文化功能单独列出，构成经济、社会、环境和文化四大功能[84]。也有学者认为土地是一个复杂的生态系统，土地利用多功能分类应以自然资源为基础，将土地利用多功能划分为调节功能、生产功能、生境功能和信息功能[16]。一个区域土地利用的经济、社会和生态等功能的状态，通常用土地利用多功能来表示[32,46]。土地利用多功能是不同土地利用方式相互作用形成的多种功能，体现着土地利用功能满足人类对多种产品和服务的需求。由此，本书认为土地利用多功能应包括两种内涵（见图 2.1）：一是土地本身具有的自然属性功能，如土地的承载功能、生态服务功能、景观功能等；二是人类直接或间接利用土地而衍生的功能，如生产/经济功能、社会/生活功能、国家安全功能等。根据以上两种内涵可知，人类活动渗透在地球各个角落，真正意义上的"未利用地"其实并不存在，如未利用地中的荒草地和盐碱地，可为人类提供生态服务价值，起到生态调节的作用，属于土地利用的间接范畴。

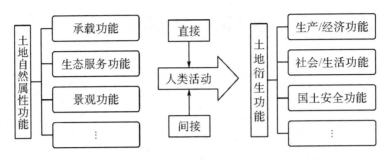

图 2.1　土地利用多功能形成过程

土地利用多功能的研究重点是刻画土地为人类提供产品和服务的能力，这就决定了土地利用多功能由两个主体相互作用而形成，一是作为载体的土地，二是拥有需求的人类。如果没有人类对土地的作用，土地的功能主要包括为各种生物的生存发展提供栖息地的载体功能、生物系统之间的能量循环功能以及自然景观功能；人类出现后，为了满足生活物资等需求，开始作用于土地，按人类的需求对土地进行开发利用和改造，便出现了土地利用的经济、社会、安全等功能，由此逐步形成土地利用的多功能性。由此可知，土地利用多功能由两个主体共同构成，任何一个主体都不能缺失，在人类利用土地多功能得到发展的过程中，为了保持土地利用的可持续性，需要对土地利用多功能进行评价，进而对土地利用进行有效管理和调控（见图 2.2）。不同时期人类社会的生产力水平和生产关系不同，两者对土地利用的影响使土地为人类提供的产品和服务在不同时期也不同[85-86]。综合以上分析，土地多功能应具有以下四个特征：①客观性，土地的自然属性功能客观存在，不受人类活动的影响；②主观性，土地利用的衍生功能随着人的行为意识发生变化，受人类活动的影响，是人类利用土地和改造土地产生的二次功能；③复合型，土地利用同时存在着自然属性功能和衍生功能；④动态性，不同时期、不同地域土地的利用功能存在差异性，完全统一的土地利用功能分类体系不符合人类的需求特征。

土地多功能、土地多功能利用和土地利用多功能三个概念之间既有联系又有区别（见图 2.3）。已有研究中，部分学者未能区别对待，就其内涵来说，三者不能混为一谈。严格来说，土地功能是土地的自然属性，研究初期，大多学者将土地的生态服务功能视为土地功能[87]，因此，在很长一段时间内土地功能被称为生态系统服务、生态系统功能或某种土地专项功能[11]。综上所述，土地多功能的概念源于土地本身拥有的价值，是指"土地本身具有的能提供商品和服务的特性"[10, 83]。而土地多功能利用则以土地多功能属性为基础，强调的是土地本身拥有的多种功能的利用过程，通过多功能利用土地来满足人类的多种需求[88]。土地利用多功能是土地多功能利用的结果，是多种土地功能被人类开发利用后的表现形式。土地多功能性是对土地自身功能状态的一种表述，这种表述忽略了人类活动对土地的影响这一过程；土地多功能利用则是以人为中心的活动过程，强调人类对土地的利用过程。综上所述，笔者认为，土地利用多功能是土地多功能的自然属性被利用后转为人类社会福祉的增益，其根本目的是实现土地的可持续利用，体现了人类利用自然、保护自然、优化自然的过程。

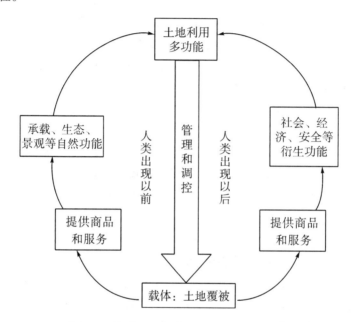

图 2.2　土地利用多功能形成的理论关系①

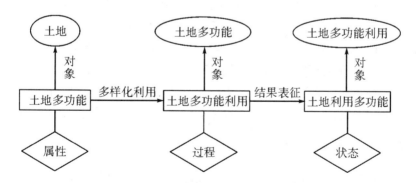

图 2.3　土地多功能、土地多功能利用和土地利用多功能的联系与区别②

① 参考黄安等 2017 年发表的《土地利用多功能性评价研究进展与展望》。
② 参考刘超等 2016 年发表的《土地利用多功能性研究进展与展望》。

2.1.2　土地利用多功能系统的概念与内涵

结构与功能是系统论的一对重要研究范畴[89-90]，一个完整的系统应包含两层关系：一是系统与其构成要素的关系，二是系统与其周边环境（事物）的关系。表征前一种关系的研究范畴属于结构，表征后一种关系的研究范畴属于功能。结构的稳定性决定系统的稳定性，而功能是系统与外部环境的相互作用关系的结果，结构和功能的协调统一才能形成稳定的系统[90]。

基于系统论的结构来说，土地是自然要素的综合体；基于功能的角度来说，土地是多功能集成的综合体。完整的土地利用结构系统和完整的土地功能系统才能形成完整的土地利用多功能系统[91]。由此，本书认为，土地利用多功能系统是土地利用系统各组成要素相互作用的结果，其综合功能的价值高低由各组成要素共同决定，而不是各功能效益的简单叠加，它是各功能之间相互镶嵌、相互渗透形成的高于系统各构成要素效益的复合系统，任何一个子功能发生变化都会引起其他功能的变化，并直接或间接地影响整个系统的功能。一个健康的土地利用多功能系统不仅具有完整的结构性，还必须能实现各功能之间的连续性。

就边境地区而言，笔者认为土地利用多功能系统不仅应具备土地利用的传统功能（农业生产功能、社会保障功能和生态服务功能），还应具备边境地区的新兴功能（景观游憩功能以及地缘区位带来的国家安全特殊功能）。各功能之间形成有机的、不可分割的统一整体，土地利用多功能之间相互关联，在一定条件下可以相互促进，反之亦可相互抑制。人类的生产和生活以生态系统为基础，又反过来作用于生态系统，或破坏生态系统或改善生态系统。而生产是人类生活得以维持的基础，当人类生活达到较高水平时，将对生产寄予更高的要求，不断推进生产技术的变革。景观游憩功能则来自优越的自然生态系统以及人类对自然的改造能力，优越的景观资源又能改善当地人民的生活，并促进区域生态环境的保护和生产技术的更新。国家安全则是其他一切功能价值得以体现的重要前提；同时，国家安全也是土地利用各种功能综合作用的结果。

2.1.3　土地安全与国土安全的概念与内涵

土地是经济社会发展的物质基础，也是一切社会关系的载体；土地是否安全，直接关系到人类及一切动植物的生存与发展问题。土地并不是独立存在的自然综合体，它与人类一切活动密切相关，表现为人类利用土地而形成的复杂人地关系。因此，土地安全既包括土地资源本身的安全，也包括与土地资源有着密切关系的经济、社会活动安全以及土地利用制度安全等[92]。土地资源本身的安全一般表现为土地的生态安全，即土地数量是否充足、土地质量高低、土地结构是否合理等。土地经济安全表现为土地的自然供给与人类对土地的需求的矛盾、土地空间布局的合理性、土地利用的时间配置等问题。土地的社会安全表现为人类在利用土地过程中出现的强权政治、霸权主义、弱势群体权利受到侵害、利益分配不公平、土地征收矛盾、地块权属及其范围矛盾等问题。土地制度安全表现为耕地保护、基本农田和生态保护区、建设用地边界等方面的管理和控制。除土地资源本身安全不受人类影响外，土地的经济、社会、制度等安全处处有人类活动的轨迹，土地安全与人类利用土地的行为密切相关。因此，研究土地安全问题时，应跳出土地的范畴看待土地利用问题，将土地和人类活动视为完整的统一系统，从系统的角度多方面综合研究土地安全问题。

"9·11"事件后，美国政府将国家安全问题提升到更高的战略地位，国土安全开始成为频繁使用的一个词。随后国土安全问题引起世界各国的广泛关注和重视。2014年在中央国家安全委员会会议上，习近平总书记明确提出了国土安全的要求，强调既要重视国民安全，也要重视国土安全，构建集政治安全、国土安全、军事安全、经济安全、文化安全、社会安全、科技安全、信息安全、生态安全、资源安全、核安全等于一体的国家安全体系[93]。会议将国土安全提高到与国民安全同等重要的地位，并将国土安全列在国家安全体系的第二位，国土安全对于国家总体安全的重要性不言而喻。从法律政策上看，国土安全应包括三个方面的内容：一是国家的领土主权和空间管辖权不受侵犯或不被侵略，二是边境地区的安全稳定，三是国民生命财产不受威胁[94]。新时代的国土安全是一个集史前要素、当前要素、未来要素于一身的综合体[95]，国土安全不仅与传统安全和非传统安全密切相关，而且正在向海洋、太空、网络等安全领域扩展，因此边境国土安全问题不能局限于土地利用问题，应从基础设施、土地、人口、生态等多方面进行评价。

2.2 理论基础

2.2.1 土地可持续利用理论

目前，资源浪费、环境污染的问题已经影响到人类的生产和生活，进而影响社会发展的步伐和质量。随着世界各国经济的快速发展和人民生活水平的不断提高，资源浪费、环境污染等问题逐渐受到各国政府和各界人士的重视。如何破解以上问题，维持经济社会的可持续发展已经成为摆在人类面前的重要议题。在这样的背景下，人类试图在各领域努力寻找各种各样的可持续发展模式，用于取代传统的、落后的、不符合现代发展需求的经济社会发展模式[96]。可持续发展的概念和观点于 1980 年由世界自然保护同盟（IUCN）、野生动物基金会（WWF）与联合国环境规划署（UN-EP）在共同发表的《世界自然保护纲要》文件中首次明确提出[97]。可持续发展理论一经提出就迅速得到全世界人民的认可。1987 年，联合国环境与发展委员会在《我们共同的未来》中再次明确了可持续发展理论的概念：既满足当代人的需求，而又不损害子孙后代满足其需求的能力[98]。1994 年，我国政府编制《中国 21 世纪议程——中国 21 世纪人口、环境与发展白皮书》，正式将可持续发展战略纳入中华人民共和国国民经济和社会发展的长远规划。

自然资源的可持续利用是实现经济社会可持续发展的前提，人类经济社会的发展不能超越自然资源和环境的承载能力。随着可持续发展理论研究的不断深入，土地资源的可持续利用成为可持续发展理论的重要内容。1993 年，联合国粮农组织颁布的《持续土地利用管理评价纲要》（以下简称《纲要》），明确了土地可持续利用的概念、基本原则、评价标准和评价程序等内容。《纲要》将土地可持续利用的概念定义为：将土地利用的政策、技术和行为融为一体，在提高土地生产能力的同时，将自然资源保护放到同等的地位。土地可持续利用是一种促进人口、经济、社会、资源、环境等多要素相互协调发展的土地利用模式[96]，力求满足人类日益增长的物质需求和精神需求。土地可持续利用以生态环境效益为前提，保护自然资源的生态环境；以资源的综合效益为基础，协调好各种自然资源之间的关系；以经济效益为中心，运用高科技手段合理开发土地资源，不断提高土地资源利用的综合效益；以社会效益为目标，促进社会的可持续发展[91]。土地可持续利用是区域经济和社会可持续发展的前提和保障，是可持续发展战略背景下土地利用必然选择的方式。土地可持续利用理论是制定国土空间规划的重要指导思想，是各时期土地利用优化调控的永恒理念，对解决人与自然的矛盾、人与土地的矛盾具有重要的理论和实际意义，是人类实现人口、经济、社会、资源与环境协调发展的必然选择。

2.2.2 人地关系协调理论

人地关系协调理论是伴随着人类社会的生产发展而逐渐形成的理论，强调人口、资源、环境与经济等多要素的协调发展。在人地关系协调理论中，人和地球是一个对立统一的有机整体，人类在这个有机整体中充当着主导者的角色，地球环境变化反作用于人类活动。由此，人地关系协调理论可解释为：人类社会及其活动与自然环境之间的关系[99]。随着人类的进化，人类活动与自然环境之间的关系不断向更广空间和更深层次发展和演变[100]。人地关系协调是一个开放的、动态的、复杂的综合系统[101]，人类活动不可能完全改变地球环境，但人类活动对地球的外部环境可产生巨大的影响，人类对土地的不同需求导致土地利用各功能之间形成竞争关系，如在人类发展过程中容易形成生产空间与生活空间、生产空间与生态空间、生活空间与生态空间的相互挤压。这种相互矛盾汇聚于土地空间之上，导致土地利用功能不断发生变化。当人类活动超越资源环境承载能力的时候，自然界将会对人类做出巨大的反应，如泥石流、塌方、滑坡等地质灾害以及河流污染、阴霾天气、酸雨等环境问题，此种自然"回赠"将会给人类带来巨大的经济损失和人员伤亡。因此，人类在开发利用自然资源时，要充分重视人地关系，及时改变不合理的土地利用方式，应遵从自然规律，引导自然环境向有利于人类发展的方向演进，实现人地关系的协调发展。

人地关系协调理论对于土地的可持续利用具有重要的指导意义。要实现人与地的和谐共生，关键在于"人"要对"地"进行合理开发利用。人类对土地利用的目的就是要获取土地的产出效益，而在土地利用与管理过程中，由于政策缺失和考核机制的导向作用，地方政府大多只注重经济的发展速度，忽视对土地和生态环境的保护，加剧了人地关系的矛盾。中国正处于城镇化和工业化快速发展时期，长三角、珠三角、京津冀等经济快速发展地区人地矛盾日益凸显，解决人地关系的矛盾，促进人口、资源、环境与经济协调可持续发展已成为这些地区亟须解决的重要问题[102]，为此，政府将会花费巨大的人力、物力和财力解决自然环境存在的问题。"人"和"地"是人地关系协调理论的两大主体，因此，从根本上来说，协调人地关系可从两个方面入手：一是提高人口素质，改变人类利用土地的理念和方式；二是对"地"进行优化调控，通过集约化、规模化经营的方式提高土地利用率，通过改善土地利用条件和加大科学技术投入力度的方式提高单位面积土地利用产出效益。

边境地区作为后发展地带，不能走以牺牲环境为代价的经济发展道路，在发展过程中，要适时适度调控人地关系，厘清土地利用与经济社会发展、生态环境保护之间的关系，及时把握土地利用结构和功能的时空演变规律，分析土地利用结构和功能变化的影响因素，采取多种有效措施及时调节各功能之间的相互关系，促进多种功能之间协调发展，推进土地利用转型，推动人地关系朝着良性互动方向发展。

2.2.3　区域协调发展理论

我国经济经历了从区域经济平衡发展到区域经济非均衡发展再到区域经济协调发展的过程[103]。从新中国成立到改革开放，我国实施以区域经济协调发展理论为依据的经济发展战略，在全国范围内努力构建以解决温饱问题为重要目标的全国经济建设格局；到20世纪80年代，为了提高经济发展效率，国家重点支持东部沿海地区优先发展，形成了重点区域发展理论；东部地区发展起来后，国家逐渐意识到东部、中部和西部之间发展的差距越来越大，为缩小东中西部发展差距，政府及学术界对区域协调发展理论的研究又进入一个新的阶段[104]。1994年，国务院发展研究中心课题组出版了《中国区域协调发展战略》一书，详细阐述了区域协调发展的研究成果[105]，随后我国学者以此为基础对区域协调发展理论进行了探讨。关于区域协调发展理论的内涵，研究初期，学者们认为其同等于区域经济协调发展理论：区域之间在经济发展上形成相互联系、关联互动、正向促进的发展格局，这种观点主要从经济学的角度看待区域协调发展问题[106-109]。2000年后，区域协调理论逐渐发展为研究区域经济、社会、环境等诸多因素的协调发展，研究内容主要包括区域经济发展的空间系统协调、人口增长与区域经济发展的动态协调度、产业结构协调、土地利用结构与产业结构的互动关联、区域经济与资源环境的协调发展、区域经济与社会的协调发展等[110-111]。区域协调逐渐发展成为一个综合性的、组合式的概念，这也是目前学术界普遍认可的一种定义方式。区域协调发展的目的是实现区域之间的合理分工、优势互补和共同发展。在研究区域协调发展过程中，将人口、资源、环境和经济纳入区域协调发展的研究范畴，使区域协调发展的研究内容更加丰富。区域协调发展理论的调节机制应包含市场、企业和政府等多个主体，任何一个主体都不可能独立完成区域经济协调发展的任务，只有协调好三种机制的相互关系，充分发挥三者的共同作用，才能确保区域发展系统的正常运行[112-115]。

土地资源的开发利用受区域土地资源数量、质量、空间布局以及人类使用土地的技术、政策、理念等多方因素的共同影响，土地资源开发利用表现出明显的区域差异性，具有差异性特征的区域如何实现协调发展成为摆在人类面前的重大问题。中国中越边境地区在地理位置上属于我国的偏远山区，经济发展比较落后，如何充分利用"一带一路"倡议支持中国中越边境地区发展成为我国对外开放的重要门户不是一个县或者一个市需要考虑的问题，要求各级地方政府积极主动构建连片开发开放的边疆城市群。中国中越边境地区应充分发挥市场的带动作用、企业的支撑作用和政府的指导引领作用，以资源优势为基础，抢抓区位优势，构建有利于区域协调均衡发展的体制机制[116-118]；打破省界和国界限制，努力打造跨省域和跨国界的区域市场一体化格局[119-121]；发展具有中国中越边境地区比较优势和特色的产业和产品，促进区域产业协调发展[122-123]。

2.2.4 地缘政治学和地缘经济学理论

"地缘"是指国家或集团之间在政治、经济、文化、军事、资源、环境等各个领域上形成的相互关系和对外政策与地理背景之间的关系[124]。地缘政治理论是从地理空间或地理中心论的视角对国家所处的国际形势进行研究，以及对世界的整体认识[125]。地缘政治学起源于 19 世纪末、20 世纪初的西方国家[126]，在经历兴盛、衰退、复兴的发展历程之后，地缘政治学理论逐渐被人类接受并成为当今世界各国研究地缘结构的重要理论之一[127-131]。地缘经济学是指世界各国在特定的地理空间范围内通过经济的互动往来以满足各国之间的利益诉求，各国之间通过经济互动提高对地理要素与经济活动空间发展变化的认识[132]。地缘经济学理论诞生于 20 世纪 80 年代末 90 年代初，是一种解释国际关系和世界秩序的新理论。该理论认为，世界各国形成相互依存的网络体系，在经济全球化的推动下，世界各国的商品、服务、金融、资本等将会突破政治边境相互流通，各国形成相互影响和相互依赖的经济利益关系[133]。

从研究起源来看，地缘经济学理论从属于地缘政治学理论，它是地缘政治学理论的一个分支，两者之间有隶属关系，地缘经济学理论大多时候作为一种经济发展手段服务于地缘战略[134]。同时，两者之间也存在相互依赖的关系，各国之间的地缘政治关系很大程度上决定了两国之间的地缘经济关系，而经济发展上的战略合作可推进地缘政治关系，经济发展上的对立或制裁达到一定程度时可引起政治和军事上的冲突[135]。不管是地缘政治学，还是地缘经济学，其目的都是满足地缘各国之间的利益需求，国家之间的博弈也表现为地缘政治和地缘经济之间的博弈[136]。从学科图谱（见图 2.4）上看，地缘政治学是地理学和政治学的交叉学科，属于政治地理学的分支学科[137]，而地缘经济学是地理学和经济学的交叉学科，属于经济地理学的分支学科。地缘政治学是从地理空间和权利的视角研究各国地理环境与政治要素的关系，地缘经济学则是在一定的地理空间范围内研究地理环境与经济要素之间的关系，地缘政治学和地缘经济学都是研究地理学与其他科学的交叉学科，两者之间形如亲兄弟，存在着密切的相互关系。

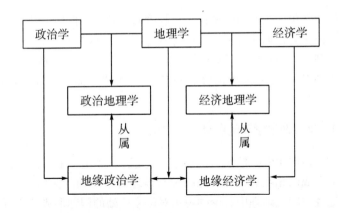

图 2.4　地缘政治学和地缘经济学的学科图谱及两者之间的关系①

地缘政治理论是国际政治中最常见的理论之一，在资源环境层面，该理论主要探讨一个国家（或地区）的地理区位或地缘优势以及资源优势与国家（或地区）之间相互关系的影响。边境地区既是保障国家安全的前沿阵地，也是地缘政治博弈的热点地带和地缘经济发展的活跃地带。边境地区的生产生活不仅受到个人活动的影响，更是受本国和边境各国政治和经济行为的影响。中国中越边境地区作为"一带一路"倡议的重点区域以及我国通往东南亚国家的重要通道，经济社会的发展极易受到边境各国的影响，因此，我国应及时掌握边境各国地缘政治和地缘经济的运行格局、过程和机理，提出地理与历史、政治、经济关系的远见卓识，指导国家对外战略谋划[127]。

2.2.5　边疆安全理论

安全理论包括传统安全理论和非传统安全理论[138]。传统安全理论以现实主义作为指导思想，在传统安全理论的指导下，各国以追求自身利益为一切经济社会活动的中心，首要目标是维护自身的安全。在国际关系中，冲突已成为常态，各国在冲突斗争过程中依靠军事力量来维护自身的安全，甚至侵略他国以获得更大的权利和更多的利益。在这样的思想下，安全一般是指国家、政治、军事等传统安全。20 世纪 60 年代末，欧美国家开始关注人口、贫困、粮食、环境等非传统安全问题。1991 年，布赞·巴里（Buzan Barry）在《人、国家与恐惧》一书中提出，如根据研究领域进行分类，非传统安全包括政治、经济、环境、社会和军事五个领域的安全；如根据研究对象来分类，非传统安

---

① 参考：熊琛然 2020 年的《大国地缘战略交汇区地缘关系研究：以中南半岛为例》。

全可分为国际体系、次国际体系、单元、子单元和个人的安全[139]。2004年，联合国开发计划署组织等在《人类发展报告》中提出，非传统安全应该包括人类、经济、粮食、健康、环境、政治、共同体七个方面[140]。时至今日，非传统安全已经囊括了人类生存与发展的各个方面，边境土地安全更是其中一项重要的内容。

自古以来，边疆是捍卫国家安全的战略屏障，边疆安全与国家安全密不可分，维护边疆各族人民"生命财产的安全"是边疆非传统安全的核心内容[141]。边疆地区安全环境的建立及维护、边疆地区的开发与建设，与我国和相邻国家的关系存在着相辅相成的互动关系。相邻两国边疆地区安全的开发建设环境为健康持续发展的国际关系提供了安全的环境以及物质基础，两国日益融洽的合作伙伴关系，又可以强化两国边疆地区的安全稳定，促进边疆地区的开发建设[141]。

"边疆治理与国家安全"需要进行多学科多理论知识和手段的交叉研究，建立一个稳定长效的研究机制非常有必要。由于边疆地区生产生活环境是否安全直接影响着我国如何走出国门、走向世界、走向未来，因此，我们需要从多方面构建"边疆安全理论"，创新边疆治理模式，综合运用军事、法律、公共管理（含土地资源管理）、政治、经济、文化等方式维护我国的边疆安全[142]。中国中越边境地区作为我国资源富集区、重要生态屏障区和战争文化特色区，随着"一带一路"国际合作的不断深入，中国中越边境地区将从远离政治中心的边缘地带转而成为我国全面对外开放的重要门户、通道和桥头堡。因此，中越边疆民族地区的安全稳定，不论对中国还是对"一带一路"沿线国家的经济社会发展，都具有重要的意义[141]。

3 研究区概况及数据来源

3.1 研究区概况

3.1.1 自然地理概况

（1）区位概况

中国中越边境地区地处我国南疆，大致位于北回归线（N23°26′）以南，云贵高原东南缘。中国中越边境线长达 1 834 千米，其中陆地边境线 1 450 千米，水界海岸线 384 千米，从中国、越南、老挝三国交界点起，至北仑河口止。云南的东南部与越南交界，涉及江城哈尼族彝族自治县、绿春县、金平县、河口瑶族自治县、马关县、麻栗坡县、富宁县 7 个县；广西的西南部与越南交接，涉及那坡县、靖西市、大新县、龙州县、宁明县、凭祥市、防城区、东兴市 8 个县（市、区）；中越边境共涉及我国 15 个县（市、区），研究区从西到东依次与越南奠边省、莱州省、老街省、河江省、高平省、凉山省、广宁省接壤。中越边境地区是中国与越南两国的交汇地带以及统筹区域协调发展的衔接地段，也是"大湄公河次区域"的重要组成部分[143]；中越边境地区是中国通往东盟各国的咽喉枢纽和最便捷的国际大通道[144]，承载着建设 21 世纪海上丝绸之路与丝绸之路经济带有机衔接的海陆通道的使命。

（2）地形地貌

中国中越边境地区整体地势西高东低，呈现群山林立、沟壑纵横、峰峦叠嶂的自然景观[145]。研究区地形错综复杂、地貌类型多样，大部分地区为喀斯特岩溶地貌类型，从研究区的东南至西部地区，海拔逐步升高，岩溶地貌特征逐渐凸显；除喀斯特岩溶地貌类型外，研究区个别地区为土山和河谷平原地貌。由于各地区喀斯特地貌受侵蚀程度的不同，各地地貌形态各异，主要表现为峰林、峰丛、孤峰、峰丛洼地、溶蚀盆地、峰林谷地、槽形谷地、溶洞、带状河谷等喀斯特地貌类型。研究区自西向东，大致表现为：西部和中部地区由峰丛洼地逐渐过渡为峰林洼地和峰林谷地；中东部地区为丘陵地貌，东南部地区地貌类型以半山区、半丘陵为主，临海滩涂港湾整体地势由西部向东南倾斜，呈阶梯式变化形态。研究区拥有大围山、黄连山、分水岭、云开大山、六万大山、十万大山等众多山脉，山间多峡谷和急流，地理状况相当复杂。独特的喀斯特地形地貌造就了研究区独特的自然山水风光，为开展生态旅游和边境旅游奠定了良好的基础。

（3）土壤地质

中国中越边境地区地形复杂，成土母岩多样，其中以砂页岩、石灰岩、硅质岩、花岗岩、紫色岩等岩石为主。境内土壤主要由沙页岩风化物、河流冲积物、石灰岩风化物、洪积物、硅质岩风化物及第四纪红土等土质发育而成，土壤类型主要表现为红壤、黄红壤、赤红壤、砖红壤、冲积土、水稻土、石灰土、紫色土、铁砾土、砂土等多种类型，其中红壤、黄红壤、赤红壤、砖红壤的分布最广。水稻土主要分布在河谷平原及溶蚀谷地；红壤、黄红壤、赤红壤、砖红壤主要分布于丘陵和台地地区；冲积土主要分布在河流两岸；紫色土是旱地的主要土壤类型，一般分布在低丘陵地区和台地地区。

（4）水文气候

中国中越边境地区地处我国热带北缘，以热带-亚热带季风气候为主，同时受太平洋季风气候和印度洋孟加拉湾暖湿气流的共同影响[146]，热量充足、雨量充沛，一年内雨季和旱季比较分明，一般每年的5月至10月为雨季，11月至次年4月为旱季。中国中越边境地区云南段地处高耸的山地南侧，容易受到东南暖湿气流的影响，年降水量常年高达1 600~2 400mm，年降水量的分布趋势为西多东少。中国中越边境的云南部分属于岩溶高原地区，地表河流发育不完全，且河网密度较小，地表河流中断现象较多，水流转入地下后形成暗河[147]。中越边境地区广西段的年降雨量一般为1 500mm以上，地表水系和低下水系发达，水量充足。充沛的降雨量和错综复杂的喀斯特地形，使研究区具有丰富的地表水和地下水资源，流向大多与地质构造一致，水流季节性变化大，夏季水流湍急、落差大、容易形成瀑布，水质清澈，含沙量低。研究区内主要河流有左江、明江、丽江、水口河、北仑河、凭祥河、平而河、黑水河、邑蒙河、难滩河、德隆河及其分支流等，千姿百态的水体景观造就了中越边境多处著名旅游景点，如大新德天瀑布、靖西鹅泉、通灵大峡谷等。中国中越边境地区由于山地多，地形起伏变化大，气温随地形起伏容易形成明显的垂直分布现象。

（5）生物资源

中国中越边境地区雨量充沛，气候适宜，有利于野生动植物的生长，森林覆盖率高，动植物种类繁多。研究区内有多个热带季雨林、亚热带常绿阔叶林、亚热带落叶阔叶林、亚热带针叶阔叶混合林、亚热带针叶林等，境内杉树、松树、桉树、桦树、楠树、任豆树、苦楝、春椿、栎树、樟树、红树等树种广泛分布，还拥有望天树、红椎、砚木、黄松、青梅、铁树等多种珍稀树种，以及金银花、刺角、射干、佛手、千层纸等多种珍稀名贵中草药材。珍稀动物主要有白头叶猴、黑叶猴、蜂猴、金丝猴、黑猴、熊猴、猕猴、短尾猴等。其中，国家级保护动物白头叶猴和被称为"花族皇后"的金花茶最为珍贵。经济作物以水稻、玉米、甘蔗、木薯、烤烟等为主。数据禾网站的统计数据显示，中国中越边境地区共有 25 个自然保护区，其中拥有北仑河口、防城金花茶等 9 个国家级自然保护区，麻栗坡老山、麻栗坡马关老君山等 10 个省部级自然保护区，南溪河 1 个市级自然保护区，牛倮河、地州等 5 个县级自然保护区（见表 3.1），除凭祥市外，中国中越边境其余 14 个县（市、区）均有各层级自然保护区分布；自然保护区种类繁多，拥有海洋海岸、野生植物、野生动物、森林生态等多种类型。从表 3.2 可知，研究区自然保护区总面积逐年增加后又趋于平稳，其中马关县、大新县、绿春县、金平县和防城区的自然保护区面积较大。丰富的自然保护区类型和数量是中国中越边境地区发展生态旅游的重要前提，也为中越边境地区构建我国重点生态屏障做出了巨大贡献。

表 3.1　中国中越边境地区自然保护区一览表

序号	自然保护区名称	所在地	面积/hm²	类型	级别	设立时间
1	北仑河口	防城区、东兴市	3 000.00	海洋海岸	国家级	1990 年 3 月 17 日
2	防城金花茶	防城区	9 098.60	野生植物	国家级	1986 年 4 月 9 日
3	崇左白头叶猴	宁明县	8 526.00	野生动物	国家级	1980 年 10 月 1 日
4	十万大山	防城区	29 138.55	森林生态	国家级	1982 年 6 月 8 日
5	邦亮长臂猿	靖西市	6 530.00	野生动物	国家级	2009 年 7 月 16 日
6	弄岗	龙州县、宁明县	10 077.50	森林生态	国家级	1979 年 5 月 23 日
7	恩城	大新县	25 819.60	野生动物	国家级	1982 年 6 月 8 日
8	金平分水岭	金平县	42 026.60	森林生态	国家级	1986 年 3 月 20 日
9	黄连山	绿春县	61 860.00	森林生态	国家级	1983 年 4 月 27 日
10	麻栗坡老山	麻栗坡县	20 500.00	森林生态	省级	2005 年 1 月 20 日

表3.1(续)

序号	自然保护区名称	所在地	面积/hm²	类型	级别	设立时间
11	麻栗坡马关老君山	麻栗坡县、马关县	4 509.00	森林生态	省级	1981年11月6日
12	古林箐	马关县	6 832.60	森林生态	省级	1982年10月1日
13	富宁驮娘江	富宁县	19 711.00	森林生态	省级	2002年5月13日
14	底定	靖西市、那坡县	4 907.40	森林生态	省级	1986年1月1日
15	老虎跳	那坡县	27 007.50	森林生态	省级	1982年6月8日
16	左江佛耳丽蚌	龙州县	208.70	野生动物	省级	2005年9月8日
17	西大明山	大新县	15 250.00	森林生态	省级	1982年6月8日
18	广西青龙山	龙州县	16 778.60	森林生态	省级	1982年6月8日
19	下雷	大新县	27 185.00	森林生态	省级	1982年6月8日
20	南溪河	河口县	175.00	野生动物	市级	2007年1月11日
21	牛倮河	江城县	4 753.00	森林生态	县级	1983年8月19日
22	地州	靖西市	11 241.70	森林生态	县级	1982年6月8日
23	古龙山	靖西市	14 837.50	森林生态	县级	1982年6月8日
24	德孚	那坡县	2 738.60	森林生态	县级	1982年6月8日
25	防城万鹤山鹭鸟	防城区	100.00	野生动物	县级	1993年4月13日

表3.2　中国中越边境地区各县域自然保护区面积　　单位：hm²

县域	2000年	2005年	2010年	2015年	2018年
江城县	4 753.00	4 753.00	4 753.00	4 753.00	4 753.00
绿春县	61 860.00	61 860.00	61 860.00	61 860.00	61 860.00
金平县	42 026.60	42 026.60	42 026.60	42 026.6	42 026.60
河口县	0.00	0.00	175.00	175.00	175.00
马关县	103 886.60	103 886.60	103 886.60	103 886.60	103 886.60
麻栗坡县	2 254.50	66 613.00	66 613.00	66 613.00	66 613.00
富宁县	0.00	19 711.00	19 711.00	19 711.00	19 711.00
那坡县	32 199.80	32 199.80	32 199.80	32 199.80	32 199.80
靖西市	28 532.90	28 532.90	35 062.90	35 062.90	35 062.90
大新县	68 254.60	68 254.60	68 254.60	68 254.60	68 254.60

表3.2(续)

县域	2000 年	2005 年	2010 年	2015 年	2018 年
龙州县	21 817.35	22 026.05	22 026.05	22 026.05	22 026.05
凭祥市	0.00	0.00	0.00	0.00	0.00
宁明县	13 564.75	13 564.75	13 564.75	13 564.75	13 564.75
防城区	39 837.15	39 837.15	39 837.15	39 837.15	39 837.15
东兴市	1 500.00	1 500.00	1 500.00	1 500.00	1 500.00
研究区合计	420 487.25	504 765.45	511 470.5	511 470.5	511 470.5

3.1.2 社会概况

（1）人口概况

表 3.3 数据显示，中国中越边境地区总人口及各县域人口数量均呈逐年递增的趋势，研究区 2018 年总人口达到 466.62 万人，较 2000 年的 402.10 万人增加了 16.05%。根据历史资料及调研过程得知，中国中越边境地区长期居住着壮族、傣族、布依族、苗族、瑶族、彝族、哈尼族、拉祜族、仡佬族、京族、回族、布朗族等多个少数民族，少数民族人口占总人口的 80% 以上。从图3.1 可以看出，研究区人口密度较大的县域是东兴市、防城区、凭祥市和靖西市，这 4 个县域在各研究时点上人口密度均高于 148 人/km² 的全国平均水平，纵观研究区 15 个县域的经济社会发展水平，东兴市、防城区、凭祥市和靖西市属于相对发展速度较快、发展水平较高的县域，较好的发展条件和较高的发展水平既能留住本地人口，又能吸引外来人口，因此，这 4 个县域人口密度相对较大，此种现象符合目前我国城市发展的基本规律。其次是马关县、麻栗坡县、大新县、龙州县和宁明县的人口密度为 100~148 人/km²。江城县、绿春县、金平县、河口县、富宁县和麻栗坡县 6 个县域人口密度偏低，各研究时点均低于 100 人/km²，在人口密度偏低的 6 个县域中，有 5 个处于中越边境的云南段，其中江城县人口密度只有 30 人/km² 左右，可谓"地广人稀"，不利于维护边疆安全。

纵观各县域人口数量变化（表 3.3）和人口密度空间格局变化情况，中国中越边境地区人口分布具有以下特征：部分区域人口数量较少，人口外流现象严重，人口净流出量近几年呈增加的趋势；2010 年至今，除东兴市和凭祥市人口流入量大于人口流出量外（主要是这两个市拥有国家级边境经济合作区，是国家设立的重点开发开放试验区），其余 13 个县域人口均处于流出状态[148]，部分县域人口流出量超过常住人口的 20%，人口流出主要以外出务工、上学和在政府机关及企事业单位就业为主，其中大学生、研究生等高学历人才毕业后大多留在北京、上海、广州、南宁、柳州、桂林、昆明、丽江等各方面条件较好、发展机会较多的城市工作，"本地人才留不住、外地人才招不来"使中国中越边境地区形成十分严峻的人才瓶颈，在一定程度上影响了中越边境地区发展的活力和能力。民族成分多，居住分散，跨境人口数量较多，它们多形成以乡镇、自然村为单元的相对独立的民族聚落，广大少数民族人民大多民风淳朴，与世无争，知足常乐，该地区是我国少数民族人口和贫困人口在地理空间上重合分布的典型地带[149]。部分区域地广人稀，人口密度小，研究区人口空间分布不均匀，东西发展不平衡，人少引起区域土地撂荒和人多造成区域人地关系紧张的矛盾同时存在，从研究区东南到西部地区，人口密度显示出从密到稀的特点；地广人稀的现象是造成部分地区经济发展滞后的重要原因之一。

表 3.3　中国中越边境地区各研究时点各县域人口数量

单位：万人

县域	2000 年	2005 年	2010 年	2015 年	2018 年
江城县	9.10	11.80	12.20	12.64	12.78
绿春县	20.00	21.10	22.20	23.11	24.67
金平县	31.10	32.90	35.70	37.13	38.80
河口县	7.70	10.20	10.50	10.78	10.92
马关县	34.70	35.70	36.80	37.65	38.63
麻栗坡县	26.70	27.30	27.80	28.48	28.31
富宁县	38.00	39.20	40.80	41.85	43.33
那坡县	19.30	19.90	21.11	21.46	21.74
靖西市	57.40	58.80	64.47	65.60	66.29
大新县	35.40	35.90	37.09	38.10	38.50
龙州县	26.90	26.90	27.09	27.16	27.41
凭祥市	10.20	10.50	11.09	11.37	11.61
宁明县	38.80	40.30	43.29	44.01	44.13
防城区	36.60	37.60	41.22	43.19	44.54
东兴市	10.20	10.90	12.87	14.45	14.96
中越边境	402.10	419.00	444.23	456.98	466.62

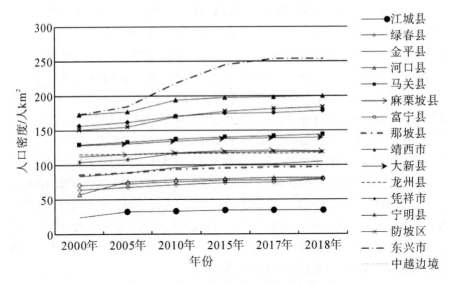

图 3.1　研究区各县域人口密度变化趋势

（2）中越关系

国际关系属于社会历史的研究范畴，国际关系发生变化首当其冲会影响边境地区的社会环境。新中国成立以来，中越关系处于不断发展变化的过程中，中越两国的关系对边境民族地区社会环境的影响很大。1949 年中华人民共和国诞生，中国和越南的合作伙伴关系得到全面的、空前的发展，它标志着中国和越南的友好关系正式进入崭新的时代。1950 年 1 月，中国与越南建交，中国支持越南人民的革命运动，在物资和军事上给予其无偿支援，从而帮助越南获得国家独立和民族解放。长期的战争使本来就贫穷落后的越南经济越发落后，1965 年美国进军越南北部，中国中越边境民族地区受到战争的影响，长期处于高度紧张和戒备的状态，严重威胁了中国中越边境地区社会的安全稳定。

20 世纪 70 年代，越南改变了对外政策，推行赤裸裸的地区霸权主义政策，于 1978 年年底入侵了中国的南方盟友柬埔寨，对中国周边安全造成严重威胁。随后，越南杀害中国军人和边境公民，干扰我国边境正常社会秩序，侵占中国领土，中越边境冲突不断增多，1979 年中越边境自卫反击战爆发，中越关系滑至低谷；两国的冲突一直延续到 20 世纪 80 年代后期。其间发生了多次大规模战役，如法卡山战役、凉山战役、老山战役等，中越边境打打停停，停停打打，边境冲突持续了近十年，直到 1989 年，战争才结束。中越战争给我国边境地区经济社会造成巨大伤害，在长达十多年的时间里，中国中越边境地区公民无法正常开展各项生产生活活动，导致中国中越边境长期处于深度贫困的状态。

1991 年中国与越南逐步恢复正常的外交关系，我国加大中越边境地区深化改革、扩大开放的力度，建设中越边境地区社会主义市场经济，加快推进社会主义现代化建设，想方设法逐步缩短中国中越边境地区与其他地区的差距，越南也逐步推行比较灵活的边境发展政策，中越边境地区经济社会活动逐步恢复正常。1991 年中越两国签订联合声明，两国关系正式恢复正常化，从此，中越两国关系不断得到发展。1999 年，中越两国进一步确定了"长期稳定、面向未来、睦邻友好、全面合作"的战略合作方针，中越关系不断优化。两国友好的战略合作伙伴关系确保了边境地区安全良好的社会环境，实现了中越边境各族人民的根本利益和共同愿望。中国与越南的友好往来为中国—东盟自由贸易区、大湄公河次区域合作、北部湾经济合作区等重点区域的建设奠定了良好的社会基础。事实证明，各国之间只有抛弃种种历史恩怨，携手合作，才能实现共同发展与共同繁荣。

（3）人民生活

中越边境地区是我国连片深度贫困地区，贫困人口基数大、程度深、范围广，部分边民生活十分困难，这些暴露了我国边境发展支持政策的缺陷和民族工作的不足[150]。而与之毗邻的越南北部边境地区，越南政府从经济发展、农业生产、边民生活、民族教育等方面实施了一系列支持边境经济社会发展的特殊优惠政策[151]，越南边民从边境政策当中享受到了巨大实惠，而截至 2022 年，我国尚未出台边境差异化政策支持体系，中国边境采用的依然是全国和省（自治区、直辖市）一级的标准。近年来，我国通过实施"兴边富民"行动，使中越边境地区经济社会发展取得了一定成果，虽然我国边境地区经济社会发展水平高于越南北部边境地区，但中国中越边境地区人民群众生活水平的提高程度远不如越南边民，中国与越南对边境地区支持力度的巨大差异，使我国边境地区部分干部和群众产生了不平衡的心理和不满的情绪[152]。中国与越南边境地区语言相通，生活习惯、宗教信仰等相似，有长期的通婚互市、探亲访友、节日聚会等社会交往活动。虽然越南北部边境地区的经济社会发展水平落后于我国边境地区，但越南政府十分重视边境发展问题，为了实现边境人口的聚集，争取边民民心，越南政府采取的一系列边境发展特殊优惠政策使我国长期处于深度贫困的边民容易产生外流的心理和行为，不利于维护国家安全、民族团结和边境经济社会的稳定发展[153]。

表 3.4 和表 3.5 分别列出了中国中越边境地区各县域及云南、广西和全国

农民人均纯收入和城镇居民人均可支配收入。从表 3.4 和表 3.5 可知,在大多数年份中中国中越边境地区农民人均纯收入平均水平和城镇居民人均可支配收入平均水平均低于云南、广西以及全国的平均水平,这一收入数据再次证明了中国中越边境地区的贫困程度。不论农民人均纯收入还是城镇居民人均可支配收入,总体上(根据年份平均值判断),东兴市、防城区、大新县、凭祥市和河口县 5 个县域在中越边境各县域中处于较高水平,除东兴市外,其他县域的农民人均纯收入和城镇居民人均可支配收入基本上都低于全国平均水平。从表 3.4 来看,农民人均纯收入总体水平排在所有县域 50% 以后的是云南段的 6 个县域以及与云南交界的广西那坡县,因此可见中国中越边境中西部地区农民生活普遍相对贫困,是深度贫困的最集中区,中越边境东南地区由于临海,归属北部湾经济区,地势较平坦,经济社会发展情况较好,农民纯收入相对较高。表 3.5 中,各县域城镇居民人均可支配收入年平均值从高到低的排序与表 3.4 大致相似,广西边境大多县域的城镇居民人均可支配收入普遍高于云南边境各县域。总的来说,中国中越边境大多地区人民平均收入水平低于云南和广西的平均收入水平,与全国的平均收入水平相比,差距更大。中国中越边境地区由于位置偏远、地形复杂、战争等原因,成为我国经济社会发展的滞后区,人民生活贫困,不利于增强边民守土成边的积极性,我国各级地方政府有必要学习越南"兴边富民"的特殊优惠政策,积极探索扶持中国中越边境地区经济社会发展和提高人民生活水平的特殊政策,从政府层面出台政策和实施具体举措,切实提高边境公民人均收入,改善边民生活条件,提高边民生活质量,不仅要鼓励已有边民守土成边,更要综合多举措吸引全国更多人民驻扎边疆,共同创造平安繁荣的边境社区。

表 3.4　中国中越边境地区各县域及云南、广西和全国的农民人均纯收入

单位:元/人

县域	2000 年	2005 年	2010 年	2015 年	2018 年	年份平均
东兴市	3 180	3 287	6 929	12 904	17 937	8 847
防城区	2 875	2 702	5 832	10 946	15 063	7 484
大新县	1 394	2 385	4 676	8 668	12 470	5 919
凭祥市	1 470	2 134	4 281	8 346	12 317	5 710
河口县	1 180	1 760	3 436	9 473	12 446	5 659
宁明县	1 458	2 159	4 525	8 131	11 775	5 610

表3.4(续)

县域	2000 年	2005 年	2010 年	2015 年	2018 年	年份平均
龙州县	1 385	2 097	4 093	7 378	10 769	5 144
靖西市	1 288	1 642	2 974	5 927	12 344	4 835
富宁县	1 082	1 388	2 739	8 008	10 488	4 741
马关县	920	1 442	3 005	7 644	10 090	4 620
麻栗坡县	927	1 320	2 630	7 608	9 918	4 481
江城县	754	1 028	2 624	7 530	9 932	4 374
绿春县	835	1 070	2 119	6 385	8 532	3 788
金平县	716	988	2 128	6 444	8 601	3 775
那坡县	1 038	1 455	2 599	4 962	8 543	3 719
县域平均	1 367	1 790	3 639	8 024	11 415	——
云南	1 488	2 042	3 952	8 242	10 768	——
广西	1 846	2 495	4 543	9 467	12 435	——
全国	2 253	3 255	5 919	11 422	14 617	——

表 3.5　中国中越边境地区各县域及云南、广西和
全国的城镇居民人均可支配收入　　单位：元/人

县域	2000 年	2005 年	2010 年	2015 年	2018 年	年份平均
东兴市	7 867	9 257	21 069	33 558	40 363	22 423
防城区	4 933	6 751	18 768	29 685	35 836	19 195
河口县	5 987	10 253	17 983	25 707	33 130	18 612
凭祥市	4 972	7 190	17 392	27 455	34 694	18 341
大新县	4 987	6 938	16 116	25 504	32 030	17 115
马关县	4 694	8 246	14 568	23 527	30 440	16 295
富宁县	5 982	8 216	13 600	23 700	29 888	16 277
靖西市	4 993	6 409	13 500	21 503	31 026	15 486
龙州县	4 765	6 298	14 347	22 582	29 027	15 404
绿春县	3 982	7 859	9 968	24 109	30 393	15 262
宁明县	4 660	6 106	14 015	22 037	27 930	14 950

表3.5(续)

县域	2000 年	2005 年	2010 年	2015 年	2018 年	年份平均
麻栗坡县	5 681	7 862	12 444	21 388	27 331	14 941
金平县	3 105	5 063	8 794	23 908	30 730	14 320
那坡县	4 640	6 877	12 314	19 658	25 183	13 734
江城县	3 378	5 088	7 645	14 783	28 315	11 842
县域平均	4 975	7 228	14 168	23 940	31 088	—
云南	6 325	9 266	16 065	26 373	33 488	—
广西	5 834	8 917	17 064	26 416	32 436	—
全国	6 280	10 493	19 109	31 195	39 251	—

3.1.3 经济概况

（1）经济发展成效

近年来，为了加快边境地区经济发展，缩短边境地区与其他内陆地区的经济差距，国家通过设立通商口岸和边民互市点、建立边境经济合作区、设立开发开放试验区、开展兴边富民活动等一系列国家战略，如2004年起一年一度"中国—东盟"博览会的举办，2010年"中国—东盟自由贸易区"的成立，2012年广西东兴市和2016年广西凭祥市国家级重大开发开放试验区的建设，2020年4月国务院增设广西百色市为国家级重点开发开放试验区等一系列举措，使这些地区成为引领中国中越边境地区经济发展的排头兵，大力推进了中越边境地区经济的快速发展。中越边境地区经济发展水平虽处于落后的状态，但近年来在国家和地方各项政策的支持下，经济发展速度较快，表3.6数据显示，中国中越边境地区2000—2018年地区生产总值呈快速增长的趋势，2018年地区生产总值为1 456.73亿元，是2000年的123.43亿元的近12倍。纵观各县域的地区生产总值，15个县域均呈现较快的增长趋势，除那坡县外，广西段各县域的地区生产总值明显高于云南段各县。从表3.7各县域以及云南、广西和全国的经济密度值来看，中国中越边境地区经济密度一般只有全国的一半左右，广西段的经济密度大于云南段的经济密度。研究区经济密度空间分布格局大体呈由西部到东南部逐渐增大的趋势，凭祥市、防城区和东兴市常年经济密度较大，在研究区内起到领头羊的作用，其中凭祥市和东兴市各研究时点的经济密度远高于广西和全国的平均水平；靖西市后期发展速度较快，河口县、马关县和麻栗坡县是云南段经济发展水平相对较高的区域；江城县、绿春县、金平县和那坡县经济发展水平较低，不论是地区生产总值还是经济密度都远低于所在省份和全国的平均水平，是研究区内贫困人口的主要集中区。

表 3.6　中国中越边境地区各县域的地区生产总值

单位：亿元

县域	2000 年	2005 年	2010 年	2015 年	2018 年
江城县	2.50	5.87	12.70	24.43	29.80
绿春县	1.96	4.30	11.10	26.31	37.11
金平县	3.83	8.06	19.89	42.24	58.44
河口县	3.88	7.27	18.53	37.12	60.03
马关县	6.66	15.29	36.10	71.30	90.09
麻栗坡县	6.00	11.56	25.47	49.92	61.36
富宁县	7.49	17.05	33.71	72.78	92.45
那坡县	2.94	5.00	11.26	22.69	27.41
靖西市	12.20	18.08	71.67	127.45	238.75
大新县	9.52	22.33	56.52	99.43	141.60
龙州县	10.38	18.27	45.85	92.62	129.38
凭祥市	9.39	11.34	25.13	56.93	89.99
宁明县	14.77	19.22	55.08	108.46	149.70
防城区	19.86	25.60	69.63	127.13	139.80
东兴市	12.07	13.60	45.18	85.61	110.82
研究区合计	123.43	202.84	537.82	1 044.40	1 456.73

表 3.7　中国中越边境各县域及云南、广西和全国的经济密度

单位：万元/km²

县域	2000 年	2005 年	2010 年	2015 年	2018 年
江城县	7.04	16.57	35.83	68.93	84.08
绿春县	6.32	13.89	35.85	84.96	119.82
金平县	10.40	21.92	54.08	114.88	158.93
河口县	29.15	54.54	139.13	278.68	450.68

表3.7(续)

县域	2000 年	2005 年	2010 年	2015 年	2018 年
马关县	24.90	57.14	134.89	266.44	336.66
麻栗坡县	25.45	49.03	108.07	211.79	260.33
富宁县	13.99	31.85	62.99	135.99	172.75
那坡县	13.17	22.40	50.45	101.68	122.83
靖西市	36.72	54.41	215.74	383.64	718.70
大新县	34.73	81.45	206.14	362.60	516.41
龙州县	44.79	78.83	197.82	399.59	558.20
凭祥市	144.39	174.53	386.65	875.86	1 384.46
宁明县	39.87	51.88	148.68	292.75	404.05
防城区	81.85	105.51	287.01	524.03	576.26
东兴市	204.56	230.58	765.68	1 450.94	1 878.33
研究区平均	47.82	69.64	188.60	370.18	516.17
云南	49.61	88.11	183.21	348.08	453.72
广西	85.67	171.01	399.93	707.20	856.59
全国	93.13	189.92	414.57	704.90	937.82

（2）边境贸易区建设成效

口岸是国家对外开放的门户，是各国之间人员和货物流通的重要通道，是对外交流和经贸合作的桥梁，是国家安全的重要屏障。边境口岸建设能大力推动边境地区经济的发展，中越边境地区的口岸是丝绸之路的南线节点，在"一带一路"中处于关键地位[154]。目前，云南省设有边境口岸 20 个，其中中越口岸 5 个：河口铁路、河口公路、麻栗坡（天保）、金平（金水河）4 个国家级一类口岸和富宁（田蓬）1 个国家级二类口岸，河口口岸是中越边境云南段最大的口岸，又是滇越铁路昆河段终点站，是近年来贸易往来和边境旅游较大的口岸。全省已建成 4 个边境经济合作区，其中河口边境经济合作区地处中越边境地区，设有 90 多个边民互市通道和 100 多个边贸互市点[154]。广西边境地区设有 3 个国家级重点开发开放试验区（东兴市、凭祥市和百色市）；2 个边境经济合作区（东兴和凭祥）；1 个海关特殊监管区（凭祥保税区）；12 个边境口岸，其中峒中（防城区）、东兴（东兴市）、龙邦（靖西市）、平孟（那坡县）、爱店（宁明县）、水口（龙州县）、硕龙（大新县）、友谊关（凭祥市）、凭祥（铁路口岸）9 个属于国家级一类口岸，岳圩（靖西市）、科甲（龙州县）、平而关（凭祥市）3 个属于国家级二类口岸；26 个边民互市点，其中防城区有里火、滩散和峒中 3 个，东兴市有东兴和杨屋 2 个，靖西市有龙邦、岳圩、新兴和孟麻 4 个，那坡县有那布、百南和平孟 3 个，宁明县有爱店、北山和板烂 3 个，龙州县有科甲、水口、那花和布局 4 个，大新县有德天、硕龙和岩应 3 个，凭祥市有弄尧（浦寨）、叫隘、平而关、油隘 4 个[148]；200 多个非口岸主要通道和 4 个沿海边贸码头[155]。基于边境各类人口流动和通商区域，目前，中越边境地区已缔结云南省—老街省和广西壮族自治区—义安省 2 对友好关系省份，崇左—凉山、凭祥—高禄、河口—老街、东兴—芒街、防城港—海河、防城港—下龙、文山—河江 7 对友好关系城市（双方均为地级市或一方为地级市），大新—下琅、龙州—复合、宁明—禄平、屏边—沙巴、那坡—苗皇 5 对友好关系的县份[156]。在"一带一路"倡议的支撑下，中越边境地区各级人民政府应全力以赴，抓住这一大好时机推进边境口岸建设，将口岸经济列为重点发展领域，让口岸经济发展成为当地经济发展的新增长极。

（3）中越贸易发展概况

中国是世界贸易大国，越南是东南亚国家中经济增长迅速的国家，因而中国和越南之间的贸易往来具有巨大的潜力[157]。1949 年，中华人民共和国成立；1950 年年初，中国和越南正式建立外交关系，从此两国贸易开启新的历史发展时期，1950—1965 年为两国贸易发展的起步阶段，起初两国贸易以生活必需品为主，贸易额较小，1954 年以后，中国开始向越南出口钢材、化工原料、机器设备、耐火材料、铁路车辆等重工业商品，越南也开始向中国出口部分工业品，如水泥、白棉布等[158]。1966—1977 年，受"文化大革命"的影响，中国对外政策发生变化，而与此同时，越南受抗美战争的影响，国内的正常生产生活遭受严重破坏，中越双边贸易处于衰落低潮期，甚至处于停顿的边缘；这个阶段中越边境各地基本处于封闭状态，中越边境贸易大多以边民互市点的小规模商品交换为主。1978 年，中越边境冲突频繁，两国关系急剧恶化。1979 年中越战争爆发，导致 1978—1990 年中越两国贸易关系处于冷战时期；该时期内中越官方往来中断，但中越边民为了获取生活必需品，不得不冒着生命危险私下进行小规模的生活物资交换，此方式被称为"草皮街"民间自发性贸易，它成为中越贸易仅存的一种通商形式[159]。1989 年，中越战争结束后，两国关系逐渐得以恢复，给中越贸易的迅速发展带来了无限契机，随后两国贸易往来经历了缓慢起步期、动荡增长期、高速发展期。1991—1996 年中越两国贸易处于恢复起步期，其中 1991—1993 年两国边贸以"以货易货"的方式为主，1994 年后两国边贸方式趋向多样化，逐步出现转口贸易、加工贸易等形式。1997—2006 年两国贸易处于动荡增长阶段，2000 年以前中越贸易快速发展，2000 年以后，中越两国贸易平稳发展并保持良好增长趋势；该阶段两国进出口的主要商品是矿产资源和农副商品，越南出口中国的商品以热带水果、稻米、天然橡胶、铁矿石等为主，中国向越南出口的商品以建筑材料、工业产品、服装和电子产品为主。2007 年至今，中越两国贸易处于高速发展期，中国和越南分别于 2001 年和 2007 年正式加入世界贸易组织，中越贸易往来阻碍因素越来越少，两国贸易进入空前的发展时期，2008 年中越两国建立"全面贸易"合作伙伴关系，2010 年"中国—东盟自由贸易区"正式成立，给中越贸易发展带来了新的契机，贸易规模迅猛扩大，为两国带来很好的经济效益。2010 年以后，中越两国贸易已形成良性发展态势，两国间的互留互通商品种类逐渐繁多，贸易进展顺利。

结合研究时限，本书重点对 2000 年、2005 年、2010 年、2015 年、2018 年中越两国贸易概况进行分析。由表 3.8 和图 3.2 可知，2000 年、2005 年、2010 年、2015 年、2018 年中越两国贸易呈现快速增长的趋势，2018 年两国贸易总额为 1 067.06 亿美元，短短的 9 年间，是 2000 年的 24.66 亿美元的 43 倍，2000—2015 年每个阶段，两国贸易总额增长率均超过 200%，增长速度惊人。将中国对越南贸易出口额和中国对越南贸易进口额的数值进行对比分析后发现，2000—2018 年中越两国贸易发展极不平衡，中国始终处于贸易顺差地位，2000 年贸易顺差额达 6.08 亿美元，此后，贸易失衡状态一直持续到 2015 年，2018 年中国对越南贸易顺差额较 2015 年虽略有下降，但贸易顺差额依然高达 241.70 亿美元。越南经济发展对中国存在长期的依赖，不利于越南提高产业的创新水平和增加企业的竞争力，同时也给我国带来外汇风险，严重威胁中越经贸的长久合作发展[157]。近年来，中国向越南进口的主要商品可归为农林产品、家禽及水产品、生活用品及工业原料 4 种类型，具体商品类型 见表 3.9；其中越南的农林产品，尤其是热带水果和水稻在中国已成为知名商品，普遍受到中国人民的欢迎和赞赏，其主要原因是越南是传统的农业大国，耕地及林地面积占全国土地总面积的 60%，农业人口占全国总人口的 75%，而越南地处北回归线以南，高温多雨，属热带季风气候，热带亚热带农产品品种多、产量高[160]。中国向越南出口的主要商品可归为工业系统设备、机器设备、工业和农业原料及半成品、食品水果以及日用品 5 种类型，具体商品类型见表 3.10。在漫长的中越贸易史中，越南具有比较优势的商品大多属于初级农林商品，商品层次较低，中国向越南出口的商品已由满足基本生活需求的食品和水果逐渐向电子产品、机械设备、药品等高端化商品演变[157]。目前，两国之间商品互通数量最大的依然是农林产品，产品主要为越南的亚热带水果、水稻和我国北方的苹果、雪梨等，以及边境县域铁木、红木等。

表 3.8　2000—2018 年中国和越南双边贸易额

年份	中越贸易总额 /亿美元	增长率 /%	中对越贸易 出口额 /亿美元	中对越贸易 进口额 /亿美元	中对越 贸易顺差额 /亿美元
2000 年	24.66	—	15.37	9.29	6.08
2005 年	81.96	232.36	56.43	25.53	30.9
2010 年	300.9	267.13	231.02	69.88	161.14
2015 年	958.19	218.44	663.81	294.38	369.43
2018 年	1 067.06	11.36	654.38	412.68	241.70

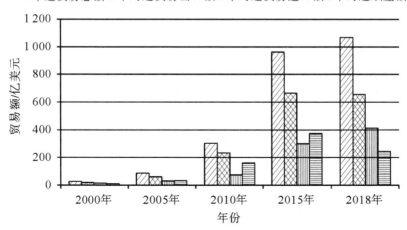

图 3.2　2000—2018 年中国和越南双边贸易额变化趋势

表 3.9　中国向越南进口的主要商品

A 类	B 类	C 类	D 类
农林产品	家禽及水产品	生活用品	工业原料
热带水果	鸡鸭等活禽	高级木制品	煤
豆类	螃蟹	鞋子	原油

表3.9(续)

A 类	B 类	C 类	D 类
农林产品	家禽及水产品	生活用品	工业原料
木薯	甲鱼	肥皂	铁矿石
蔬菜	金龟	食用油	天然橡胶
大米	等	等	药材
等	—	—	等

表 3.10　中国向越南出口的主要商品

A 类 （工业系统 设备）	B 类 （机器设备）	C 类 （工业和农业 原料及半成品）	D 类 （食品水果）	E 类 （日用品）
水泥生产线	医疗设备	石油化工产品	面粉	药品
制糖生产线	纺织设备	水泥	植物油	电子产品
等	交通工具	钢铁	植物种子	服装
	农用机械	建筑玻璃	苹果、雪梨 等水果	玩具
	等	化学原料	等	等
		染制品		
		化肥、农药		
		等		

3.1.4　土地政策概况

　　土地利用多功能的问题不仅是土地利用的问题，更是边境经济社会发展综合效益在土地上的体现，因此，土地政策对国家及区域经济社会发展具有重要的影响。本节将进一步对比我国和越南的土地政策，挖掘两国土地政策对边境经济社会发展起到的积极作用，并诊断我国土地政策对边境经济社会发展的不足之处，充分吸收越南边境土地政策的优点，为我国进一步完善土地政策及优化边境土地制度提供借鉴。

（1）中越土地政策比较研究

①土地利用规划对比分析。

越南的土地利用规划分为长期规划和短期规划两种形式，长期规划一般为10年，主要是从相对宏观层面对未来10年土地利用进行总体设计；短期规划一般为5年，是在长期规划的指导下短期内对土地利用的详细计划和安排。越南土地利用规划中还明确了国家收回土地的计划，并将土地使用权收回计划随规划向社会公开，让老百姓知道自己的土地在近几年内是否将被征收。

《全国土地利用总体规划纲要2006—2030年》的规划期限一般为15年，并且不再制定短期土地利用规划，各地每年根据规划分配的指标制定年度土地利用规划，规划结果虽然向社会公开，但并没有显示土地征收计划，农民不知道自己的土地什么时候会被征收。

比较结果：我国的土地利用规划更严格，有利于保护土地，但规划管控时限较长，容易出现土地利用规划与现实用地需求不符合的现象；而越南在长期规划的前提下制定短期土地利用规划，规划实施更灵活。在保障项目用地方面，越南弹性更大，相比于越南，我国土地利用规划弹性不足、刚性有余。我国在土地征收方面的公开程度不如越南，不仅造成征地工作困难，还容易引起征地矛盾。

②农地保护政策对比分析。

越南对农用地的保护措施主要体现在以下五个方面：一是确保全国农用地面积不低于800万公顷，其中水稻面积不低于400万公顷，边境地区杂交水稻和苞谷种植面积不能低于播种面积的70%，政府无偿为边民供给种子和化肥[161]。二是越南政府不提倡增加耕地面积，更注重提高粮食单产，中央政府给地方政府下达粮食生产任务并进行严格监管；越南采取特殊的稻田保护政策，越南的土地法专门对稻田的使用与管理进行明确规定，禁止将保护区内的稻田转为其他土地，政府还采取降低农业税率的方式鼓励农民种植水稻。三是建立了严格的建设占用农用地审批制度和补偿制度，如建设占用水田的必须经国会委员会审批，同时要求占地单位补充相应数量和质量的农用地或者缴纳农地开发资金。四是鼓励边民种植经济林木，实行谁种谁享受优惠的政策，政府免费提供树苗，指令性要求边民完成植树造林任务，并为边民提供每亩（1亩≈0.066 7公顷）100~300元的种植补助，设立种活奖励，如种活1棵杉树奖励1元、1棵果树奖励2元、一株橡胶树奖励1.5元等，政府每年为边民提供平价的肥料和优质的粮食种子，以支持边民进行农业生产[162]。五是实施边境"定居定耕"工程，鼓励平原地区的群众到边境少数民族地区定居，充分开发和利用边境耕地等自然资源；免费为边境地区实施饮水工程、农田水利工程、道路工程、教育、医疗等基础设施工程[161]，让边民拥有基础设施比较完善的生活社区和稳定的耕地，达到稳边戍边的目的。

我国对农用地的保护措施主要体现在以下三个方面：一是出台《中华人民共和国土地管理法》《基本农田保护条例》等法律法规严格保护耕地。二是划定18亿亩耕地红线和永久基本农田保护区，实行耕地"占一补一"的政策，建设占用基本农田或基本农田以外的耕地超过35公顷的由国务院进行审批。三是从2004年起逐步取消农业税，2006年1月1日起废除《中华人民共和国农业税条例》，全面免收农业税，农民在荒山荒地或采伐迹地种植乔木林的，政府部门按照2014年的《中央财政林业补助资金管理办法》，每亩给予补贴200元，但需要申请人提前申请，验收合格后才能享受补贴，种植少于1亩的不列入补贴范围。目前，我国不鼓励发达地区群众搬迁到生存环境恶劣的边境地区生活，与此相反的是，我国每年边境地区人口大量向发达地区转移，导致部分边境地区地广人稀，土地利用效率不高。

比较结果：我国的耕地保护制度比越南严格，有利于18亿亩耕地红线和永久基本农田的保护，但在提高粮食单产上，我国采取的措施不如越南；我国废除农业税，而越南降低水稻种植的税率，我国的政策更利于维护农业生产规模不减少。从全国耕地保护和农业发展的层面上看，我国各项制度和政策明显优于越南，但对于边境地区的支持力度明显低于越南，边境农业发展的优惠政策和奖励政策远不如越南，不利于边境国防林的保护，也容易引起边境耕地撂荒。越南不提倡增加耕地面积，鼓励提高粮食单产的做法值得我国学习，目前我国各种形式的耕地开发和利用可能会引起生态环境问题，需要谨慎推行。我国边境地区人口大量外流引起土地利用率不高，甚至土地撂荒的问题应引起各级政府部门的高度重视并采取积极防控措施。

③供地政策对比分析。

越南企业获得土地使用权的方式一般分为国家分配和租赁两种形式，外资企业一般通过租赁的方式获得土地使用权，租期一般为50年，对于资金投入大、回收周期长的项目，租期可放宽至70年。

我国企业获得土地使用权的方式一般有招标、拍卖和挂牌三种形式，土地出让最高年限为50年，企业在获得土地使用权时需要一次性支付土地出让金。由于租赁工业用地的土地使用权不充分，并且抵押贷款较难，我国企业极少通过租赁的方式获得土地使用权，如目前受新冠病毒感染疫情的影响，不少边境中小企业处于停产或亏损状态，但由于工业用地退出机制不完善，生产经营困难的企业难以退出土地，部分企业将处于持续亏损的恶性循环状态。

比较结果：越南的供地方式更灵活，我国供地程序复杂，耗时长，需要企业一次性支付土地出让金，企业负担较大，企业租赁土地使用权模式发展不成熟。对投资者来说，它们更倾向于越南的供地方式，我国应在招拍挂的基础上探索完善的土地租赁制度和土地出让金分批支付制度，制定工业用地退出机制。

④产业用地政策对比分析

越南以优惠的土地开发利用政策吸引企业落户边境，对落户边境的企业，投资者可在国家规定的价格范围内以最低价格水平租地，如在边境口岸经济区投资，企业还可以在当地口岸土地租金水平的基础上减免50%的租金，如果企业的项目属于国家特别鼓励的新材料新能源、高科技产品、机械制造、生态环境保护、劳动密集型等，企业项目从建成、投入使用之日起免收土地租金15年[162-163]，对于不在鼓励投资目录内的项目，从建设、完成和投入使用之日起免收土地租金11年[164]。越南边境地区工业用地价格一般为 $7 \sim 30$ 元/ m^2，而与越南相望的我国边境地区用地地价格最低标准一般为 $60 \sim 120$ 元/ m^2[23]。越南对边境地区不断推行土地税率优惠政策，对入驻边境地区的企业实行"前2年免税，后4年减半"的税收支持政策[23]。

我国安排产业用地过程中，在用地指标和相关优惠政策上优先保障重点产业，但是目前没有一部法律法规对鼓励发展产业的优惠政策进行明确的规定，鼓励类产业发展保障措施没有上升到法律法规层面。企业用地大多实行统一的土地税费制度，部分地区享有一定土地税费的减免政策，广西和云南边境产业用地获得的税费减免力度较小。

比较结果：土地优惠政策往往是外来投资者考虑的重要因素，越南政府在这方面非常"慷慨"，对到边境地区投资的企业给予许多优惠政策，我国的土地政策制度灵活性不强，尽管部分地方享有土地税费的优惠政策，但由于各地土地资源禀赋和环境差异较大，就目前而言，已有的优惠力度较小，我国工业用地的价格和税费均高于越南，对我国边境地区未产生太大效益。因此，我国应出台更多的投资边境的土地税收优惠政策，提高地方运用土地税收优惠政策进行招商引资的能力。

⑤用地审批政策对比分析。

越南提前将征地计划向社会公布，被征地农民早已心中有数，愿意配合政府的征地工作。越南投资者获得土地使用权的程序比较简单，一般为：获得投资许可证→向所在省份政府提交用地申请→签订土地使用合同。土地使用权审批时限一般为 15 个工作日。对部分开放经济特区实行"用地审批绿色通道"，5 个工作日内可办结土地使用登记手续，并向企业出租土地。

我国用地审批程序较为复杂，如建设涉及占用农用地的，先办理农用地转用手续；如涉及农村集体土地征收的，要制订详细的征地方案；如无法顺利完成征地工作的，企业将难以用地；满足所有供地条件后，方能进入供地环节，如属于工业用地的，必须按照招标、拍卖、挂牌的程序进行供地，需要经过制订出让方案、确定出让底价、编制出让文件、发布出让信息、企业用地申请、企业用地资格审查、招标拍卖挂牌、签订出让合同等一系列复杂的出让程序，用地出让审批手续复杂且耗时较长。

比较结果：越南的用地审批程序比我国简单，如仅考虑用地问题，对于急需落户的投资者来说，他们会更偏向于到越南投资。越南提前将土地征收计划向社会公开，避免了一系列的征地矛盾，我国可学习借鉴此做法。

经对比分析后发现，我国的土地管理制度越来越严格，越南的土地制度和政策使其在招商引资方面占据较大的优势，越南给予边境地区各项事业发展的土地优惠政策远多于我国。笔者在研究过程中发现，近年来中越两国都从土地、产业、交通、教育、医疗、税收、金融等方面出台了一系列优惠政策，鼓励边民守土戍边，发展边境经济。就目前两国经济社会发展情况来看，我国明显优于越南，但我国对边境地区的重视程度远不如越南，致使部分边民从中越边境地区双方获得的优惠政策措施对比中，产生了不平衡心理和失落感。近几年来，已有部分边民迁居或通过跨国婚姻搬到越南居住，我国各级政府部门如不及时采取应对措施进行合理的引导和管控，今后可能会对我国边境地区国土、经济及社会安全等造成潜在的威胁[165]。

（2）我国已经颁布的支持边境地区发展的特殊土地政策

2011 年至今，我国陆续批准设立了 8 个国家级重点开发开放实验区，由于实验区地缘区位特殊，经济社会发展模式区别于广大内陆地区，并且多数试验区属于少数民族地区和贫困地区，长期以来，这些地区经济社会发展滞后，为此，各试验区批准成立后，国家委托省级（自治区级）人民政府制定了《促进×××国家级重点开发开放试验区建设的若干政策》，从表 3.11 可以看出，目前内蒙古满洲里、云南瑞丽、广西东兴、内蒙古二连浩特、云南勐腊（磨憨）、黑龙江绥芬河—东宁、广西凭祥已获得支持建设的特殊政策支持体系（《支持百色国家重点开发开放实验区建设的若干政策》正在编制中），已经制定的差异化政策支持体系呈现出以下特点：一是除"黑龙江绥芬河—东宁"试验区外，其他 6 个试验区都将"土地政策"作为一项重要内容单独列出，可见土地对于区域发展的重要程度，土地问题是解决区域发展的根本问题。二是多数试验区都希望支持试验区进行土地利用总体规划评估和修改，侧面反映我国各项规划与实际发展情况的差异，提醒各地在新一轮的国土空间规划编制中，既要做好规划期内各类项目的计划工作，也要做好项目的前期调研和论证工作。三是各试验区都呼吁给予年度土地利用计划倾斜并实行指标单列，其中，以建设用地指标需求最为迫切，这表明在长期的发展过程中，我国给予边境地区建设用地指标严重不足，边境地区发展建设严重滞后。四是各试验区希望放宽旅游用地限制条件，支持试验区发展旅游产业，这表明旅游产业已逐步发展成为边境地区的重要支柱产业，预示着其他边境地区在用地指标分配及用地审批等方面应适当优先保障旅游产业用地。五是支持试验区探索市场化土地开发与运作模式，这表明我国的土地市场运行模式限制了农村社会的发展，亟须进行农村土地制度改革。六是建设占用林地指标向试验区倾斜并实行单列计划，说明我国多数边境地区林地面积比重大，是全国的重要生态屏障，同时，边境地区林地还承载着国防安全的特殊功能，边境地区在开发建设过程中不能盲目批准占用林地，必须确保边境林地比重及林地发展质量达到国防安全和生态安全的要求。

差异化的政策支持体系切实加快了试验区的发展建设，多数政策在实施过程中都发挥了积极的作用，但笔者在调研中发现，部分政策由于过于空泛而无法落地，今后相关部门在制定政策过程中，应注意政策的可行性问题研究，配套制定相应的实施细则，确保每一条政策能够用到实处。目前，我国获得差异化政策支持体系的地区仅限于国家级重点开发开放试验区，其他边境地区则无法享受这些优惠政策，容易引起边境地区经济社会发展的不平衡现象，也容易挑起边境各地区之间的矛盾。因此，笔者希望这些优惠政策在试验区实施取得成功后，国家及各级人民政府应及时总结各试验区的发展经验，辨析各项政策实施的效应，切实推进边境经济社会可持续发展的政策，并逐步普及到其他边境地区。国家层面根据各试验区的试点经验，编制"支持我国边境地区发展的若干政策"，并允许各边境地区以此政策为纲制定相应的差异化实施细则。如此，所有边境地区都享受到国家的优惠政策，又体现出差异化发展的理念，既能全面实现"兴边富民"的目标，又能进一步夯实稳边固边工程。

表 3.11 支持我国 8 个国家级重点开发开放实验区建设的特殊土地政策

试验区名称	政策颁布时间	支持国家级重点开发开放试验区发展的特殊土地政策的主要内容
内蒙古满洲里	2011 年	支持试验区开展土地利用总体规划的评估和修改；建设用地指标向试验区倾斜并实行单列计划；放宽旅游用地限制条件，支持试验区申报国家级矿产资源综合利用示范基地、自治区级绿色矿山及和谐矿区试点；支持试验区开展土地整治工程
云南瑞丽	2012 年	支持试验区开展土地利用总体规划评估和修改；年度土地利用计划实行单列；在建设用地预审和农用地征收转用报批方面给予试验区部分审批权限；支持试验区通过开展城乡建设用地增减挂钩、开发地皮缓坡等形式增加建设用地指标；从用地指标和农用地转用审批手续等方面支持试验区水利、水电、旅游等项目建设；允许试验区农村集体经济组织和村民利用集体建设用地按规划用地自主开发旅游项目；耕地占补平衡指标向试验区倾斜，支持试验区探索耕地保护货币补偿试点申报
广西东兴	2012 年	赋予试验区享有自治区自然资源部门的部分土地管理审批权限，用地指标向试验区倾斜并执行单列计划；为实验区建设占用林地开通"审批绿色通道"，减少建设林地占用审批环节，放宽建设占用林地审批限制条件；鼓励试验区将低丘缓坡开发为建设用地；自治区统筹安排国家和自治区级重大基础设施建设项目的耕地占补平衡指标；在用地转用手续方面支持试验区开发旅游项目；探索试验区市场化土地开发与运作模式
内蒙古二连浩特	2014 年	支持试验区开展土地利用总体规划评估和修改；年度土地利用指标向试验区倾斜并实行单列计划；支持试验区土地复垦行动
云南勐腊（磨憨）	2016 年	对实验区年度土地计划实行单列；支持试验区土地整治工程；赋予试验区部分用地审批权；支持试验区通过开展城乡建设用地增减挂钩试点和开发低丘缓坡增加建设用地指标；在农用地转用手续方面支持试验区水利、水电、旅游等项目建设；在不改变规划用途的情况下，支持农村集体经济组织和村民利用集体建设用地自主开发旅游项目；列入国家划拨用地目录的基础设施建设项目以划拨方式供地，不缴纳新增建设用地有偿使用费；建设占用林地定额向试验区倾斜并实行单列，赋予试验区部分建设占用林地审批权

试验区名称	政策颁布时间	支持国家级重点开发开放试验区发展的特殊土地政策的主要内容
广西凭祥	2017年	试验区年度土地利用实行单列计划，赋予试验区部分用地审批权；建设占用林地定额向试验区倾斜并实行单列，为实验区建设占用林地开通"审批绿色通道"；在不改变规划用途的情况下，支持农村集体经济组织和村民利用集体建设用地自主开发旅游项目；支持试验区矿产资源保障项目建设；支持试验区探索市场化土地开发与运作模式；允许试验区土地利用总体规划进行一年一评估
黑龙江绥芬河—东宁	2018年	《关于进一步支持绥芬河—东宁重点开发开放试验区建设若干措施》中没有单独列出土地政策，涉及土地方面的政策为：赋予试验区部分建设项目用地审批权
广西百色	2020年	从用地报批、基本农田补划方面优化国土空间规划实施管理；保障试验区用地指标，并支持建立增减挂钩指标交易制度；优先保障试验区建设占用林地指标，鼓励创新森林经营模式；推进农村集体经营性建设用地入市，放活农村宅基地使用权；保障企业生产生活的服务设施用地；支持工业园区用地

3.1.5 土地利用概况

（1）土地利用现状

研究区土地总面积为39.54万 km²，结合表3.12和图3.3可以得知，林地是中国中越边境地区的主要土地类型，占研究区土地总面积的67%以上，2018年云南为59.70%，广西省的森林覆盖率为62.30%，全国森林覆盖率仅为21.63%，中越边境地区较高的森林覆盖率对我国边境安全起到了重要的防护作用；其次是草地和耕地，两者均占研究区土地总面积的15%以上，研究区林地、草地和耕地面积之和占研究区土地总面积的90%以上；从图3.3研究区土地利用覆被情况可以看出，绿色是研究区地表的主要色调；因此，中越边境地区当之无愧成为我国西南边境地区的重要生态屏障和天然氧吧。作为"一带一路"沿线地区和通往东盟各国的重要通道，中越边境具有良好的发展机遇，但目前该地区经济发展比较落后，建设用地比重偏小，2018年建设用地比例仅为1.03%，远低于同期全国建设用地平均水平的2.83%，中越边境地区建设力度不足，我们亟须加快边境旅游、贸易口岸等各项"兴边富民"国家战略的推进步伐。从各地类变化趋势来看（见图3.4），研究期内，研究区林地、草地和未利用地面积总体呈下降趋势；水域和建设用地面积总体呈上升趋势，但变化幅度不大；耕地容易受人类活动的影响，变化形势比较复杂，研究期内各阶段耕地面积变化起伏不定。土地利用类型转化主要表现为林地和草地转为耕地、建设用地和水域，耕地转为林地、草地和建设用地，未利用地转为林地、草地、耕地和建设用地，各土地利用类型之间的相互转化受自然、社会、经济、政策、技术等因素的共同影响。近年来，边境旅游、边境贸易等迅速崛起，中越边境地区已逐渐成为区域经济发展的活跃地带，土地利用方式及类型变化显著，土地利用功能由传统向复杂多样化方向转变，并体现出边境土地利用功能的特殊性。

表 3.12 中国中越边境地区土地利用现状表（2000—2010 年） I

地类名称	2000 年		2005 年		2010 年	
	面积/hm²	比例/%	面积/hm²	比例/%	面积/hm²	比例/%
耕地	597 639.06	15.12	595 009.08	15.05	602 199.99	15.23
林地	2 699 490.87	68.28	2 702 742.39	68.36	2 693 688.75	68.13
草地	604 392.93	15.29	602 841.06	15.25	602 288.91	15.23
水域	21 178.26	0.54	21 381.66	0.54	23 910.03	0.60
建设用地	28 398.33	0.72	29 152.26	0.74	29 970.36	0.76
未利用地	2 485.08	0.06	2 458.08	0.06	1 526.49	0.04
合计	3 953 584.53	100.00	3 953 584.53	100.00	3 953 584.53	100.00

表 3.12 中国中越边境地区土地利用现状表（2015—2018 年） II

地类名称	2015 年		2018 年	
	面积/hm²	比例/%	面积/hm²	比例/%
耕地	600 320.61	15.18	596 735.19	15.09
林地	2 692 159.29	68.09	2 683 607.76	67.88
草地	602 257.41	15.23	601 177.77	15.21
水域	24 130.08	0.61	29 695.86	0.75
建设用地	33 164.37	0.84	40 805.91	1.03
未利用地	1 552.77	0.04	1 562.04	0.04
合计	3 953 584.53	100.00	3 953 584.53	100.00

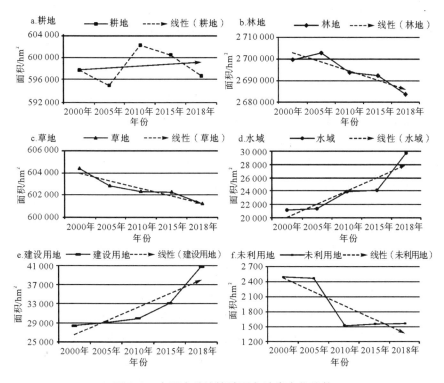

图3.3　中国中越边境地区各地类变化趋势

（2）土地利用与管理存在的问题

土地资源是区域经济社会发展的物质基础和根本支撑，随着经济全球化的快速发展，各国越来越重视边境地区的开发和建设。近年来，我国多数边境地区经济社会转型发展，边境经济社会的转型发展将引起土地利用的强烈变化，唯有不断提高土地资源的开发和利用质量，才能确保区域经济社会的可持续发展。有效诊断区域土地利用存在的问题，中央及各级地方人民政府才能及时调整土地资源利用与管理的方向和目标，优化土地资源配置、提高土地利用效益。目前，中国中越边境地区土地利用与管理主要存在以下问题：

第一，缺乏与边境经济社会发展相匹配的特殊政策支持体系。经济社会的发展效益最终将体现在土地上，边境地区经济社会发展的特殊机遇和路径使土地利用功能逐渐区别于其他内陆地区，并呈多样化状态。就目前边境土地利用情况来看，农业生产、社会保障等传统功能在土地利用综合功能中的比重逐渐缩小，景观游憩、国家安全等新兴功能和特殊功能日益凸显。目前我国边境地区执行的依旧是全国和省（自治区、直辖市）一级的各项政策和标准，现行政策与边境土地利用的特殊性不完全匹配。截至目前，我国中央和地方层面只针对全国8个重点开发开放试验区出台差异化的政策支持体系（支持百色市重点开发开放试验区建设的若干政策目前正在研究制定中）；从享有差异化政策支持体系的7个重点开发开放试验区的政策制定和实施情况来看，国家将政策制定的权利下放到省（自治区、直辖市）级层面，各地能根据各试验区的具体情况在省（自治区、直辖市）权利允许的范围内制定政策，政策制定结果与各地匹配度较高；在调研中发现，目前针对各重点开发开放试验区出台的优惠政策中，部分条例比较宽泛，政策难以落地（笔者随课题组到东兴市和凭祥市调研得知，40%左右的政策难以落地），各省（自治区、直辖市）在构建政策支持体系时，没有出台相应的政策实施细则，而是由下一级地方政府自行解读后实施；给政府但未放权也是导致部分政策实施受阻的原因之一。时至今日，中央和地方均未出台边境土地利用管理、边境户籍制度改革等特殊支持政策，现行各类政策对边境开发开放和鼓励边民守土成边的支持力度不够，影响了我国国土安全和边境优势的发挥。越南为了激励边民在边境沿线集聚、守土成边，全方位支持和鼓励边民在边境沿线进行开发建设，边民在边境沿线建设房屋等构筑物的选址上享有很大的自由度，除政府管控的少数特定区域外，边民可任意选址且无须办理行政审批手续，此外，边民在边境沿线建房可享受政府补贴[23]，有的地方政府甚至为边民免费建房[148]。我国边境地区目前执行的仍是国家和省（自治区、直辖市）统一的土地政策和人口落户政策等，边民或企业在边境沿线建房必须严格按照国家和省（自治区、直辖市）的统一标准。目前，我国边境人口落户条件仍按照全国统一标准，只能通过婚嫁和购房等方式落户边境，不利于边境人口的聚集，进而出现土地撂荒或利用率不高的现象。综上所述，越南与我国在边境沿线实行的优惠政策形成鲜明对比，越南对边境各类优惠政策给我国边境地区治理带来巨大压力。

第二，土地撂荒现象严重。笔者在调研中发现，中国中越边境部分公民国土安全意识不强，耕地撂荒严重，也存在农村宅基地和工业用地废弃的现象；遥感监测和抽样调查结果显示，2000年中国中越边境地区撂荒耕地面积约为983.66hm²，2018年约为883.49hm²，不同时期、不同地区耕地撂荒的驱动因子差别较大，大致可以分为以下三大类[166]：一是因生存条件差、经济落后等原因，大量青壮年外出就业，农业人口迁移现象严重，农村劳动力大量减少，山地丘陵等边境地区出现大范围耕地撂荒现象[36, 167]；二是受边际土地效应的影响，如耕地质量差[168]，坡度大[169]，距离村庄、道路与市场远[170-171]，农地规模较小、地块破碎[172]等因素；三是土地政策、农业政策不健全[173]等因素引起土地撂荒。在调研中，笔者发现多地村庄存在不少废弃宅基地，原因之一是部分边民另外选址新建房屋后将原宅基地废弃；原因之二是部分边民多年前已经举家搬迁到城市，导致原有宅基地废弃；原因之三是近年来实施的易地扶贫搬迁项目加剧了村庄空心化现象。出现废弃工业用地的原因主要是：我国目前工业用地一般通过招标、拍卖和挂牌的方式获得，使用年限一般为 50 年，根据调研情况得知，部分中小企业生存期只有 20 年左右，企业破产后将引起工业用地废弃，过长的工业用地出让年限不利于提高土地利用效率；目前中国中越边境地区营商环境相对其他地区较差，同时考虑边境安全的问题，一些重要领域的大型企业及小微企业不适宜落户边境，在边境地区落户的企业大多为中小企业，而这部分企业往往市场竞争力较弱，破产率较高，企业破产后的用地成本问题成为企业的后顾之忧。边境地区耕地撂荒、宅基地废弃、工业用地废弃等现象不仅降低了边境土地利用效益，也不利于边境保护国土完整，更有可能成为境外走私人员躲藏或犯罪的场所，从而威胁边境社会的安全。

第三，现行规划已不能适应边境地区发展的新形势。长期以来，我国自上而下的建设规划指标分解方法中大部分建设指标倾向重点市区，下达给边境地区的建设指标较少，边境地区获得的主要是耕地保护和基本农田保护的指标，如今边境地区的规划建设用地规模已不能适应边境发展的新形势。从现行规划指标分配和空间布局情况来看，新增建设用地指标主要分布在中心城区和工业集中区，对于边境口岸及其物流中心、洗矿产等的配套用地、远离边境口岸的农村基础设施、边境交通水利、边境旅游项目等用地考虑不足，特别是距离边境线 0~20km 范围内的村庄基础设施和产业用地指标分配严重不足，已不能适应边境地区发展的新形势和新要求，亟须对边境国土空间规划进行调整，加快边境村庄规划建设。

第四，中国中越边境地区生态环境脆弱，易受人类活动的影响。作为我国西南地区的重要生态屏障，研究区生态环境质量总体较好，但中国中越边境大部分地区属于典型的喀斯特地形，境内山地、丘陵地貌分布广泛，生态环境脆弱、资源环境承载能力较弱，易受人类活动的影响，部分县域石漠化现象严重，容易发生崩塌、滑坡等地质灾害，威胁边境地区人民群众的生命和财产安全。以河流为国界线时，通航河流通常以主航道中心线为界，不通航河流通常以河流的中心线为界；调研中发现，越南一侧多处已经建成水泥砂浆河堤，而我国河流一侧部分地区只是简单地修筑河堤或依然保持原始的自然状态，河岛和河岸土质多为砂质黏土，极易受到河水冲刷的影响，导致主航道中心线或河流中心逐渐向我国偏移，甚至出现改道现象，严重影响我国的领土完整。调研中笔者发现，越南在北仑河（东兴段）修建了三角防护堤，并伸到河流中间，造成泥沙淤积，主航道中心线逐渐向我国偏移，导致中国疆土减少，今后可能会引起疆土争议；此外，北仑河的独墩岛、插尾岛以及左江流域上的水口河段、平儿河段等地方出现河岛和河岸被冲刷的情况。中国中越边境地区部分县域铝矿、锰矿等矿产资源丰富，部分地区近年来开始进行大规模的矿产资源开发，如靖西市铝矿资源的开发和大新县锰矿资源的开发等，这些开发行为已引发了局部山体滑坡、河流污染、粉尘污染等比较严重的生态环境问题，这些问题短时间内虽然不会严重影响整个中越边境乃至西南地区的生态环境质量，但如此下去，中越边境地区将会失去"我国重要的生态屏障"的美誉，受影响最大的当属边境居民，他们的生产生活乃至生命都将受到威胁。笔者调研得知，作为"我国重要的生态屏障"的中越边境地区，并未被全部纳入生态补偿范围，而目前的生态补偿补偿到市级人民政府，由市级人民政府进行统筹，这不利于充分调动地方政府保护生态环境的积极性，除了少数护林员外，补偿资金直接拨付到林地使用权人的较少，未能最大限度地发挥全民参与生态环境保护的作用。

3.2 数据来源及处理

本书的研究采用的数据主要包括地理空间数据、人口经济社会等统计数据和指标阈值数据三类，具体数据来源信息及数据规格见表3.13，数据处理情况如下：

3.2.1 空间数据

空间数据主要包括土地利用数据、DEM 数据和行政区界线。本书使用的土地利用数据涉及中国中越边境地区 2000 年、2005 年、2010 年、2015 年和2018 年 5 期，分辨率为 30m×30m。为了方便数据分析，本书将中国科学院原来的 26 种二级地类通过 ArcGIS 的重分类功能合并为 6 种一级地类，分别为耕地、林地、草地、水域、建设用地和未利用地，对以上 6 种土地利用类型分别编码为 1、2、3、4、5、6[174]。当前我国没有较为准确的耕地撂荒数据，未对耕地撂荒的情况进行详细的跟踪统计，官方的相关统计数据和资料更是缺乏。而遥感解译对获取大范围的耕地撂荒面积具有较大的优势，能反映区域耕地撂荒的整体情况和时空演变特征[175-177]，农户调查可对遥感解译的结果进行补充，农户调查方法在解释耕地撂荒机理方面具有优势[178,179]，使用两者相结合的综合方法确定区域耕地撂荒面积是目前学术界比较认可的方式。因此，本书使用遥感技术加实地调研的方式来获取撂荒的耕地面积。在调研中笔者得知，中越边境地区不存在发展牧草地的情况，耕地撂荒后短时间内一般会变为荒草地，只有撂荒时间长达几十年的耕地才有可能自然发展成为疏林地，而本书各研究时点的时间间隔只有5年，因此，本书将各研究时段内耕地转为草地的面积统计为撂荒的耕地面积，基于ArcGIS软件的地图代数运算功能和Excel表的透视功能构建各时段土地利用转移矩阵初步获取，后将该数据反馈给各县（市、区）农业农村局和自然资源局，让各地相关管理人员协助对数据进行修正，最后借鉴中国科学院地理研究所李秀彬老师（李老师于2019年10月到中国地质大学未来城校区做了关于"山区梯田撂荒"的讲座，笔者在会上当面向李老师请教耕地撂荒面积的获取方法）[180]、王倩[181]、金芳芳[182]等的调研方法对耕地撂荒情况进行抽样调查，完成二次验证。DEM数据和行政区界线规格及来源详见表3.13。

3.2.2　统计数据

统计数据主要包括人口、经济、社会、旅游、贸易、自然保护区等数据。人口、经济、社会数据获取以广西和云南市/县统计年鉴为主，个别县域个别年份缺失的数据使用经济统计年鉴、农村统计年鉴、地方志、地情书等统计资料进行补充；旅游等数据以广西和云南文化与旅游厅网站公布的统计数据为主，个别县域个别年份缺失的数据从市县统计年鉴、旅游年鉴、政府工作报告等统计资料进行补充。涉及价格变化的数据，分别根据广西和云南的GDP指数将各年份数值统一折算为2000年的可比价格[183-185]。各级自然保护区数据来自数据禾网站。

3.2.3　指标阈值

指标阈值数据涉及阈值的指标有土地垦殖率、第一产业贡献度、乡村从业人员比例、森林覆盖率、建设用地比例、国防林比例和人口密度。这些指标属于适度型指标，各地在发展过程中要将这些指标控制在一定范围内才能使经济社会结构趋于合理，本书借鉴已发表的研究成果的判定方法和结果，确定以上7个指标的阈值[45,50,186]。

表 3.13 数据来源及规格信息一览表

序号	数据名称	年份	数据来源	数据规格
1	土地利用数据	2000 年、2005 年、2010 年、2015 年、2018 年	中国科学院资源环境数据云平台（http://www.resdc.cn/）	30m×30m
2	行政区界线	2017 年	全国基础地理数据库	县域界线
3	耕地撂荒面积数据	2000 年、2005 年、2010 年、2015 年、2018 年	土地利用数据空间叠加获取初步数据，通过访谈各地农业农村局和自然资源局进行修正，农户抽样调查进行验证	县域数据
4	DEM 数据	最新版本，V4.1 版本	中国科学院资源环境数据云平台（http://www.resdc.cn/）	250m×250m
5	人口、经济、社会数据	2000 年、2005 年、2010 年、2015 年、2018 年	广西和云南市县统计年鉴、经济统计年鉴、农村统计年鉴、地方志、地情书、政府工作报告等	县域数据
6	中越贸易额	2000 年、2005 年、2010 年、2015 年、2018 年	中国海关总署统计数据、越南海关、商务部网站、UN Comtrade Database	中国与越南的进出口贸易额
7	旅游指标数据	2000 年、2005 年、2010 年、2015 年、2018 年	广西/云南文化与旅游厅网站公布的统计数据、市县统计年鉴、旅游年鉴、政府工作报告等	县域数据
8	自然保护区数据	2000 年、2005 年、2010 年、2015 年、2018 年	数据禾网站（https://www.databox.store）	国家、省（自治区、直辖市）、市、县四级
9	指标阈值数据	—	各评价单元历年平均值的最大值、全国平均值、各评价时点全国平均值的最大值、杜国明等（2016）的研究成果	—

4 中国中越边境地区土地利用多功能评价及障碍因子诊断

　　区域自然条件和发展过程中经济目标的差异性以及社会需求的多样性，使不同地域空间的土地利用具有不同的功能，各地土地利用功能结构朝复杂化和多元化方向发展，同时呈现出显著的地域差异特征和时间变异特征[187-188]。目前，学术界从土地利用多功能视角研究区域国土空间定位和优化已取得长足进展，研究内容涵盖土地利用多功能理论体系[189-190]、功能识别及分类[55, 191-193]、功能评价、多功能空间分异特征[45, 196, 197]等方面。不同区域土地利用功能的空间格局异质性及功能划分是自然资源管理及地理学科领域亟待深入研究的前沿问题[198]，在评价过程中，我们既考虑土地利用的传统功能，又善于发现不同区域的新兴功能和特殊功能，对发挥地域优势、有效推进国土空间用途管制、实现区域可持续发展具有重要意义。

　　边境地区作为国防的前沿阵地和对外开放的重要门户，是我国推进"一带一路"建设的重要支撑区和国际竞相渗透的敏感区域。中国中越边境地区是中国与世界各国通往东盟国家的重要门户，承载着建设 21 世纪海上丝绸之路与丝绸之路经济带有机衔接的海陆通道的使命。近年来，边境口岸、跨境经济合作区、重点开发开放试验区等迅速崛起，中越边境地区已逐渐成为区域经济发展的活跃地带，土地利用方式及类型变化显著，土地利用变化引起的土地利用功能变化亟待关注，土地利用功能由传统功能向复杂多功能转变。而边境土地不仅具有传统的生产发展功能、社会保障功能和生态服务功能，还具备特殊性：一是凭借优越的自然风光和边境贸易区的跨国产品，边境地区景观游憩功能逐年凸显；二是边境地区土地利用结构及利用方式、人口密度和道路通达性等因素直接或间接影响边境安全，边境土地承载的国家安全功能日益凸显。因此，本章的主要目标是从农业生产功能、社会保障功能、生态服务功能、景观游憩功能和国家安全功能五个维度构建中国中越边境地区土地利用多功能评价指标体系，计算分析中国中越边境地区各评价单元 2000 年、2005 年、2010 年、

2015 年和 2018 年的土地利用的综合功能及各单项土地利用功能值，探究中国中越边境地区各评价单元的土地利用功能时空演变规律，为本书后文研究各评价单元土地利用多功能耦合协调度和对各评价单元土地利用功能进行定位奠定基础。

4.1 评价体系构建及研究方法

4.1.1 评价内容识别及指标体系构建

（1）中国中越边境地区土地利用多功能研究的内容识别

土地利用是多因素相互作用形成的复杂耦合系统，土地利用方式及结构决定了土地利用功能的多样性，而土地利用多功能性也能反作用于土地利用结构。边境土地利用多功能既要能体现土地利用的传统功能，又要能凸显边境土地利用的新兴功能和特殊功能。以往学者们多从经济、社会和生态三个维度探讨土地利用的多功能性。中国中越边境地区经济发展底子薄，长期以来主要以农业种植为主要发展产业；随着各国对外开放广度和深度的不断拓展，边境贸易不断发展，中国与越南边境地区长期以农林种植为主，中越贸易仍以农产品贸易为主，因此，在传统的经济功能方面，本书主要考量该地区土地利用的农业生产功能；考虑到边境社会稳定对国家安全和发展的重要性，以及中国中越边境地区是我国西南地区重要的生态屏障，本书依然保留传统的社会保障功能和生态服务功能；因中国中越边境地区自然旅游资源丰富，以及独特的边境民族风情，近年来边境旅游逐渐兴起并发展成为边境地区的重要支柱产业，在调研过程中地方政府和群众对发展旅游业呼声高涨，因此，本书将景观游憩功能作为中国中越边境地区土地利用的新兴功能单独列出，以体现该功能对中国中越边境经济社会发展的重要性；国家安全功能是边境土地承载的最特殊的功能，边境土地利用不仅是满足边境经济社会发展的需要，还体现着对国家安全的维护，边境土地利用结构不合理、边境土地撂荒、边境人口密度过低等不良现象都会给国家安全埋下隐患，因此，本书将土地利用的国家安全功能单独列出，从国家安全的角度呼吁各级政府和各方人士积极参与国土安全的研究和保护。在综合分析中国中越边境地区土地利用特征的基础上，本书从农业生产功能、社会保障功能、生态服务功能、景观游憩功能和国家安全功能五个维度分析其土地利用的多功能特征。

（2）指标体系构建及指标选取依据

根据以上中国中越边境地区土地利用多功能研究内容的识别结果，构建如表 4.1 所示的评价指标体系，各指标选取依据如下：

表 4.1　中国中越边境地区土地利用多功能评价指标体系及权重

决策层	准则层	准则层权重	指标层	对决策层的指标权重	对准则层的指标权重	指标单位	指标性质
边境土地利用综合功能	农业生产功能	0.128 7	土地垦殖率（x_1）	0.030 1	0.170 4	%	适度型
			粮食单产（x_2）	0.056 5	0.375 3	t/hm²	正向型
	（A）		第一产业贡献度（x_3）	0.061 9	0.454 3	%	适度型
	社会保障功能	0.144 1	人均粮食保证率（x_4）	0.040 4	0.360 6	%	正向型
			乡村从业人员比例（x_5）	0.037 3	0.253 7	%	适度型
	（B）		城乡居民收入平衡指数（x_6）	0.067 3	0.385 7	—	正向型
	生态服务功能	0.204 6	生境丰度指数（x_7）	0.045 5	0.222 4	—	正向型
			地均生态服务价值（x_8）	0.058 5	0.269 3	元/hm²	正向型
	（C）		森林覆盖率（x_9）	0.036 8	0.206 4	%	适度型
			土地退化指数（x_{10}）	0.066 3	0.301 9	%	负向型
	景观游憩功能	0.244 8	2A级以上景区个数（x_{11}）	0.074 9	0.277 8	个	正向型
			星级酒店个数（x_{12}）	0.062 1	0.205 5	个	正向型
	（D）		旅游接待人次（x_{13}）	0.069 8	0.237 5	万人次	正向型
			旅游收入（x_{14}）	0.076 8	0.279 2	亿元	正向型
	国家安全功能	0.277 8	建设用地比例（x_{15}）	0.030 3	0.171 0	%	适度型
			国防林比例（x_{16}）	0.035 7	0.202 8	%	适度型
	（E）		耕地撂荒比例（x_{17}）	0.062 3	0.233 1	%	负向型
			人口密度（x_{18}）	0.032 9	0.172 6	人/km²	适度型
			道路通达度（x_{19}）	0.054 7	0.220 5	km/km²	正向型

农业生产功能是指土地为人类提供农产品和服务的能力。人类利用土地的最初目的是获取生产生活资料，农业生产功能是人类利用土地的传统功能，在土地利用各功能中占据首要地位，本书从土地垦殖率、粮食单产、第一产业贡献度三个方面评价研究区土地利用的农业生产功能。土地垦殖率＝耕地面积/土地总面积×100%，土地垦殖率与区域自然、社会、经济及农业发展技术等条件密切相关，该指标的大小能体现人类对土地的依赖程度，也能间接反映人类对基本物资的需求程度和人类保护耕地的文明程度。粮食单产＝粮食产量/粮食作物播种面积，通过该指标可直接考量人类利用土地的效益，亦能间接反映人类在农业生产领域科学技术进步的程度，是表征农业生产功能的一项重要指标。第一产业贡献度＝第一产业产值/地区生产总值×100%，该指标能反映农业生产功能在整个经济社会体系以及经济社会发展过程中的贡献程度，三次产业结构的变化能反映区域经济发展的优势和主要方向，是评价土地农业生产功能的一项综合性指标；区域经济社会可持续发展，要求三产达到合理比例，缺

少任何一个产业或产业结构不合理都将导致地方经济社会畸形发展或难以持续发展[199]，因此，第一产业贡献率不论在什么区域都应该属于适度型指标。

社会保障功能是人类利用土地的最终功能，包括基本生活保障、就业保障、收入平衡等多方面内容。本书选取人均粮食保证率、乡村从业人员比例、城乡居民收入平衡指数来表征社会保障功能的强弱。研究区地处我国西南边境喀斯特地区，土地贫瘠，也是我国深度贫困地区，长期以来，该地区由于先天自然条件不足导致物资匮乏，自给自足能力较弱，因此，本书选取人均粮食保证率来衡量研究区的粮食自我保障能力，以诊断研究区在基本社会保障方面的自我解决能力，根据李玉平（2007）、刘笑彤（2010）、王成（2018）等的研究结果，我国每年人均需要粮食量为400kg[200-202]，因此，人均粮食保证率＝粮食产量/（常住人口数×400 kg/人）。研究区地处偏远边境地区，经济发展水平落后，外出务工收入成为当地居民家庭收入的重要来源，20世纪80年代至今，每年都有大量青壮年外出并流入珠三角、长三角等经济发达地区务工，究其原因，广袤的乡村地域能提供给当地群众的就业岗位极其有限，并且收入低，近年来，随着兴边富民、乡村振兴、克贫攻坚等相关政策的颁布以及相应工程的建设，边境基础设施逐渐完善，对外沟通成本降低，居民生活便利程度提高，边境贫困地区是否能成为当地群众就业的首选地区值得探讨，乡村从业人员比例＝乡村从业人数/总人口，该指标既能衡量区域的就业保障能力，也能反映边境地区对劳动力的吸引能力，对衡量边境土地利用的社会保障功能具有重要意义。长期以来，农村地区农民收入偏低，部分地区社会保障缺失，而社会保障的最终目的在于实现发展成果更多、更公平地惠及全体人民，乡村振兴战略的提出和实施目的就是繁荣农村经济，缩短城乡收入差距，确保人人都能公平参与社会分配，城乡居民收入平衡指数＝农民人均纯收入/城镇居民可支配收入，该指标能全面反映城乡收入差距和农村社区的社会幸福指数，能较好地诊断区域是否存在社会矛盾以及衡量该矛盾的大小程度。

生态服务功能是指能够为人类提供生态产品与服务以及应对外界干扰、实现自我修复、维持生态系统稳定的能力。生态服务功能主要表现在生态系统形成、生态环境现状、生态环境调节、生态环境保护等方面，生境丰度指数能反映生态系统形成，地均生态服务价值能体现区域生态环境现状，森林具有生态环境的调节功能，土地退化指数能反映人类对生态环境的保护力度和保护结果，因此，本书选取生境丰度指数、地均生态服务价值、森林覆盖率和土地退化指数来表征研究区土地利用的生态服务功能。生境丰度指数＝（0.35×林地+0.21×草地+0.28×水域湿地+0.11×耕地+0.04×建设用地+0.01×未利用地）/土地总面积，从计算过程可以看出，该指标能直接反映生态系统的构成和间接衡量土地生态系统的生物多样性，该值越高，说明土地生态系统的生物多样性越丰富，区域土地生态系统越安全。地均生态服务价值＝生态服务价值总和/土地总面积，生态服务价值计算方法参考谢高地2008年的研究成果[203]，该指标能反映不同土地利用结构下的生态环境现状。森林覆盖率＝林地面积/土地总面积×100%，森林作为地球上可再生自然资源及陆地生态系统的主体，具有调节气候、防止风沙、减轻洪灾、涵养水源、保持水土、除尘和过滤污水等作用，因此，森林覆盖率是表征区域土地利用生态调节功能的最佳指标。环境保护方面选取土地退化指数进行表征，土地退化指数＝退化土地面积/区域土地总面积×100%，退化土地面积为耕地、林地、草地等农用地转为沙地、盐碱地、裸土地、裸岩石砾地等未利用地的面积之和；土地退化指数能反映人类利用土地的合理程度和对土地的保护程度，土地利用结构变化能引起生态环境质量的变化，土地退化势必会导致区域生态环境质量下降。

景观游憩功能是指土地为人类提供休闲养生、健康运动、文化娱乐、医疗康复等功能。中国中越边境地区山水自然资源丰富，地形落差大，形成了多处著名的山水旅游度假区，近年来，随着各国对外开放程度不断提高，边境口岸及跨国小商品贸易吸引了越来越多国内外的游客，边境地区的景观游憩功能在土地利用各功能中逐渐凸显。本书针对景观游憩功能，选择2A级以上景区个数、星级酒店个数、旅游接待人次、旅游收入4个指标进行评价。2A级以上景区个数能反映区域发展旅游业的自然条件，以及地方政府对旅游业的重视和投入程度。各地星级酒店伴随旅游业的繁荣而不断增多，能体现市场对经济社会的自动调节和适应能力；酒店作为区域发展旅游业的重要配套设施，根据当地星级酒店个数能判断该地区的旅游繁荣程度；旅游接待人次和旅游收入是衡量地方景观游憩功能强弱的最直接方式。

国家安全功能是指人类利用土地资源维护国家安全的能力，一般表现为土地利用方式和结构，以及土地利用效率对国家安全的影响程度。边境地区作为国防的前沿阵地和对外开放的重要门户，是我国推进"一带一路"建设的重要支撑区和国际竞相渗透的敏感区域[204]。在当前强调坚持总体国家安全观，着力建设中国特色国家安全体系形势下，受地缘政治博弈、传统与非传统安全、经济社会转型发展等多方因素共同影响，边境问题成为国家安全与发展的首要问题。从土地利用角度来说，边境建设用地比例、国防林比例、耕地撂荒比例、人口密度和道路通达度等因素是影响边境乃至全国安全问题的重要指标，因此，本书从以上5个方面对中国中越边境地区土地利用的国家安全功能进行衡量。长期以来，中国中越边境地区工业及现代服务业发展滞后，经济发展水平落后，自身发展动力不足，加上国家政策倾斜力度不足，各项建设投入不足，使中国中越边境地区建设用地比例长期较低，不利于维护国家安全，选择建设用地比例（建设用地比例＝建设用地/土地总面积×100%）作为研究边境地区国家安全的一项指标，能体现边境地区的硬件设施建设程度。边境地区的林地不仅具有经济价值和生态价值，还具备国防的特殊功能，国防林比例对边境安全起到非常重要的作用，"国防林"又称"边防林"或"战备林"，主要是指国防前线、边境线上营造的具有国家防护意义的森林资源，可分为边疆地带防护林、沿海地带防护林、居民点防护林、隐蔽林、战备用材林等；本书的国防林采用边境地区高覆盖林地和中覆盖林地的面积之和，国防林比例＝中高度覆盖林地/土地总面积×100%。在调研中发现，中国中越边境地区的耕地撂荒现象比较严重，部分偏远地区存在越南居民越界耕作中国公民撂荒耕地的现象，而中国中越边境地区居民与越南居民已世世代代长期相识共处，对此类现象大家已经习以为常，但从国家层面来说，此现象不利于维护国家领土的完整。除耕地撂荒外，研究区还存在废弃农村居民点和废弃工业厂房，这些废弃的建筑物如不及时拆除后进行复垦，可能成为边境走私犯罪及间谍活动的场所，对边境社会安全存在重大隐患。但由于废弃农村居民点和废弃工业厂房数量远远小于撂荒的耕地数量，同时考虑数据的可获取性，本书选择耕地撂荒比例（耕地撂荒比例＝撂荒耕地/土地总面积×100%）作为衡量国家安全的一项指标。俗话说"只有留住了人，国土才能安全，国境才能稳固，有人的地方才能发展"，边境社会发展的关键因素是人的问题，人口密度（人口密度＝总人口/区域总面积）对边境安全具有重大影响，人口密度大说明边境地区经济社会繁荣，不仅能守住本土人口，还能吸引外来人口，人口密度小说明边境地区经济社会萧条，不仅不能吸引外来人口，还会导致本地人口大量外流；但人口密度不能超过区域自然经济社会的承载能力，如人口密度过大，将会带来新的社会问题，因此，该指标属于适度型指标，适度的人口密度不仅能稳边固边，还能促进经济社会的健康发展。道路通达度（道路通达度＝公路里程/区域总面积）不仅能反映边境地区基础设施的建设和完善程度，对边境安全的作用更是举足轻重，各国之间边境冲突不可避免，有多少路能通达边境地区，如何才能以最快的速度到达冲突场域，对维护边境乃至整个国家的安全具有重大意义，如发生战争，道路通达程度则更加重要。

4.1.2 指标权重确定

指标权重表征各项被考察指标在研究目标中的价值高低和相对重要程度，

权重确定方法一般分为主观赋值法和客观赋值法两种形式：主观赋权法是指专家根据自身学习、生活及工作经验进行人为主观赋值，常用的主观确权法主要有德尔菲法、层次分析法、理想值修正法等；客观赋权法理论性较强，一般以数学方法为工具对客观存在的数据进行计算，如某一年遇到突发事件导致数据出现异常（如 2020 年新冠病毒感染疫情对旅游业的冲击，使各地旅游人数、旅游收入发生不正常的变化），根据此数据求取的指标权重可能会与实际情况有偏差。常用的客观赋权法通常包括熵权法、主成分分析法、离差及均方差法、多目标规划法等。由于主观赋权受人的主观意识影响较大，客观赋权法受数据本身数值变化的影响较大[205]，因而，本书认为采用主观与客观/定性与定量相结合的方法确定指标权重更为科学。根据数据获取的方式和研究需求，本书首先基于熵权法（客观赋权法）分别计算指标层对准则层的权重和指标层对目标权重，其次基于德尔菲法（主观赋权法）分别对指标层对准则层的权重和指标层对目标权重进行调整，最后运用德尔菲法确定目标层权重。熵权法计算指标权重和德尔菲法修正指标权重的步骤如下：

（1）熵权法计算指标权重的步骤

①指标标准化。

本书所选取的指标涵盖经济、社会、生态、旅游和安全五大方面，由于各指标数据的单位不同，无法直接进行对比，需要消除指标数据量纲的影响。根据评价指标对研究目标影响的性质差异，本书将指标分为正向型指标、负向型指标和适度型指标三种类型。正向型指标表示指标值越大，评价结果越趋近于理想值；负向型指标表示指标值越小，评价结果越趋近于理想值；适度型指标表示指标值越接近阈值，评价结果越接近于理想值[199]。极值标准化法通过将属性数据按照比例进行缩放，缩放后的数列保留原始数据之间的顺序关系，能客观地反映评价指标实际值在该指标体系全距中所处的位置[206]。因此，本书采用极值法对指标进行标准化处理：

正向型指标：$x'_{ij} = \dfrac{x_{ij} - x_{min}}{x_{max} - x_{min}}$，$(1 < i < m,\ 1 < j < n)$ （4.1）

负向型指标：$x'_{ij} = \dfrac{x_{max} - x_{ij}}{x_{max} - x_{min}}$，$(1 < i < m,\ 1 < j < n)$ （4.2）

适度型指标：

$$x'_{ij} = 1 - \frac{|x_{ij} - x_0|}{\max(|x_0 - x_{min}|,\ |x_{max} - x_0|)},\ (1 < i < m,\ 1 < j < n)$$

（4.3）

式中，x'_{ij} 为指标标准化值，x_{ij} 为指标原始值，m 为同一指标的样本数量（研究时间尺度），n 为指标个数；x_{max} 为第 i 年指标的最大值，x_{min} 为第 i 年指标的最小值，x_0 为适度型指标的阈值。标准化后的值为 $[0，1]$，形成如下指标标准化矩阵：

$$A = \begin{bmatrix} x'_{11} & x'_{12} & \cdots & x'_{1j} \\ x'_{21} & x'_{22} & \cdots & x'_{2j} \\ \cdots & \cdots & \cdots & \cdots \\ x'_{i1} & x'_{i2} & \cdots & x'_{ij} \end{bmatrix} \qquad (4.4)$$

确定适度型指标的阈值是土地利用多功能评价的重要环节，指标阈值是指土地资源可持续利用状态下，指标值所达到的最合理状态[46, 189]。一般根据以下原则确定指标阈值[45]：①尽可能揭示自然的承压阈值，适用于 x_1、x_{15}；②统筹系统资源开发与开放相互作用的综合因素，适用于 x_9、x_{16}；③高标准但能实现的发展目标，适用于 x_3、x_5、x_{18}。根据以上原则，本书适度型指标阈值及确定依据见表 4.2。

表 4.2　适度型评价指标阈值及确定依据

适度型指标	阈值	确定依据
土地垦殖率（x_1）	12.50%	能保证全国粮食安全的耕地面积（18 亿亩）占陆地国土面积（960 万 hm²）的比重
第一产业贡献度（x_3）	20.00%	参考杜国明等（2016）的研究成果，对比中国中越边境地区农用地占比与全国的农用地占比情况后确定
乡村从业人员比例（x_5）	35.00%	参考杜国明等（2016）的研究成果，对比中国中越边境地区农用地占比与全国的农用地占比情况后确定
森林覆盖率（x_9）	68.54%	各评价单元历年平均值的最大值
建设用地比例（x_{15}）	2.83%	各评价时点全国建设用地面积比重的最大值
国防林比例（x_{16}）	59.40%	各评价单元历年平均值的最大值
人口密度（x_{18}）	148 人/km²	2018 年全国平均人口密度

②对指标进行归一化处理。

$$p_{ij} = x'_{ij} \Big/ \sum_{i=1}^{m} x'_{ij} \qquad (4.5)$$

式中，p_{ij} 为指标归一化值，x_{ij}' 为指标标准化值，m 为同一指标的样本数量。

③计算第 i 年第 j 项指标的熵值。

$$e_{ij} = -k \sum_{i=1}^{m} (p_{ij} \times \mathrm{LN}\, p_{ij}) , \quad k = \frac{1}{\mathrm{LN}\, m} \qquad (4.6)$$

式中，e_{ij} 为指标的熵值，p_{ij} 为第 i 年第 j 项指标标准化值在该项指标标准化总和中的比重，k 为比例系数，m 为同一指标的样本数量（研究的时间尺度）。

④计算第 j 项指标的熵权。

$$W_{ij} = (1 - e_{ij}) / \sum_{j=1}^{n} (1 - e_{ij}) \qquad (4.7)$$

式中，W_{ij} 为指标的权重，e_j 为各项指标的熵值，n 为指标个数。

（2）德尔菲法修正指标权重的步骤

①资料准备。资料准备包括预测目的，各指标含义、性质及熵权法计算权重的结果。

②组成专家小组。按照课题所涉及的知识点，本书邀请了自然资源管理领域、区域经济领域、旅游管理领域等 7 名专家对指标权重的客观计算结果进行修正。

③向专家提出所要预测的指标及有关要求，并附上相关指标的背景材料，由专家做书面答复，并说明修正指标的依据。

④汇总各位专家第一次判断的意见，列成表格，进行对比，再分发给各位专家，让各位专家比较自己与他人的意见，修改自己的判断。

⑤重复上一步的工作，直到每一位专家不再改变自己的意见为止。逐轮收集意见并向各位专家反馈信息是德尔菲法的主要环节。

⑥综合 7 位专家的意见确定各指标的最终权重。

4.1.3　土地利用功能评价方法

TOPSIS 法是一种常用的多指标分析方法，借助正理想点和负理想点给各方案进行排序，靠近正理想点而又远离负理想点的方案为最优[207]。TOPSIS 法在对研究目标进行评价时，对数据分布、指标个数、指标样本量均无严格限制，既适用于小样本资料的评价，也适用于多目标、多指标的复杂系统评价，既能进行横向（不同评价单元之间或同一年度多指标之间）对比，也可用于纵向（不同年份时间的比较）分析，评价结果真实、直观、可靠[208]。但是传统的 TOPSIS 法存在逆序的现象，即评价指标的增减会改变原指标在正负理想值之间的排序。改进的 TOPSIS 通过改变传统 TOPSIS 方法中评价对象到正负理想值距离的计算公式，能克服逆序的问题[209-211]。该方法广泛应用于土地利用管理、方案选择、投资估算、旅游产业等领域的评价。改进的 TOPSIS 方法运算步骤如下：

（1）构建加权规范化决策矩阵：

$$V = A \times W_{ij} = \begin{bmatrix} V_{11} & V_{12} & \cdots & V_{1j} \\ V_{21} & V_{22} & \cdots & V_{2j} \\ \cdots & \cdots & \cdots & \cdots \\ V_{i1} & V_{i2} & \cdots & V_{ij} \end{bmatrix} \qquad (4.8)$$

式中，V 为指标加权规范化决策矩阵，A 为指标标准化矩阵，W_{ij} 为指标权重。

（2）确定正理想值 V_i^+ 和负理想值 V_i^-：

$$V_i^+ = \left\{ \begin{array}{l} [\max V_{ij}| \, j \in J] \text{ 或 } [\min V_{ij} | j \in J'] , \\ i = 1, 2, \cdots, m; \, j = 1, 2, \cdots, n \end{array} \right\} = \{V_1^+, \ V_2^+, \ \cdots, \ V_n^+\}$$
$$(4.9)$$

$$V_i^- = \left\{ \begin{array}{l} [\min V_{ij}| \, j \in J] \text{ 或 } [\max V_{ij} | j \in J'] , \\ i = 1, 2, \cdots, m; \, j = 1, 2, \cdots n, \end{array} \right\} = \{V_1^-, \ V_2^-, \ \cdots, \ V_n^-\}$$
$$(4.10)$$

式中，J 为正向型指标集合，J' 为负向型指标集合，i 为年份，j 为指标个数。适度型指标只存在一个理想值，即适度型指标的正理想值等于负理想值，为各年份 V 值的平均值。

（3）计算不同年份指标向量到正理想值的距离 L_i^+ 和到负理想值的距离 L_i^-：

$$L_i^+ = \sqrt{\sum_{i=1}^m (V_{ij} - V_i^+)^2}, \ (j = 1, 2, \cdots, n) \qquad (4.11)$$

$$L_i^- = \sqrt{\sum_{i=1}^m (V_{ij} - V_i^-)^2}, \ (j = 1, 2, \cdots, n) \qquad (4.12)$$

式中，V_{ij} 为指标加权规范化决策矩阵 V 中各年份相应的加权规范化指标值，V_i^+ 为正理想值，V_i^- 为负理想值。

（4）计算历年评价对象与最优理想参照点的接近程度 C_i。设点 B（$\min(L_i^+)$，$\max(L_i^-)$）为最优理想参照点，则历年评价对象与最优理想参照点的接近程度 C_i 为

$$C_i = \sqrt{[L_i^+ - \min(L_i^+)]^2 + [L_i^- - \max(L_i^-)]^2}, \ (i = 1, 2, \cdots, m)$$
$$(4.13)$$

（5）计算各年份土地利用各子功能得分 r_i：

$$r_i = 1 - C_i \tag{4.14}$$

式中，$r_i \in [0, 1]$，r_i 越靠近 1，表明土地利用该项子功能越凸显，当 $r_i = 1$ 时，表明研究区该项子功能达到最优状态；r_i 越靠近 0，表明土地利用该项子功能越弱，当 $r_i = 0$ 时，表明研究区该项子功能完全缺失。

（6）计算各年份土地利用综合功能得分 R_i：

$$R_i = \sum_{j=1}^{5} (r_i \times W_{ij}') \tag{4.15}$$

式中，W_{ij}' 为目标层权重，$R_i \in [0, 1]$，R_i 越靠近 1，土地利用综合功能越凸显，当 $R_i = 1$ 时，表明研究区土地利用综合功能达到最优状态；R_i 越靠近 0，土地利用综合功能越弱，表明研究区土地利用处于杂乱无章状态，土地利用效益低下，应继续改变目前土地利用方式和调整土地利用结构。

4.1.4 障碍因子诊断方法

土地利用多功能评价能从宏观层面明确中国中越边境地区土地利用的情况，但要想从微观层面制定中国中越边境地区未来土地利用计划和调整土地利用方式，还需找出影响土地利用功能效益的主要障碍因子。本书引入"指标偏离度模型"和"障碍度模型"诊断土地利用功能效益的障碍因子，其运算过程如下：

（1）计算因子贡献度 F_j：

$$F_j = R_i \times W_{ij} \tag{4.16}$$

式中，因子贡献度 F_j 为单个评价因子对研究区土地利用综合功能的贡献程度，R_i 为土地利用综合功能，W_{ij} 为各指标相对于决策层的权重。

（2）计算因子偏离度 I_j：

$$I_j = 1 - F_j \tag{4.17}$$

式中，指标偏离度 I_j 为各年份各评价因子与当年土地利用综合功能效益之间的距离，F_j 为因子贡献度。

（3）计算第 j 项指标对土地利用综合功能效益的障碍度 O_j：

$$O_j = \left[(I_j \times F_j) / \sum_{j=1}^{n} (I_j \times F_j) \right] \times 100\% \tag{4.18}$$

式中，I_j 为因子偏离度，F_j 为因子贡献度。

4.2 土地利用多功能时空演变特征

4.2.1 土地利用多功能的时序演变特征

(1) 土地利用综合功能的时序演变特征

从时间序列演变特征来看，图 4.1 中各年份闭合曲线包含的范围越大，表明土地利用综合功能值越高，反之亦然。各县域土地利用综合功能随时间推移总体呈提高的趋势（个别县域个别年份除外），表明中国中越边境地区各县域 2000—2018 年土地利用效益总体处于良性发展趋势。近年来，国家及各级地方政府的各类政策切实提升了区域土地利用的多功能性[189]；2018 年，除防城区外，其他县域的土地利用综合功能值均高于 0.90，其中绿春县处于最高水平，表明目前防城区土地利用综合效益最低，其他县域土地利用综合效益均处于较高水平，其中绿春县土地利用综合效益最高。由图 4.1 结合表 4.3 可知，河口县、绿春县、麻栗坡县、富宁县和凭祥市 5 个县（市、区）各年份土地利用功能图均没有相交的地方并呈现不断扩大趋势，表明这 5 个县（市、区）的土地利用综合功能处于持续优化状态。其中：增长幅度最大的是富宁县，其 2018 年较 2000 年提高了 40.26%；其次是绿春县和麻栗坡县，2018 年较 2000 年均提高了 33.71%。值得注意的是，靖西市 2005 年和 2010 年的土地利用综合效益较 2000 年不升反降，与全域发展的大潮流相悖，主要原因是 2000 年以后靖西市开始进行大规模铝土矿的开采和加工，大量青壮年劳动力向第二产业转移，导致第一产业产值大幅度下降，该市土地利用的农业生产功能效益急剧下降，生态服务功能短时间内不会发生太大变化，而社会保障功能、景观游憩功能和国家安全功能在短时间内难以大幅提升，导致土地利用总体效益偏低，2010 年后，随着社会保障功能、景观游憩功能和国家安全功能逐步提升，靖西市的土地利用综合效益回归正常态势。宁明县 2000—2015 年土地利用综合效益均处于相对较低水平，在 0.70~0.75 的范围内浮动，但是 2018 年较前几年有较大的提升，主要是 2015 年以后宁明县找到了自身发展的优势，打造了以宁明花山壁画为主导的世界级旅游品牌项目，并不断带动其他旅游景区的升级、完善，重点推进旅游产业的发展，土地利用的景观游憩功能大幅提升，促进土地利用总体效益的提高。防城区 2018 年土地利用综合功能值明显低于其他各县（市、区），并且低于自身 2015 年土地利用综合效益 1.08 个百分点，说明防城区目前土地利用不尽合理，土地利用效益不高，主要原因是 2018 年防城区土地利用的生态服务功能和国家安全功能明显低于 2015 年。由此可知，城市发展对生态环境的影响不容忽视，防城区作为防城港市的主城区，又是边疆地区，国家安全功能降低的问题应引起政府部门和各界人士的高度重视。

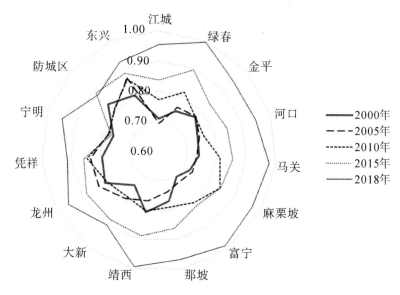

图 4.1   2000—2018 年研究区各县（市、区）土地利用综合功能演变

表 4.3   各评价单元不同时段土地利用综合功能变化率

县域	2000—2005 年	2005—2010 年	2010—2015 年	2015—2018 年	2000—2018 年
江城县	-2.12%	11.34%	8.53%	13.97%	34.80%
绿春县	1.85%	7.25%	10.00%	11.27%	33.71%
金平县	0.28%	-0.37%	8.55%	13.25%	22.82%
河口县	0.80%	2.02%	11.05%	11.94%	27.84%
马关县	-1.03%	10.70%	5.48%	14.36%	32.16%
麻栗坡县	1.52%	14.71%	0.10%	14.70%	33.71%
富宁县	2.82%	11.87%	1.58%	20.03%	40.26%
那坡县	-4.13%	7.04%	9.08%	12.12%	25.51%
靖西市	-4.71%	4.45%	10.35%	11.79%	22.79%
大新县	7.55%	-1.17%	12.19%	2.48%	22.20%
龙州县	3.02%	-3.73%	9.94%	8.24%	18.01%

表4.3(续)

县域	2000—2005 年	2005—2010 年	2010—2015 年	2015—2018 年	2000—2018 年
凭祥市	4.90%	1.52%	1.34%	6.60%	15.04%
宁明县	2.51%	−0.54%	−0.98%	22.99%	24.17%
防城区	−3.59%	0.30%	10.38%	−1.08%	5.58%
东兴市	7.92%	−0.66%	2.54%	4.79%	15.19%

（2）土地利用各子功能的时序演变特征

①农业生产功能的时序演变特征。

根据评价结果（图4.2和表4.4），将研究区各评价单元的农业生产功能划分为波动提高型、稳定提高型、极端变化型、波动变化型和波动衰退型五种类型。由图4.2各年份土地利用的农业生产功能范围演变情况及表4.4中研究区平均值可知，2000—2018年研究区的农业生产功能总体处于不断提高的趋势，研究区的农业生产功能属于稳定提高型。根据图3.1可知，研究区由东到西海拔高度不断提高，由沿海向高原演变，由于受地形地貌、海拔高度、地形坡度、水资源丰富程度等因素的综合影响，广西段各区域农业发展的自然条件及农业发展基础普遍优于云南段，将广西和云南两部分的农业生产功能平均值进行对比可知，2000—2015年广西段土地利用的农业生产功能普遍高于云南段，到2018年广西被云南反超，主要原因是研究期内由于其他产业发展条件受限，农业生产一直是云南段各县的重要发展方向和领域，而广西的防城区、凭祥市和东兴市由于地理条件优越、自然资源丰富，加上地方政府各项政策倾斜、《北部湾城市群发展规划》的颁布等原因，处于沿海地区的防城区、凭祥市和东兴市狠抓发展机遇，逐步向高端化产业发展，传统的农业生产功能在一定水平内正常波动，甚至出现衰退现象，导致研究后期广西段的农业生产功能低于云南段；各地区经济社会不断朝多元化方向发展，使该区域的农业生产功能在土地利用综合功能中所占的比重在一定范围内逐步降低，符合目前中国成长型城市的发展体制和趋势，但各地方政府应重视土地利用多功能的协调发展，经济发展较快的区域要在不断提高土地利用其他新兴功能的同时，确保传统农业生产能基本满足当地的粮食安全。基于以上原因，研究期内经济社会发展水平相对落后的云南段农业生产功能属于稳定提高型，经济社会发展水平相对较高的广西段农业生产功能属于波动提高型。

根据以上划分的农业生产功能的类型，结合图4.2和表4.4中各评价单元的土地农业生产功能评价结果及演变情况，可将云南的绿春县和广西的大新县归为农业生产功能的稳定提高区，这两个县的农业生产功能在研究期内处于持续上升的状态；波动提高型是研究期内农业生产功能演变的主导类型，包括了江城县、金平县、河口县、马关县、富宁县、那坡县、靖西市、龙州县和宁明县9个县（市），该变化类型在不同年份内呈现较小幅度地提高或降低的特征，总体水平处于上升趋势。麻栗坡县的农业生产功能在2000—2005年实现缓慢提升，2005—2010年快速提升，并在2010年达到最高值，后又持续下降，属于典型的极端变化型；2010年麻栗坡县农业生产功能突然增高，原因是2010年该县的粮食单产达到4.01t/hm²，较2000年的2.12 t/hm²和2005年的2.21 t/hm²，分别提高了89.35%和81.47%，随后又降到2015年和2018年的3.03 t/hm²；这表明该县农业发展不稳定，极易受到自然、社会、经济、政策等因素的影响。防城区和东兴市地势相对平坦，水源充足，具备农业发展的良好条件，但是防城区作为防城港市的主城区，东兴市作为广西重点旅游城市和重要边境口岸城市，其房地产业、对外贸易、旅游业、商品零售业等服务业占据重要地位，对农业发展空间造成一定挤压，农业生产功能出现比较随意的变化状态，因此，本书将其农业生产功能总结为波动变化型。研究期间，凭祥市的农业生产功能演变规律最具特殊性，2005年较2000年虽有上升，但随后几年一直处于持续波动下降趋势，2010年、2015年和2018年农业生产功能均低于2000年，属于波动衰退型，原因已在上一节说明，不再赘述。

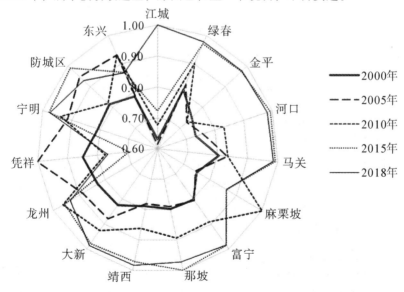

图4.2　2000—2018年研究区各县（市、区）农业生产功能演变

表 4.4　2000—2018 年研究区农业生产功能评价结果及演变类型

评价单元	2000 年	2005 年	2010 年	2015 年	2018 年	演变类型
江城县	0.631 6	0.614 2	0.677 4	0.723 2	1.000 0	波动提高型
绿春县	0.808 7	0.828 8	0.902 9	0.971 2	0.977 5	稳定提高型
金平县	0.752 1	0.728 3	0.731 6	0.973 0	0.975 8	波动提高型
河口县	0.733 1	0.757 4	0.829 8	0.992 0	0.982 2	波动提高型
马关县	0.802 2	0.832 2	0.832 8	0.991 4	0.984 9	波动提高型
麻栗坡县	0.750 4	0.744 4	1.000 0	0.861 3	0.862 6	极端变化型
富宁县	0.802 4	0.804 7	0.891 3	0.984 4	0.983 7	波动提高型
那坡县	0.799 0	0.789 5	0.894 4	1.000 0	0.972 4	波动提高型
靖西市	0.784 2	0.781 5	0.862 9	0.972 2	0.984 5	波动提高型
大新县	0.824 9	0.880 2	0.925 9	0.978 2	0.985 6	稳定提高型
龙州县	0.827 4	0.886 7	0.962 7	0.956 2	0.934 9	波动提高型
凭祥市	0.849 7	1.000 0	0.774 8	0.695 8	0.765 8	波动衰退型
宁明县	0.807 3	0.913 5	0.938 5	0.978 0	0.975 0	波动提高型
防城区	0.814 5	0.947 6	0.819 8	0.989 6	0.928 3	波动变化型
东兴市	0.784 6	0.930 9	0.931 3	0.870 3	0.869 2	波动变化型
研究区平均值	0.784 8	0.829 3	0.865 1	0.929 2	0.945 5	稳定提高型
云南段平均值	0.754 4	0.758 6	0.838 0	0.928 1	0.966 7	稳定提高型
广西段平均值	0.811 5	0.891 2	0.888 8	0.930 1	0.927 0	波动提高型

②社会保障功能的时序演变特征。

根据评价结果（图 4.3 和表 4.5），将研究区各评价单元土地利用的社会保障功能划分为波动提高型、波动变化型、波动衰退型、稳定提高型和极端变化型五种类型。由图 4.3 各年份土地利用社会保障功能范围的演变情况可知，研究区多数县域土地利用的社会保障功能在波动中提高，只有个别县域土地利用的社会保障功能有所下降，根据表 4.5 中研究区平均值可知，2000—2018 年研究区土地利用的社会保障功能总体处于先下降后上升的演变趋势，其中云南段属于波动提高型，广西段属于极端变化型，表明研究区土地的社会保障功能尚不稳定，是经济发展结构、就业结构、城乡收入差距等多重因素综合作用的结果。研究前期经济社会发展条件较好的东兴市和防城区土地利用的社会保障功能较高，后期除东兴市、防城区和江城县外，其他县域土地利用的社会保障功能普遍处于较高水平。

根据以上划分的土地利用的社会保障功能类型，结合图4.3和表4.5各评价单元土地利用的社会保障功能评价结果及演变情况，可将江城县、金平县、大新县和龙州县土地利用的社会保障功能演变特征归为波动变化型，这种类型变化无明显特征，呈随机升高或下降的态势，土地利用的社会保障功能极不稳定。绿春县、河口县、马关县、富宁县、那坡县属于波动提高型，这部分区域土地利用的社会保障功能在发展过程中，由于个别年度受特殊因素的影响，土地利用的社会保障功能略有下降，但很快又恢复上升的趋势。靖西市、凭祥市、宁明县和东兴市，2000年土地利用的社会保障功能较高，随后2005年和2010年由于经济社会转型发展后，产业发展重点逐渐由农业转变为其他产业，乡村企业逐渐兴起，导致粮食保证率降低，大量农村劳动力向第二、三产业转移就业，使该区域土地利用的社会保障功能有所降低，随后通过提高粮食单产等措施增加农村居民收入以缩小城乡收入差距，又使该地区的社会保障功能逐渐恢复正常状态并在后期达到最理想状态，属于典型的极端变化型。麻栗坡县是研究期内土地利用社会保障功能处于持续提高状态的唯一县域，该县是研究区内平均海拔最高的地区之一，自然条件较差，经济社会发展基础薄弱，相对其他县域来说，前期社会保障功能较低，后随着兴边富民、乡村振兴、脱贫攻坚等一系列国家战略和政策的实施，麻栗坡县以农业为主导的相关产业逐渐发展起来，土地利用的社会保障功能随之提高，属于稳定提高型县域。防城区作为防城港市的主城区，随城镇化快速发展，城区人口规模持续扩大，有限的耕地面积难以满足人口快速增加带来的粮食需求，人均粮食保证率由2000年的78.21%降至2018年的61.24%；乡村农业人数由2000年的15.63万人降至2018年的9.38万人；随着城市快速发展，城乡收入差距逐渐拉大，城乡居民收入平衡指数由2000年的0.582 8降至2018年的0.420 3；受以上因素的综合影响，防城区土地利用的社会保障功能在研究期内处于波动降低的状态，属于波动衰退型。

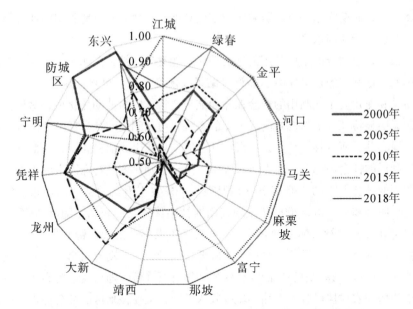

图 4.3　2000—2018 年研究区各县（市、区）社会保障功能演变

表 4.5　2000—2018 年研究区社会保障功能评价结果及演变类型

评价单元	2000 年	2005 年	2010 年	2015 年	2018 年	演变类型
江城县	0.652 1	0.568 6	0.759 1	1.000 0	0.796 6	波动变化型
绿春县	0.809 2	0.696 9	0.835 2	0.985 9	1.000 0	波动提高型
金平县	0.783 6	0.668 1	0.820 9	0.996 5	0.991 5	波动变化型
河口县	0.658 8	0.585 9	0.626 9	0.987 1	1.000 0	波动提高型
马关县	0.644 3	0.612 6	0.690 5	0.985 6	1.000 0	波动提高型
麻栗坡县	0.585 3	0.607 0	0.696 3	0.981 2	1.000 0	稳定提高型
富宁县	0.607 1	0.595 6	0.674 6	0.981 0	1.000 0	波动提高型
那坡县	0.500 7	0.432 1	0.430 2	0.694 8	1.000 0	波动提高型
靖西市	0.658 4	0.653 4	0.521 5	0.698 0	1.000 0	极端变化型
大新县	0.747 1	0.903 0	0.689 9	0.868 3	1.000 0	波动变化型
龙州县	0.775 8	0.901 8	0.646 3	0.838 2	1.000 0	波动变化型
凭祥市	0.909 8	0.905 3	0.707 4	0.888 0	1.000 0	极端变化型
宁明县	0.837 0	0.822 5	0.685 2	0.845 0	1.000 0	极端变化型
防城区	1.000 0	0.719 3	0.534 4	0.628 3	0.691 4	波动衰退型

表4.5(续)

评价单元	2000 年	2005 年	2010 年	2015 年	2018 年	演变类型
东兴市	0.977 9	0.796 5	0.699 4	0.822 8	0.924 7	极端变化型
研究区平均值	0.743 1	0.697 9	0.667 9	0.880 1	0.960 3	极端变化型
云南段平均值	0.677 2	0.619 3	0.729 1	0.988 3	0.969 7	波动提高型
广西段平均值	0.800 8	0.766 7	0.614 3	0.785 4	0.952 0	极端变化型

③生态服务功能的时序演变特征。

由图4.4可知，研究区土地利用的生态服务功能不再像其他功能一样总体呈递增状态，各评价单元变化方向不一，错综复杂，间接反映了人类活动对生态环境影响的复杂性。总的来说，研究区土地利用的生态服务功能总体呈波动下降的趋势，属于波动衰退型；研究区土地利用的生态服务功能2005年后处于持续降低的状态，生态服务功能在五大功能总和中所占的比重由2005年的0.239 2降至2018年的0.182 4。这应引起当地政府部门的重视，中国中越边境地区作为全国的重要生态屏障，应始终坚持绿色与生态的经济社会发展理念，凭借生态优势，发展绿色农业、生态旅游等优势产业，拒绝高排放高污染的产业或企业入驻，不能以牺牲环境为代价换取经济社会的短期进步。由表4.6可知，经济社会相对落后的云南段，研究初期土地利用的生态服务功能较高，随后逐渐下降，2010年降至最低值，随后又逐渐升高；而经济社会发展情况相对较好的广西段则处于波动衰退型，也因此导致整个研究区的生态服务功能波动下滑，可视为以牺牲环境为代价的经济社会发展模式。

根据评价结果（图4.4和表4.6），将研究区各评价单元土地利用的生态服务功能划分为波动提高型、波动变化型、波动衰退型、稳定变化型、极端变化型、V字变化型、倒V变化型七种类型。波动变化型包含了马关县、麻栗坡县、那坡县、龙州县、宁明县和防城区6个县（市、区），这些区域土地利用的生态服务功能不稳定，极易受到其他因素影响。江城县、金平县、河口县和凭祥市土地利用的生态服务功能在波动中下降，属于波动衰退型，这些地区林木产业发达，如凭祥市是典型的森林城市，红木家具、铁木砧板等享誉国内外，随着人们对高品质家具需求的不断提高，大量树木被砍伐，严重影响区域的生态环境问题。研究区内唯有绿春县的生态服务功能处于波动提高的态势，综合农业生产、社会保障等功能的变化情况可知，绿春县的发展模式比较符合绿色发展理念，绿春县的发展模式和效果值得其他各地效仿。富宁县和大新县属于极端变化型，两者变化的方向正好相反，富宁县2000—2015年土地利用的生态服务功能处于持续下降的趋势，2018年突然反弹并达到最高值，短时间内发生如此剧烈的变化，多与政策因素有关，可能是地方退耕还林与林木发展政策的共同驱动的结果；大新县是典型的资源富集区，其中以锰矿、铁矿等资源为主，该县矿产资源分布广泛，以小型矿山为主，遍地开花的采矿模式严重影响当地的植被生长，导致2018年该县的生态服务功能急剧下降，由2000年的0.9179降至2018年的0.5327，当地政府应采取有效措施，转变破坏式的矿产开采模式，矿山土地整治和生态修复应成为大新县今后重点工作方向之一。靖西市属于稳定变化型，该市土地利用的生态服务功能在较高水平内上下浮动，说明近年来靖西市铝矿开采在本书研究视角上未对生态环境造成太大的影响，这主要得益于靖西市广阔的林地和草地面积，研究区林地和草地面积总和约占全市土地总面积的72%（几个评价时点均未发生太大变化），优越的自然条件在一定时期和一定范围内抵御了人类活动对生态环境的局部影响，但不代表今后大量的矿产开采和加工活动对当地的生态环境不会造成重大影响。东兴市作为旅游重点县域，自然本底条件较好，2000年、2005年、2010年、2015年、2018年土地利用的生态服务功能持续增强，但2010年后由于经济社会的高速发展逐渐挤压生态空间，导致2015年和2018年土地利用的生态服务功能持续下降，尤其是2018年下降幅度较大，这应引起当地政府和群众的重视。

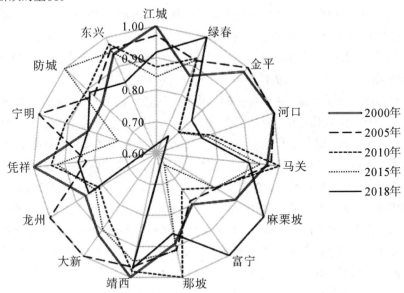

图4.4　2000年、2005年、2010年、2015年、2018年
研究区各县（市、区）生态服务功能演变

表 4.6　2000 年、2005 年、2010 年、2015 年、2018 年

研究区生态服务功能评价结果及演变类型

评价单元	2000 年	2005 年	2010 年	2015 年	2018 年	演变类型
江城县	1.000 0	0.969 5	0.870 7	0.840 1	0.918 3	波动衰退型
绿春县	0.865 9	0.917 7	0.926 0	0.920 9	1.000 0	波动提高型
金平县	0.980 0	1.000 0	0.697 9	0.697 0	0.754 7	波动衰退型
河口县	1.000 0	0.999 3	0.785 5	0.772 6	0.754 6	波动衰退型
马关县	0.959 3	0.971 5	0.998 8	0.937 6	0.902 3	波动变化型
麻栗坡县	0.895 1	0.823 6	0.818 5	0.820 6	1.000 0	波动变化型
富宁县	0.797 9	0.785 1	0.741 1	0.643 9	1.000 0	极端变化型
那坡县	0.891 6	0.909 9	1.000 0	0.914 7	0.858 7	波动变化型
靖西市	0.999 0	0.964 8	0.979 5	0.947 6	0.970 4	稳定变化型
大新县	0.917 9	1.000 0	0.860 1	0.895 4	0.532 7	极端变化型
龙州县	0.864 0	1.000 0	0.812 7	0.827 0	0.851 1	波动变化型
凭祥市	1.000 0	0.826 3	0.944 0	0.924 5	0.853 4	波动衰退型
宁明县	0.829 3	1.000 0	0.911 5	0.728 7	0.830 8	波动变化型
防城区	0.833 8	0.869 6	0.897 6	1.000 0	0.887 7	波动变化型
东兴市	0.940 7	0.959 3	0.974 7	0.949 5	0.845 3	倒 V 变化型
研究区平均值	0.918 3	0.933 1	0.881 2	0.854 7	0.864 0	波动衰退型
云南段平均值	0.928 3	0.923 8	0.834 1	0.804 7	0.904 3	V 字变化型
广西段平均值	0.909 5	0.941 2	0.922 5	0.898 4	0.828 8	波动衰退型

④景观游憩功能的时序演变特征。

相比于图 4.1、图 4.2、图 4.3 和图 4.4，图 4.5 的演变规律更为显著，2000—2018 年，景观游憩功能所包含的范围逐步增大，说明研究区各评价单元土地利用的景观游憩功能逐年提高。根据各县（市、区）的评价结果（见表 4.7）可以判断，研究区各县（市、区）土地利用的景观游憩功能均属于稳定提高型的发展模式，由此可以预测，中国中越边境各县（市、区）在长期的发展过程中善于挖掘自身优势，边境旅游产业逐渐发展壮大，研究期内研究区的景观游憩功能值处于持续增强态势，到 2018 年中国中越边境地区的旅游发展欣欣向荣；旅游业将是中国中越边境地区未来重点发展的方向和趋势，将

成为区域发展的重要甚至主导产业。

图4.5中，演变轨迹较为特殊的是宁明县，2015年以前该县土地利用的景观游憩功能值均低于0.50，2018年以较大幅度提高并达到最高值1，与其他县域达到同等状态；主要原因是2015年后宁明花山风景区被评为4A级景区、派阳山森林公园被评为3A级景区，带动了其他旅游景区的发展，外来人口短暂的旅游日程使宁明县星级酒店数量急剧增多；当地旅游接待人次由2015年的135.3万人次快速增至2018年的500万人次，2018年较2015年增长了269.55%；旅游收入由2015年的12.87亿元增至2018年的56亿元，2018年较2015年提高了335.12%，旅游产业迅速成为宁明县重要的支柱产业。

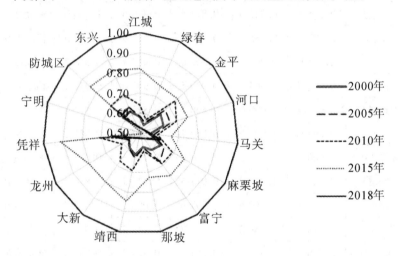

图4.5　2000年、2005年、2010年、2015年、2018年
研究区各县（市、区）景观游憩功能演变

表4.7　2000年、2005年、2010年、2015年、2018年
研究区景观游憩功能评价结果及演变类型

评价单元	2000年	2005年	2010年	2015年	2018年	演变类型
江城县	0.580 4	0.583 1	0.639 6	0.820 9	1.000 0	稳定提高型
绿春县	0.543 6	0.559 3	0.575 0	0.754 9	1.000 0	稳定提高型
金平县	0.640 6	0.674 2	0.741 4	0.757 5	1.000 0	稳定提高型
河口县	0.626 3	0.662 6	0.694 9	0.753 3	1.000 0	稳定提高型
马关县	0.552 6	0.569 7	0.589 4	0.660 8	1.000 0	稳定提高型
麻栗坡县	0.621 9	0.643 5	0.690 9	0.759 1	1.000 0	稳定提高型

表4.7(续)

评价单元	2000 年	2005 年	2010 年	2015 年	2018 年	演变类型
富宁县	0.603 2	0.672 6	0.689 6	0.761 1	1.000 0	稳定提高型
那坡县	0.571 5	0.575 6	0.592 7	0.725 7	1.000 0	稳定提高型
靖西市	0.610 5	0.627 6	0.690 6	0.845 8	1.000 0	稳定提高型
大新县	0.589 6	0.595 5	0.671 9	0.798 7	1.000 0	稳定提高型
龙州县	0.563 2	0.566 8	0.606 7	0.804 1	1.000 0	稳定提高型
凭祥市	0.637 0	0.648 5	0.707 5	0.914 8	1.000 0	稳定提高型
宁明县	0.390 6	0.392 1	0.420 0	0.486 0	1.000 0	稳定提高型
防城区	0.616 0	0.630 7	0.702 2	0.846 0	1.000 0	稳定提高型
东兴市	0.619 2	0.642 8	0.710 7	0.843 0	1.000 0	稳定提高型
研究区平均值	0.584 4	0.603 0	0.648 2	0.768 8	1.000 0	稳定提高型
云南段平均值	0.595 5	0.623 6	0.660 1	0.752 5	1.000 0	稳定提高型
广西段平均值	0.574 7	0.585 0	0.637 8	0.783 1	1.000 0	稳定提高型

⑤国家安全功能的时序演变特征。

由图 4.6 可以看出,2000 年、2005 年、2010 年、2015 年、2018 年各年份土地利用的国家安全功能的边界明显偏向广西段各县域,2018 年边界则主要偏向云南段各县域,结合表 4.8 中云南和广西安全功能评价的平均值可知,研究期间,中国中越边境地区土地利用国家安全功能的格局前后发生了较大变化,前期高值区主要集中在经济发展情况相对较好的广西段,后期高值区主要集中在云南段,因此可以判断:边境地区土地利用的国家安全功能随经济社会进入发展和成熟阶段表现出不同的特征,多数发展型县域土地利用的国家安全功能处于不断提高趋势,相对成熟型县域土地利用的国家安全功能容易受经济利益的影响。从表 4.8 研究区土地利用国家安全功能评价结果的研究区平均值可以判断,中国中越边境地区土地利用的国家安全功能处于波动提高的状态。

根据评价结果及演变特征,可将研究区土地利用的国家安全功能划分为波动提高型、波动变化型、稳定提高型和极端变化型四种类型。从表 4.8 可知,波动提高型和波动变化型占据主导地位,其中波动提高型主要发生在云南段各县,包括云南省的江城县、绿春县、金平县、河口县、马关县以及与云南交界的广西那坡县,这些均属于经济社会成长型县域;波动变化型以广西段各县域为主,包括龙州县、凭祥市、宁明县、防城区、东兴市,以及云南段的麻栗坡县和富宁县,多数属于经济社会相对成熟型县域。靖西市土地利用的国家安全功能，2005 年较 2000 年下降了 13.22%，2005 年之后逐渐恢复提升状态，2015 年土地利用的国家安全功能为 0.938 5，超过 2000 年的水平，2018 年达到最理想状态，属于极端变化型；2005 年较 2000 年，国家安全功能下降主要是受人口密度的影响，本书的研究综合各方因素，将人口密度设置为适度型指标，并将其阈值确定为 148 人/hm²，靖西属于人口大县，2000 年靖西市的人口密度已达 173 人/hm²，2005 年继续升高到 177 人/hm²，与理想值（阈值）的距离越来越远，因此，2005 年该市土地利用的国家安全功能较 2000 年有所下降，之后随着建设用地比重逐渐趋近理想值（阈值）以及道路通达性不断提高，土地利用的国家安全功能逐渐恢复提升状态。研究期间，大新县土地利用的国家安全功能处于持续提高的状态，这是人口和交通综合因素作用的结果，研究期间大新县各研究时点的人口密度均低于 148 人/hm² 的理想状态，2000 年为 129 人/hm²，随后每年稳步提升并逐渐靠近理想值；道路通达性也逐年提升，由 2000 年的 0.261 9km/km² 持续提高到 2015 年的 0.364 7 km/km²，两者的变化方向一致，变化幅度较大，对该地区土地利用的国家安全功能演变起到主导的作用，使大新县土地利用的国家安全功能处于良性发展状态。

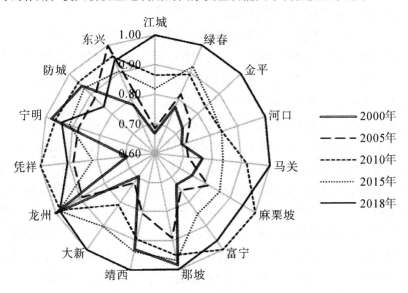

图 4.6　2000 年、2005 年、2010 年、2015 年、2018 年
研究区各县（市、区）国家安全功能演变

表 4.8 2000 年、2005 年、2010 年、2015 年、2018 年
研究区国家安全功能评价结果及演变类型

评价单元	2000 年	2005 年	2010 年	2015 年	2018 年	演变类型
江城县	0.668 6	0.686 1	0.863 7	0.817 2	1.000 0	波动提高型
绿春县	0.773 3	0.819 9	0.892 2	0.920 9	1.000 0	波动提高型
金平县	0.730 0	0.764 4	0.836 6	0.856 8	1.000 0	波动提高型
河口县	0.698 2	0.714 6	0.843 0	0.841 9	1.000 0	波动提高型
马关县	0.764 5	0.715 7	0.919 7	0.835 3	1.000 0	波动提高型
麻栗坡县	0.748 6	0.813 3	1.000 0	0.857 8	0.949 8	波动变化型
富宁县	0.729 5	0.754 1	1.000 0	0.852 6	0.963 8	波动变化型
那坡县	0.982 9	0.891 3	0.949 4	0.967 4	0.997 6	波动提高型
靖西市	0.929 6	0.806 6	0.894 4	0.938 5	1.000 0	√号变化型
大新县	0.693 4	0.721 8	0.813 9	0.903 3	1.000 0	稳定提高型
龙州县	1.000 0	0.891 9	0.979 9	0.986 4	0.984 1	波动变化型
凭祥市	0.695 7	0.886 2	1.000 0	0.815 7	0.905 9	波动变化型
宁明县	0.979 8	0.880 0	0.965 0	0.912 7	0.942 2	波动变化型
防城区	0.941 4	0.878 5	0.958 7	0.928 9	0.837 8	波动变化型
东兴市	0.779 5	1.000 0	0.958 4	0.903 3	0.941 4	波动变化型
研究区平均值	0.807 7	0.815 0	0.925 0	0.889 2	0.968 2	波动提高型
云南段平均值	0.730 4	0.752 6	0.907 9	0.854 6	0.987 7	波动提高型
广西段平均值	0.875 3	0.869 5	0.939 9	0.919 5	0.951 1	波动提高型

4.2.2 土地利用多功能的空间格局演变特征

（1）土地利用综合功能的空间格局分异特征

从空间格局分异特征来看，除防城区 2018 年土地利用综合功能稍有降低外，其余评价单元土地综合功能总体呈逐步提升的态势，中国中越边境地区土地利用的综合功能表现出显著的空间分异特征和明显的空间聚集特征。

2000 年和 2005 年，广西段和云南段总体上土地利用综合功能以两省之间的行政区界线为界（富宁县和那坡县的交界处），表现出显著的东高西低的空间分异特征，土地利用综合功能高值区主要分布在研究区中东部地区（以富宁县为中心，下同）和东部地区的广西各县（市、区），主要原因是该时期广西段各县（市、区）经济社会发展速度相对较快，经济社会发展情况普遍优于云南段各县，各项土地利用功能效益增幅明显大于云南段各县；广西段土地利用综合功能效益较高的区域主要分布在靖西市、龙州县、凭祥市、防城区和东兴市等几个重点县（市、区），云南段各县土地利用综合功能高值区表现出明显的空间聚集特征，并呈现中间高两端低的分布格局，相对高值区主要集中在中部的绿春县和金平县，东西两侧各县域土地利用的综合功能效益递减，位于云南段东西两端的富宁县和江城县土地利用的综合功能效益最低。2010 年，土地利用综合功能高值区分布格局较前两个时期发生了较大变化，主体规模由东部逐渐向中西部转移，高值区主要分布在中西部地区的富宁县、麻栗坡县和马关县，以及西部地区的绿春县和东部地区的两个旅游重点城市（凭祥市和东兴市）。土地利用综合功能效益的低值区分布在云南段的中部地区和广西段的中部地区，具体为云南省的金平县和河口县，以及广西的大新县和宁明县。2015 年土地利用综合功能并未延续 2010 年的发展格局，高值区分布情况类似于 2000 年和 2005 年，主要分布在广西段各县（市、区）以及云南段西部的绿春县，这说明研究区土地利用各项功能尚未稳定，各地土地利用的综合效益随各阶段制定的经济社会发展目标不同而处于动态发展之中。2018 年，研究区土地利用的综合效益总体呈现中间高、两头低的分布格局，高值区主要集中在研究区中部地区的靖西市、那坡县、富宁县、麻栗坡县和马关县，以及西部的绿春县，相对低值区主要是大新县和防城区。根据以上分析结果，可得出以下结论：受自然资源条件、地理区位等因素限制，研究初期经济社会相对比较落后的地区，后以较慢速度发展的县域，土地利用综合功能效益大多处于上升趋势，这类型发展模式以绿春县为典型代表；由于地理位置优越、发展基础较好、政策支持较多等因素，研究初期经济社会相对比较优越的地区，后以更快速度发展的县域，土地利用综合功能效益大多处于下降趋势，这类型发展模式以防城区和东兴市为典型代表。总之，经济社会的繁荣发展是全社会共同追求的目标，兼顾各方利益、健康平衡的发展模式才能确保区域经济社会可持续发展；各地在发展过程中要积极响应国家号召，将高速发展模式转变为高质量发展模式，尤其是边境地区承载着比其他地区更多的责任和使命，各领域综合协调发展才能最终实现兴边富民和稳边固边的目标。

（2）土地利用各子功能的空间格局分异特征

①农业生产功能的空间格局分异特征。

中国中越边境地区土地利用的农业生产功能高值区前期主要集中在东部地区，后逐渐向中部地区转移，后期高值区主要集中在中部和西部地区，原本具备农业生产优势的东部地区因产业转型发展逐渐变为农业生产功能相对薄弱区；这与我国粮食主产区"由东南沿海地区向东北地区转移"的趋势和原因十分类似，东南沿海地区地势平坦、水资源丰富、光照充足等，具备优越的农业发展条件，但由于其地理位置优越，营商环境较好，经济社会较早转型发展，农业生产空间逐渐被生活空间和生产空间挤压，而东北地区人口密度较小，气候条件欠佳，经济社会发展模式相对单一，发展速度相对缓慢，即便是当地水资源匮乏，但人类超强的改造自然能力，也将广袤的黑土地打造为新时代我国粮食生产的主要区域。

2000年和2005年，研究区农业生产功能呈现"东高西低"的态势，高值区主要集中在东部地区的东兴市、防城区、宁明县、凭祥市、龙州县和大新县，主要原因是东兴市和防城区地势相对平坦、水热资源丰富、土壤质量优良，是研究区的主要粮食生产基地；宁明县、凭祥市、龙州县和大新县共同从属于崇左市，重视农业发展是该市长期以来的一大特色，龙州县是全国"小块并大块"土地整治活动的发源地，农民自发组织的"小块并大块"土地整治活动及其成效享誉全国，尝到甜头的崇左市政府和群众随后纷纷在全市范围内以"以奖代补"的形式鼓励农民全面开展"小块并大块"的土地整治活动，以提高农业规模经营为发展策略从耕地面积、粮食单产、农业产值等方面全面推进全市农业发展，使崇左市的宁明县、凭祥市、龙州县和大新县土地的农业生产功能达到较理想的状态。而地处研究区西部的云南段各县域海拔较高，喀斯特地形分布广泛，自然条件较差，耕地资源少、土地贫瘠、分布分散，农业基础设施落后，产业基础薄弱，是我国各级政府部门重点关注的深度贫困区域。

2010年、2015年和2018年地处东部地区的东兴市、防城区和凭祥市的农业生产功能不再占据优势地位，农业生产功能高值区转移到研究区中部和西部地区的部分县域。得益于国家长期以来的扶贫政策，尤其是近年来精准扶贫战略的实施，相关政府部门通过改善交通、连接水源、项目支持等方式使深度贫困地区实现生产和生活配套设施逐步完善，有效促进相对贫困地区农业的发展，因此，农业生产功能的高值区逐渐向中部地区的那坡县、富宁县、麻栗坡县和西部地区的河口县、马关县、绿春县等地区转移，经济社会相对落后地区的农业发展水平逐渐提高，说明在农业生产过程中，人类不仅克服了自然因素的限制，还可通过不断完善农业基础设施、加大技术服务投入等措施来提高区域的农业发展水平，减小地理位置相对优越的地区（东部地区的防城区、东兴市、凭祥市等）农业发展的压力，适当释放农业生产空间向产能更高的产业转型，充分体现"优先发展和带动发展"的国家政策和理念。

②社会保障功能的空间格局分异特征。

2000年、2005年、2010年、2015年、2018年研究区土地利用的社会保障功能相对高值区呈现由东部向西部演变的趋势，2018年除地处东西两端的防城区和江城县以外，其他县域均达到较理想的状态。研究初期，西部地区由于受自然条件和发展基础等限制，大量农民工外出就业，粮食产量偏低，土地利用的社会保障功能相对薄弱，到中后期，西部地区在生产生活服务、吸纳就业等方面的条件明显改善，土地利用的社会保障功能呈提高的趋势。

2000年和2005年社会保障功能相对高值区主要分布在研究区东部地区的东兴市、防城区、宁明县、凭祥市、龙州县、大新县，以及云南段的绿春县和金平县，到2010年空间分布格局发生根本性转变，地处研究区最西端的江城县、绿春县和金平县土地利用的社会保障功能成为高值区，随后西部地区的云南段各县域粮食保证率总体逐年提高，各项基础设施逐步完善的乡村场域吸引更多劳动力返乡就业，城乡收入差距明显缩小，到2015年云南段各县域土地利用的社会保障功能明显高于广西段各县域。可能受临近区域的辐射带动和扩散作用，到2018年，靠近云南段的广西各县（市、区）土地利用的社会保障功能的提高速度与云南段多数县域齐头并进，除地处研究区两端的防城区和江城县外，研究区内其他各县域土地利用的社会保障功能均达到了相对较高的状态。根据上文各年份土地利用社会保障功能的演变特征可以看出，防城区土地利用的社会保障功能属于衰退型，江城县则属于不稳定波动型；防城区土地利用社会保障功能衰退的原因主要有三点：一是区域经济社会转型发展，传统农业不再占据优势地位，粮食产量增长幅度赶不上人口的增长幅度，造成粮食保证率持续降低，粮食保证率由2000年的78.21%降至2018年的61.24%；二是大量劳动力向城市转移，从事传统农业劳动的人数大幅降低；三是农村发展速度远低于城市发展速度，进一步拉大城乡二元发展结构差距，城乡收入差距扩大。原本土地利用社会保障功能处于波动上升趋势的江城县在2018年突然降低，主要原因是该县2018年城镇居民可支配收入较2015年大幅增长，而农民人均纯收入在短时间内增加幅度较小，由此拉大城乡收入差距，城乡收入平衡指数降低，导致社会保障功能减弱。我国正处于全国脱贫攻坚和推进城乡协调发展的关键时期，各地在发展过程中应注重农村地区经济社会的发展情况，资源要素投入适当向农村地区倾斜，缩小城乡收入差距，逐渐消灭城乡二元结构，才能维护社会的稳定。

③生态服务功能的空间格局分异特征。

研究区土地利用的生态服务功能没有表现出显著的空间演变规律，2000年高值区以云南段为主，主要分布在江城县、金平县、河口县、马关县和麻栗坡县，以及广西的靖西市、凭祥市和东兴市，这些地区森林覆盖率相对较高。2005年生态服务功能高值区在空间分布格局上形成两个组团，一个是云南段中部的金平县、河口县和马关县，另一个是广西段中部的大新县、龙州县和宁明县。2010年和2015年生态服务功能呈现高低相间的空间分布格局，高值区主要穿插分布在东兴市、防城区、凭祥市、靖西市、那坡县、马关县和绿春县；2018年又出现空间聚集的分布格局，研究区中部的马关县、麻栗坡县、富宁县和靖西市为生态服务功能的高值区大组团，研究区最西端的江城县和绿春县为生态服务功能的高值区小组团。由以上分析可以看出，研究区土地利用的生态服务功能容易受外界因素的影响，空间演变特征随意性较大，可能是各县（市、区）在不同阶段上制定的经济社会发展目标不同，土地利用方式和结构随之改变引起各阶段生境丰富程度发生不规律的上下浮动，以及土地退化的随机性使研究区土地利用的生态服务功能发生不稳定变化，总的来说，生态环境的变化多半是利益因素对经济社会驱动作用的间接反映。

④观游憩功能的空间格局分异特征。

研究区各县域景观游憩功能随时间变化呈不断提高的态势，各阶段呈现不同的空间分异特征。研究初期高值区主要分布在广西的凭祥市、东兴市和防城区，以及云南的金平县、河口县和麻栗坡县。凭祥市、东兴市和防城区是著名的旅游胜地，其中凭祥市和东兴市以边境口岸、边境保税区、红木家具、铁木砧板等闻名国内外，常年吸引大量游客；防城区不仅是边境地区，更是海滨城市，加上地处亚热带地区，常年温度适中，以滨海旅游和边境旅游为主吸引了众多国内外游客；凭祥市、东兴市和防城区因具备优越的自然山水和地理区位条件，为旅游产业的发展奠定了良好的基础。云南省的金平县、河口县和麻栗坡县在研究初期景观游憩功能处于高值区，主要原因是研究区云南段的海拔普遍较高，这三个县的局部地区是云南段海拔相对较低的区域，容易形成边民自由贸易区。2000年，大多数边境地区交通不方便，海拔较低的地区交通相对比较便利，容易吸引游客到边境线上选购越南生产的小物品；遗憾的是在调研和数据收集中发现，这三个县虽占据相对优势的地理位置，但至今没有一处

2A级以上景区，随着边境交通基础设施的不断完善，其他县域的旅游产业迅猛发展，金平县、河口县和麻栗坡县不再具备发展旅游产业的相对优势。从2005年、2010年、2015年、2018年的情况来看，景观游憩功能高值区有向广西段演变的趋势。到2018年，中国中越边境线上的旅游产业全面发展。笔者认为，景区是各地发展旅游产业的基础，也是旅游产业长期可持续发展的根本所在，我国边境县域较多，单以边境为亮点吸引游客的地区在未来发展过程中将会面临严峻的挑战，这样的边境县域多以当地游客为主，难以吸引远方来客，在日益激烈的旅游竞争中将举步维艰。截至2018年年底，中国中越边境上没有2A级以上景区的县域有广西的那坡县和云南的麻栗坡县、马关县、河口县、金平县；广西段2018年2A级以上景区共有38个，而云南段只有3个。可以预见，未来中国中越边境旅游将会以广西段为主，云南段各县要想在激烈的旅游市场竞争中继续发展旅游产业，应结合各地自然条件和区域民族文化进行挖掘并打造具有地域特征的边境著名旅游景区。

⑤国家安全功能的空间格局分异特征。

研究区土地利用的国家安全功能表现出比较明显的地域分异特征和空间演变规律。2000年，国家安全功能高值区主要分布在广西段的东兴市、防城区、宁明县、龙州县、靖西市和那坡县，云南段土地利用的国家安全功能普遍低于广西段，主要原因为：第一，该时期广西段的经济社会发展情况优于云南段，人口密度较大，2000年广西段的平均人口密度为136人/hm^2，远大于云南段的平均人口密度78人/hm^2，本书将人口密度的理想值设置为148人/hm^2，广西段的平均值更接近于理想值，适当的人口密度对边境安全具有重要的促进作用。俗话说"有人的地方就会发展，没人的地方谁来发展?"，有人在的地方土地才能得以充分利用，减少耕地撂荒，确保边境界线清晰，守护国土完整；边境冲突时有发生，如人口密度过小，尤其是青壮年人数太少，在日常的边境活动中不利于维护边境社会的安全。人口问题是兴边富民和稳边固边战略实施过程中需要解决的首要问题。在调研和数据收集中笔者发现，中国中越边境多数县域人口密度普遍低于全国的平均水平，其中最低的是江城县，2000年该县人口密度仅为26人/hm^2，2018年为36人/hm^2，远低于2018年全国148人/hm^{2}的平均水平。目前我国缺乏鼓励公民到边境落户的户籍制度，现有的政策中只有通过婚姻或购房的形式才能在边境落户，而中国中越边境多数县域属于深度贫困地区，部分县域商品房开发项目很少甚至没有，因此，多数外来人口只能通过婚姻的形式落户，而在这过程中，边民子女由于外出求学、工作等，边境地区同时存在着将户口迁至求学地或工作地的现象，长此以往，不利于改变目前边境地区人口密度过小的状况，更无法吸引高学历人才到边境地区就业、创业。因此，边境地区应放宽落户条件，鼓励外地前往边境地区从事边贸生意的公民将户口迁至边境地区，只有长期留住这部分外来人口，才能从人口的角度解决边境安全的问题。第二，边境地区建设用地比重过低。2000年云南段建设用地比重平均值为0.06%，广西段平均值为1.92%，2018年中国中越边境地区的建设用地比重明显提高，但云南段也只有0.27%，广西段达到2.81%，而全国2018年建设用地比重的平均值为2.83%，云南段的建设用地比重远远低于全国平均水平，人口较少是重要原因之一。从国家用地政策来看，目前我国没有出台促进边境地区经济社会发展的土地政策（8个重点开发开放试验区除外），边境多数县域属"老、少、边、山、穷"地区，发展基础薄弱，建设用地指标少，限制了边境的发展，影响边境的长期稳定和安全。

2010年和2015年研究区土地利用的国土安全功能高值区逐渐向中西部地区转移，但广西段依然占据主导地位，2018年高值区主要集中在西部的云南省江城县、绿春县、金平县、河口县和马关县，以及广西中西部地区的那坡县、靖西市、大新县和龙州县，原处于优势地位的广西段东部地区的凭祥市、宁明县、防城区和东兴市的国家安全功能演变为相对低值区，主要是受道路通达度的影响。研究期间，云南省充分利用脱贫攻坚、兴边富民、乡村振兴等国家政策，通过大力修路的形式不断完善基础设施，各县域路网密度由2000年的0.445 4km/km²持续提高到2018年的1.440 km/km²，2018年较2000年增长了223.30%，而广西段各县域道路通达度不如云南段，2000年路网密度平均值为0.246 5 km/km²，2018年平均值为0.497 1 km/km²，18年间只增长了101.66%，远低于云南的水平，由此可以判断，2000—2018年，道路基础设施的完善带动了云南边境经济社会的发展，道路通达度和相对便利度的提高使云南边境的国家安全得到有效的保障，如边境发生冲突，救援部队抵达冲突场域的时间和可选择的通行路径对有效控制和解决边境冲突起到十分重要的作用，地理区位和地形地貌相对优越的广西段，修路成本相对较低，不能忽视交通因素对维护国家安全的重要性。因此，广西边境地区在下一阶段的发展过程中，在实现国家提出村村通公路的基本要求上，需要进一步提高边境地区的道路通达度，增加通往边境各地的路径选择，通过扩宽路面、道路硬化等方式积极改善通往边境一线的通行条件。

4.3　障碍因子诊断结果

由于本书指标层的因子较多，为了能突出重点，把握主要障碍因素，本书选取障碍度大于0.70作为识别障碍因子的主要依据[212]。由表4.9可知，本书的研究选出的6个主要障碍因子对各县域土地利用综合功能的障碍度错落明显，障碍度从高到低依次为旅游收入（x_{14}）、2A级以上景区个数（x_{11}）、旅游接待人次（x_{13}）、城乡居民收入平衡指数（x_6）、土地退化指数（x_{10}）、耕地撂荒比例（x_{17}），主要障碍因子涵盖了社会保障、生态服务、景观游憩和国家安全四大方面。这些主要因子的障碍度不仅在同一县域同一年份中的横向排序不变，在不同县域不同年份中的排序也保持不变，说明研究期内各县域基本处于比较平稳的发展状态，没有发生重大的自然灾害或经济社会变革，各项指标值没有出现大幅度的上升或者下降的情况，而是在合理的范围内浮动，诊断出来的障碍因子能反映影响中国中越边境地区土地利用综合发展的共性因子。为了便于分析，本书求取了主要障碍因子各年份障碍度的平均值，整理结果如表4.10所示。

从表4.9可知，障碍度排在前三位的因子分别是旅游收入、2A级以上景区个数和旅游接待人次，全部属于景观游憩功能类型的指标。本书计算过程中景观游憩功能的评价指标一共选取了4个，星级酒店个数（x_{12}）虽不在主要障碍因子中，但是其障碍度也达到了0.67（接近0.70），说明景观游憩功能的各项指标是影响中国中越边境地区土地利用综合功能效益的重要指标，主要原因是，过去研究区部分县域对旅游产业发展的重视程度不足，土地利用的景观游憩功能相对偏低。例如，宁明县2015年以前并未充分挖掘旅游产业发展潜能，旅游投入力度不足，使景观游憩功能存在严重短板，拉低了宁明县和整个研究区土地利用的综合效益，因此，2015年以前宁明县的景观游憩功能明显不足，2015年以后，旅游产业得到重视，该功能才逐渐与其他功能齐头并进。从空间分布格局上看，相比于中国中越边境其他县域，2015年以前宁明县的景观游憩功能存在显著的空间滞后效应。从单一层面的评价结果来看，各县（市、区）的景观游憩功能在时间序列上处于持续增强的状态，但是2000年、2005年、2010年和2015年景观游憩功能在五大功能值总和中占据的份额最小，拉低了各县域各年份土地利用的综合功能效益，成为普遍障碍因子。研究期间，各县（市、区）景观游憩功能平均值占各项子功能之和的比重持续增大，2018 年为 21.11%（见图 4.7e），所占比重位列各子功能之首，表明中国中越边境地区旅游产业发展状态良好，但正如上文分析，部分边境县域没有打造独特的旅游产品，缺乏能够吸引国内外远方游客的高层次的旅游风景名胜区，在经济社会转型发展、各地竞相发展旅游产业的时代，没有旅游品牌实体的支撑而单单依靠边境优势发展旅游产业的地区，将会面临严峻的挑战。

城乡居民收入平衡指数（x_6）是继景观游憩功能三大指标之后，对中国中越边境地区土地利用综合功能效益造成最大影响的社会保障类型指标，障碍度为 0.086 4~0.086 6。城乡居民收入差距扩大造成城乡发展二元结构矛盾突出，进而影响社会稳定，这是我国长期存在的社会问题。脱贫攻坚战收官之前，中国中越边境地区属于我国偏远的连片深度贫困地区，几十年来，在国家各项扶贫政策和兴边富民政策的支持下，中越边境地区基础设施明显改善，物质需求基本得到满足，农村贫困特征逐渐由单一的物资缺乏向多维度贫困转变，农村地区教育、医疗、公共服务等社会保障问题依然突出，城乡收入差距非常大。城乡居民收入平衡指数为 0 和 1，越靠近 1，说明城乡收入差距越小；当等于 1 时，说明不存在城乡收入差距，农村各项基础设施、教育水平、医疗水平、发展机会等与城市平等，农民能够平等分享社会发展的成果。2000 年、2005 年、2010 年、2015 年和 2018 年研究区各县域城乡居民收入平衡指数平均值分别为 0.269 9、0.251 1、0.254 9、0.336 8、0.364 7，总体属于增长的态势，但仍然处于较低水平，距离城乡平衡协调发展的局面仍有一定的差距，今后相关部门对农村地区的乡村振兴工作不能仅停留在物质资助的层面上，应从教育、医疗、产业、金融等方面落实具体措施，切实提高农民对风险的抵御能力。城乡居民收入平衡指数作为中国中越边境地区社会保障的短板因子，2015年以前拉低了社会保障功能在土地利用综合功能中的比重。社会保障问题作为最基本的民生问题，而缩短城乡居民收入差距作为解决民生问题的关键因子，各级地政府部门理应尽快制定具体的实施措施和出台相应的保障政策，促进城乡平衡发展。

土地退化指数（x_{10}）和耕地撂荒比例（x_{17}）严重影响中国中越边境地区土地利用的综合功能效益，两个因子的平均障碍度均超过 0.75。中国中越边境地区自然环境较恶劣，属于典型的喀斯特地貌，长期以来，人类不合理的经济社会活动、大面积开荒陡坡使大量自然植被遭到破坏，引发地表裸露、水土流失、岩石裸露等环境问题，部分土地的生产能力和生态服务价值衰退甚至丧失，土地退化现象比较严重。根据前人研究成果，农用地的生态环境质量指数大于未利用地的生态环境质量指数[212]。根据遥感监测结果，研究区退化的土地类型主要由耕地、林地、草地等农用地转变为盐碱地、裸岩石砾地等未利用地，研究区每个研究时点累计的土地退化面积为 1 500~2 500hm²。耕地撂荒会影响国家安全功能，边境地区的耕地不仅承载着粮食安全的常规使命，还承载着国土安全的特殊使命。在调研中笔者发现，中国中越边境各县均有耕地撂荒的现象，其中比较严重的区域：一是边境口岸重镇，该地区边境贸易活动频繁，经济社会发展相对较好，大量农民抛弃土地下海经商，成为"生意人"，如靖西市的龙邦镇；二是偏远山区，该地区生产生活条件恶劣，大量青壮年外出务农，因交通不便等，没有企业或个人愿意成为土地流转的转入方，导致大量耕地撂荒，如靖西市的安宁乡。国土安全既体现在边境地区不受侵扰，同时也体现在边境土地得到合理的利用和保护，保护耕地是维护边境安全的核心任务之一[213]。长期撂荒的耕地容易引起耕地边界模糊，对维护边境国土完整造成潜在的危险，也容易成为边境不法分子活动的场所，威胁边境社会安全。根据上文分析可知，中国中越边境地区土地利用的国家安全功能处于波动提高的状态，边境安全作为国家发展的重要战略支撑，各国均在努力提高边境地区的安全程度，既然土地退化和耕地撂荒能影响我国边境地区的安全，而土地退化和耕地撂荒都是我国各级政府部门和广大人民群众能够把控的因素，因此，我们应积极对边境土地进行改良培育，加大边境土地利用的投入力度，逐步消除土地退化和耕地撂荒对边境土地利用功能的影响，不断提高边境安全水平。

表 4.9　各县域土地利用综合功能演变的主要障碍因子及障碍度

县域	年份	主要障碍因子及障碍度					
		x_6	x_{10}	x_{11}	x_{13}	x_{14}	x_{17}
江城县	2000 年	0.086 6	0.078 1	0.102 8	0.088 9	0.113 3	0.077 2
	2005 年	0.086 6	0.078 1	0.102 8	0.088 9	0.113 4	0.077 2
	2010 年	0.086 6	0.078 1	0.102 6	0.088 8	0.113 0	0.077 2
	2015 年	0.086 5	0.078 1	0.102 3	0.088 7	0.112 6	0.077 2
	2018 年	0.086 4	0.078 0	0.101 9	0.088 6	0.112 0	0.077 2
绿春县	2000 年	0.086 6	0.078 1	0.102 6	0.088 8	0.113 1	0.077 2
	2005 年	0.086 6	0.078 1	0.102 6	0.088 8	0.113 1	0.077 2
	2010 年	0.086 5	0.078 1	0.102 4	0.088 7	0.112 8	0.077 2
	2015 年	0.086 4	0.078 0	0.102 1	0.088 6	0.112 3	0.077 2
	2018 年	0.086 3	0.078 0	0.101 8	0.088 5	0.111 8	0.077 2

表4.9(续)

县域	年份	主要障碍因子及障碍度					
		x_6	x_{10}	x_{11}	x_{13}	x_{14}	x_{17}
金平县	2000 年	0.086 6	0.078 1	0.102 6	0.088 8	0.113 0	0.077 2
	2005 年	0.086 6	0.078 1	0.102 6	0.088 8	0.113 0	0.077 2
	2010 年	0.086 6	0.078 1	0.102 6	0.088 8	0.113 0	0.077 2
	2015 年	0.086 5	0.078 1	0.102 3	0.088 7	0.112 7	0.077 2
	2018 年	0.086 4	0.078 0	0.102 0	0.088 6	0.112 1	0.077 2
河口县	2000 年	0.086 6	0.078 1	0.102 7	0.088 8	0.113 2	0.077 2
	2005 年	0.086 6	0.078 1	0.102 6	0.088 8	0.113 1	0.077 2
	2010 年	0.086 6	0.078 1	0.102 6	0.088 8	0.113 0	0.077 2
	2015 年	0.086 5	0.078 1	0.102 3	0.088 7	0.112 6	0.077 2
	2018 年	0.086 4	0.078 0	0.102 0	0.088 6	0.112 1	0.077 2
马关县	2000 年	0.086 6	0.078 1	0.102 7	0.088 8	0.113 2	0.077 2
	2005 年	0.086 6	0.078 1	0.102 7	0.088 9	0.113 2	0.077 2
	2010 年	0.086 5	0.078 1	0.102 4	0.088 8	0.112 8	0.077 2
	2015 年	0.086 5	0.078 1	0.102 3	0.088 7	0.112 5	0.077 2
	2018 年	0.086 3	0.078 0	0.101 9	0.088 5	0.111 9	0.077 2
麻栗坡县	2000 年	0.086 6	0.078 1	0.102 7	0.088 9	0.113 2	0.077 2
	2005 年	0.086 6	0.078 1	0.102 7	0.088 9	0.113 2	0.077 2
	2010 年	0.086 5	0.078 1	0.102 3	0.088 7	0.112 6	0.077 2
	2015 年	0.086 5	0.078 1	0.102 3	0.088 7	0.112 6	0.077 2
	2018 年	0.086 4	0.078 0	0.101 9	0.088 5	0.111 9	0.077 2
富宁县	2000 年	0.086 6	0.078 1	0.102 8	0.088 9	0.113 3	0.077 2
	2005 年	0.086 6	0.078 1	0.102 7	0.088 9	0.113 2	0.077 2
	2010 年	0.086 5	0.078 1	0.102 4	0.088 8	0.112 8	0.077 2
	2015 年	0.086 5	0.078 1	0.102 4	0.088 7	0.112 7	0.077 2
	2018 年	0.086 3	0.078 0	0.101 8	0.088 5	0.111 8	0.077 2

表4.9(续)

县域	年份	主要障碍因子及障碍度					
		x_6	x_{10}	x_{11}	x_{13}	x_{14}	x_{17}
那坡县	2000 年	0.086 6	0.078 1	0.102 6	0.088 8	0.113 0	0.077 2
	2005 年	0.086 6	0.078 1	0.102 7	0.088 8	0.113 2	0.077 2
	2010 年	0.086 5	0.078 1	0.102 5	0.088 8	0.112 9	0.077 2
	2015 年	0.086 5	0.078 1	0.102 2	0.088 7	0.112 5	0.077 2
	2018 年	0.086 4	0.078 0	0.101 9	0.088 5	0.111 9	0.077 2
靖西市	2000 年	0.086 5	0.078 1	0.102 4	0.088 8	0.112 8	0.077 2
	2005 年	0.086 6	0.078 1	0.102 6	0.088 8	0.113 0	0.077 2
	2010 年	0.086 5	0.078 1	0.102 4	0.088 8	0.112 8	0.077 2
	2015 年	0.086 4	0.078 0	0.102 2	0.088 7	0.112 4	0.077 2
	2018 年	0.086 3	0.078 0	0.101 8	0.088 5	0.111 8	0.077 2
大新县	2000 年	0.086 6	0.078 1	0.102 7	0.088 8	0.113 2	0.077 2
	2005 年	0.086 5	0.078 1	0.102 5	0.088 8	0.112 9	0.077 2
	2010 年	0.086 5	0.078 1	0.102 5	0.088 8	0.112 9	0.077 2
	2015 年	0.086 4	0.078 1	0.102 2	0.088 7	0.112 4	0.077 2
	2018 年	0.086 4	0.078 0	0.102 1	0.088 6	0.112 3	0.077 2
龙州县	2000 年	0.086 5	0.078 1	0.102 4	0.088 8	0.112 8	0.077 2
	2005 年	0.086 5	0.078 1	0.102 3	0.088 7	0.112 7	0.077 2
	2010 年	0.086 5	0.078 1	0.102 4	0.088 8	0.112 8	0.077 2
	2015 年	0.086 4	0.078 1	0.102 2	0.088 7	0.112 4	0.077 2
	2018 年	0.086 4	0.078 0	0.101 9	0.088 6	0.112 0	0.077 2
凭祥市	2000 年	0.086 5	0.078 1	0.102 5	0.088 8	0.112 9	0.077 2
	2005 年	0.086 5	0.078 1	0.102 3	0.088 7	0.112 7	0.077 2
	2010 年	0.086 5	0.078 1	0.102 3	0.088 7	0.112 6	0.077 2
	2015 年	0.086 5	0.078 1	0.102 3	0.088 7	0.112 5	0.077 2
	2018 年	0.086 4	0.078 0	0.102 1	0.088 6	0.112 2	0.077 2

表4.9(续)

县域	年份	主要障碍因子及障碍度					
		x_6	x_{10}	x_{11}	x_{13}	x_{14}	x_{17}
宁明县	2000 年	0.086 6	0.078 1	0.102 6	0.088 8	0.113 0	0.077 2
	2005 年	0.086 5	0.078 1	0.102 5	0.088 8	0.112 9	0.077 2
	2010 年	0.086 6	0.078 1	0.102 5	0.088 8	0.113 0	0.077 2
	2015 年	0.086 6	0.078 1	0.102 6	0.088 8	0.113 0	0.077 2
	2018 年	0.086 4	0.078 0	0.102 0	0.088 6	0.112 1	0.077 2
防城区	2000 年	0.086 5	0.078 1	0.102 4	0.088 7	0.112 7	0.077 2
	2005 年	0.086 5	0.078 1	0.102 5	0.088 8	0.112 8	0.077 2
	2010 年	0.086 5	0.078 1	0.102 4	0.088 8	0.112 8	0.077 2
	2015 年	0.086 4	0.078 0	0.102 2	0.088 7	0.112 4	0.077 2
	2018 年	0.086 4	0.078 1	0.102 2	0.088 7	0.112 4	0.077 2
东兴市	2000 年	0.086 5	0.078 1	0.102 4	0.088 8	0.112 8	0.077 2
	2005 年	0.086 5	0.078 1	0.102 2	0.088 7	0.112 5	0.077 2
	2010 年	0.086 5	0.078 1	0.102 3	0.088 7	0.112 5	0.077 2
	2015 年	0.086 4	0.078 1	0.102 2	0.088 7	0.112 4	0.077 2
	2018 年	0.086 4	0.078 0	0.102 0	0.088 6	0.112 2	0.077 2

表 4.10　研究区各年份主要障碍因子及障碍度平均值

年份	主要障碍因子及障碍度平均值					
	x_6	x_{10}	x_{11}	x_{13}	x_{14}	x_{17}
2000 年	0.086 6	0.078 1	0.102 6	0.088 8	0.113 0	0.077 2
2005 年	0.086 6	0.078 1	0.102 5	0.088 8	0.113 0	0.077 2
2010 年	0.086 5	0.078 1	0.102 4	0.088 8	0.112 8	0.077 2
2015 年	0.086 5	0.078 1	0.102 3	0.088 7	0.112 5	0.077 2
2018 年	0.086 4	0.078 0	0.101 9	0.088 6	0.112 0	0.077 2

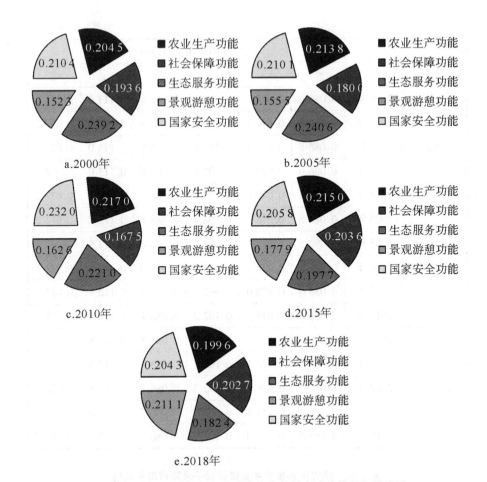

图4.7 研究区土地利用各子功能占当年所有功能值总和的比重

4.4 本章小结

本章基于改进的 TOPSIS 模型，从农业生产、社会保障、生态服务、景观游憩、国家安全五个方面，以县域为决策单元，评价了中国中越边境地区 2000—2018 年土地利用多功能和综合功能的时空演变情况，并基于偏离度模型和障碍度模型诊断主要影响因子，结果如下：

一是从时间序列上看，2018 年，除防城区外，其余各县域土地利用综合功能效益总体呈不断提高的状态。各县域农业生产功能演变规律类型多样，其中凭祥市农业生产功能在波动中衰退，但不影响研究区农业发展的大局演变趋势，研究区农业生产功能总体呈稳定提高趋势。防城区土地利用的社会保障功能在波动中衰退，其余县域土地利用的社会保障功能在一定范围内上下波动或在总体呈提高的态势，研究区土地利用的社会保障功能先下降后上升，上升的幅度大于下降的幅度，研究末期比研究初期土地利用的社会保障功能提高了29.22%。研究期内，只有绿春县土地利用的生态服务功能在波动中提高，多数县域土地利用的生态服务功能在一定范围内上下浮动或波动衰退，研究区土地利用的生态服务功能总体呈波动衰退的趋势。研究期内，中国中越边境各县（市、区）旅游产业发展势头良好，15 个评价单元土地利用的景观游憩功能都处于稳定提高的状态，旅游产业将成为中国中越边境地区经济社会发展的新兴产业和重要支柱产业。边境地区土地利用的国家安全功能随经济社会进入发展和成熟阶段表现出不同的特征，多数发展型县域土地利用的国家安全功能不断增强，相对成熟型县域土地利用的国家安全功能容易受经济利益的影响。总之，我国高度重视边境的安全问题，中越边境地区土地利用的国家安全功能总体处于波动提高的状态。

二是从空间演变特征来看，中国中越边境地区土地利用的综合功能表现出显著的空间分异特征和明显的空间聚集特征；研究初期，研究区土地利用的综合功能表现出显著的东高西低的空间分异特征，高值区主要集聚在中东部地区，低值区主要集聚在西部地区；研究中期，高值区主体规模由东部逐渐向西部转移；研究末期，土地利用的综合功能呈现中间高、两头低的分布格局。农业生产功能高值区前期主要集中在东部地区，后逐渐向中西部地区转移，后期高值区主要集中在中部和西部地区。研究期内研究区土地利用的社会保障功能相对高值区呈现由东部向西部演变的趋势，2018 年除地处东西两端的防城区和江城县以外，其他县域的社会保障功能均达到较理想的状态。研究区土地利用的生态服务功能空间演变规律不明显，2000 年高值区以云南段为主；2010年和 2015 年生态服务功能空间分布呈现高低相间的格局；2018 年又出现空间聚集的格局，以中部的马关县、麻栗坡县、富宁县和靖西市为生态服务功能高值区大组团，以最西端的江城县和绿春县为生态服务功能高值区小组团。研究区景观游憩功能在各阶段呈现不同的空间分异特征，2000 年高值区主要分布在广西的凭祥市、东兴市和防城区，以及云南的金平县、河口县和麻栗坡县；2005—2015 年景观游憩功能高值区逐渐向广西各县域演变，到 2018 年，中国中越边境沿线旅游产业全面发展。研究区土地利用的国家安全功能表现出比较明显的地域分异特征和演变规律；2000 年呈现东高西低的格局，云南段土地利用的国家安全功能普遍低于广西段；2010年和2015年土地利用的国家安全功能高值区开始向中西部地区转移，但广西段依然占据主导地位，到2018年高值区主要为云南段各县和广西的中西部地区。

三是从障碍因子诊断结果来看，影响中国中越边境地区土地利用功能效益的主要障碍因子具有普遍一致性，障碍度从高到低依次为旅游收入、2A级以上景区个数、旅游接待人次、城乡居民收入平衡指数、土地退化指数、耕地撂荒比例，涵盖了社会保障、生态服务、景观游憩和国家安全四个方面。其中，景观游憩功能方面的障碍因子占据主导地位，景观游憩功能障碍因子主要体现在研究前期，中后期已经逐步得到缓解，今后随着中国中越边境各地旅游产业不断发展，景观游憩功能领域的障碍因子障碍度将会逐渐减弱。中国中越边境地区依托丰富的自然山水资源，近年来大力发展边境旅游产业，并且旅游产业逐渐发展成为区域优势产业，但大多景区由于开发建成时间短、开发力度不足等原因，部分地区旅游接待人次、旅游收入仍有较大的提升空间，多数景区等级较低，高端景点数量较少，亟须提高边境地区各景区的品牌竞争力，景观游憩功能未来发展潜力巨大。城乡居民收入平衡指数影响社会保障功能的发挥，这似乎已经成为我国大多数区域社会发展和稳定的重要影响因素，需要各级政府部门加大改革力度，逐步缩短甚至消除城乡收入差距。土地退化对生态环境的长期影响已经形成并在各地区普遍存在，我国各地也已采取多种措施积极进行整改，取得了一定效果。新型土地整治技术和方法的研发和实施将进一步优化土地整治效果，受自然和人为因素的共同影响，土地退化不可避免，但人类应尽最大的努力防止土地退化。土地撂荒对国土安全的威胁应引起各界人士的高度重视，边境地区土地撂荒不仅是土地利用率和利用效益的问题，更是关乎国土完整和边境安全的重大问题。

5 中国中越边境地区土地利用多功能耦合协调的时空特征及格局演化

在当前中国新型城镇化、工业化快速推进的大背景下，区域土地利用的经济、社会和生态等效益不均衡，人地矛盾突出。边境土地利用不仅具备生产（经济）、生活（社会）、生态的三大传统功能，逐渐火热的边境旅游使边境地区土地利用的景观游憩功能逐年凸显，边境土地还承载着国家安全的特殊功能。因此，在科学评价边境土地利用多功能的基础上协调好农业生产、社会保障、生态服务、景观游憩、国家安全五大功能之间的关系，实现边境土地利用的综合高效利用，对维护边境国土安全及繁荣边境经济社会能够起到重要的作用。

近年来，国内外管理学、地理学、经济学等领域的众多学者纷纷对土地利用多功能性进行研究，研究方向由单纯的土地利用多功能评价向土地利用多功能间的协调关系演进[214-217]，关于土地利用多功能间协调关系的研究，早期主要针对发达城市或特大城市进行"点"状的研究[218-221]，后逐渐由"点"向"面"发展，开始关注区域土地利用内部不同功能之间耦合协调关系或协同关系的时空演变特征[222-224]，关于边境地区土地利用多功能耦合协调关系时空演变的成果比较匮乏。以往研究多集中于探讨城市土地利用经济、社会和生态三大功能之间的两两相互协调关系，鲜有学者同时定量研究土地利用多功能之间的综合耦合协调度问题；已有研究多基于单个评价时点进行静态研究，对区域土地利用多功能的耦合协调度从多时点进行动态研究的不多；此外，结合地域特征进行土地利用多功能耦合协调机理的研究偏少。

基于以上分析，本章在阐述土地利用多功能耦合协调内涵和机理的基础上，运用耦合协调度模型对中国中越边境地区土地利用多功能间耦合协调关系的时空演变规律进行实证研究，识别区域土地利用相互促进和相互挤压的功能，为下文土地利用功能类型划分及提出有针对性的优化调控策略服务，实现土地利用多功能的协调发展，以提高区域土地利用的综合效益。

5.1 边境土地利用功能系统的耦合协调机理

系统学中的耦合反映了多系统之间或单个系统内部各要素之间的相互影响和作用，通常用耦合度来测量各系统或各要素之间相互影响和作用的程度[225]，但耦合度无法区分两个系统之间的影响是相互促进还是相互抑制。协调则能够反映各系统或系统内部各要素之间存在的相互促进作用[226]。耦合协调度能表征各系统或系统内部各要素之间在动态发展过程中彼此间和谐一致的程度，体现了各系统或系统内部各要素由无序向有序发展的过程[227]。

边境土地是一个具有多维功能的复杂系统，根据中国中越边境地区土地利用的特点，本书认为农业生产、社会保障、生态服务、景观游憩和国家安全五大功能最能代表中国中越边境地区土地利用的特征和结果，体现了一定区域内多元用地主体对稀缺土地资源差异化的利用需求[215]。人类追求土地利用效益最大化过程其实就是土地利用各功能之间相互博弈的过程，在这过程中逐步实现土地各功能之间数量和空间的优化配置。在土地利用功能系统中，国家安全功能是前提，只有保障国土安全，人民才能正常进行各项生产生活活动，生态屏障才能得以保护，国家进而才能不断提高国民的生活品质，发展旅游事业；生产功能是基础，可为完善社会保障、发展旅游事业、维护国土安全和生态安全提供资金保证和技术支撑，是其他各项功能发展的物质基础和技术保障；社会保障功能是土地利用的最终目标，其效益受国家安全功能、农业生产功能、生态服务功能、景观游憩功能的共同影响；生态服务功能是保证，生态环境是人类及一切动植物生存的空间需求，也是维持区域健康可持续发展的关键[228]；景观游憩功能是升华，是人类在满足基本物质需求后，在自然条件和科学技术的支撑下，对生活品质和精神境界更高层次的追求。

在土地利用多功能系统中，任何一个功能的发挥效果都受其他功能发挥效果的影响，某一项功能的滞后都会影响其他功能的发挥，进而影响整个土地利用系统的综合效益；各功能之间只有彼此适应、相互协调，才能使整个系统实现平衡健康发展；根据图5.1所示，边境土地利用多功能系统中各子功能之间的共生关系如下：

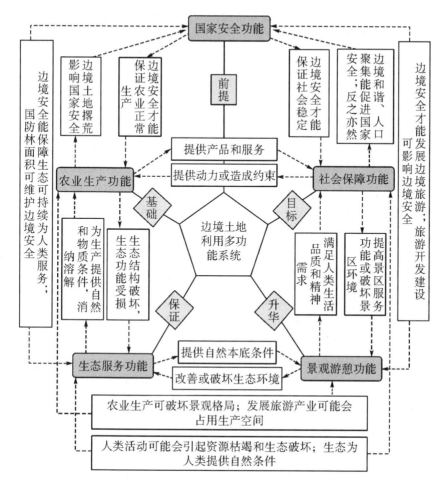

图 5.1　各子功能在土地利用多功能系统中的定位及共生关系

（1）国家安全功能与农业生产功能的共生关系。只有边境安全，边民才能正常进行各项农业生产工作；反之，边民的土地利用行为也会影响边境安全，如边境耕地撂荒不仅是土地利用效率低下的问题，也不利于保护国土的完整，还可能成为不法分子进行边境间谍、边境走私等非法活动的场所。

（2）国家安全功能与社会保障功能的共生关系。边境安全才能保障边境社会的稳定，人类才可以在边境地区正常进行各类生产生活活动，也只有保证了边境的安全，才能使边民愿意留守边疆；反之，边境冲突不可避免，但冲突减少或消除冲突可巩固国家安全，健全边境社会保障体系可避免边境大量人口外流，增强边民守土成边的决心和信心，甚至吸引更多的外来人口扎根边疆，共同繁荣边境社会以巩固边境安全。

（3）国家安全功能与生态服务功能的共生关系。边境安全才能保障边境生态环境为人类提供可持续的服务，否则边境生态环境将遭到破坏，生态调节服务功能降低。林地是为边境地区提供生态服务的主要地类，而边境地区的林地除具备通常的产品和生态调节功能外，还具有一定的国家防御功能，中高覆盖度林地的比例可影响边境军事活动。

（4）国家安全功能与景观游憩功能的共生关系。景观游憩是人类在满足基本物质需求后，对生活品质和精神境界更高层次的追求，如边境地区不安全，谈何边境生活质量？只有在安全的环境下边境地区才能满足人类对更高生活层次的追求。边境旅游开发与建设提高了边境建设程度，对边境人口聚集也起到一定的积极作用，从这一角度讲，边境旅游开发可巩固边境的安全；从另外一个角度来看，不当的旅游开发和建设行为也会影响边境安全，如旅游项目建设过度占用或严重破坏中高覆盖度林地，将引发边境安全问题，因此，边境旅游开发建设必须在不影响边境安全的前提下进行。

（5）农业生产功能和生态服务功能的共生关系。生态环境可为人类生产生活活动提供自然和物质条件，也可消纳和溶解人类生产生活活动产生的各种污染。过度或不当的农业生产活动可破坏生态结构，使土地的生态服务功能受损，如过度开垦坡耕地，可引起水土流失、泥石流等生态环境问题；大量使用农药化肥等物质，可引起耕地表层硬化，从而造成土壤破坏，制约农业生产。

（6）农业生产功能和景观游憩功能的共生关系。过度的农业生产会破坏自然景观，农业生产过程中的水体污染、废弃物污染等亦能影响区域景观游憩功能的发挥。同样，旅游景区的开发和建设可能会占用农业生产空间，影响粮食安全。因此，人类生产生活过程中，要处理好农业生产与旅游发展的关系，应尽量将两者的占比控制在一定范围内，边境地区既要保障粮食安全，又要支持优势产业发展。

（7）农业生产功能和社会保障功能的共生关系。农业生产为人类提供产品和服务，满足人类生存的基本需求。而在农业生产过程中，人类具有主动性，可以为农业生产提供动力，如机械化作业、规模化经营、改善农业生产条件等；但不当的人类生产生活活动亦可制约农业的发展，如人类生产生活活动产生的固体、气体和液体废弃物均会对农业生产造成一定的影响，过度的耕地开垦不利于农业的长远发展。

（8）社会保障功能和生态服务功能的共生关系。生态环境为人类提供最基本的自然和物质条件。但人类过度地向自然索取，将会引起区域生态环境破坏，甚至造成区域资源枯竭，这种以牺牲环境为代价的发展模式往往发生在资源型城市，2008 年、2009 年、2012 年我国分三批已经确定了 69 座资源枯竭型城市，中国中越边境地区存在森林资源型、矿产资源型等县市，目前虽尚未达到资源枯竭的地步，但应以其他资源枯竭地区为戒，处理好资源利用、经济社会发展与生态环境保护三者之间的关系。

（9）社会保障功能和景观游憩功能的共生关系。发展旅游产业能满足人类不断提高的精神需求，丰富人类的社会活动，提高生活质量。人类具有改造大自然的能力，可以打造更多的旅游景区，提高景区的服务能力，但不当的人类活动或过度的开发建设，也可破坏原有的自然景观，因此，人类应在尊重大自然的前提下，合理开发旅游景点和旅游产品，切实提高人类的生活品质和精神需求。

根据上述内容，本书将土地利用多功能耦合协调度定义为：各功能之间相互影响和相互作用的程度。其值越大，表明土地利用各功能之间相互依存、相互促进的关系越密切；其值越小，则表明各功能之间相互干扰、相互抑制的程度越强烈，最终将削弱土地利用系统的综合功能。

5.2 耦合协调模型

5.2.1 耦合度模型

基于杨忍、王亚华等前人的研究成果[229-233]，结合本书的实际情况，构建边境地区土地利用多功能耦合度的测量模型，计算公式如下：

$$H = 5 \times \left\{ \frac{A_i \times B_i \times C_i \times D_i \times E_i}{(A_i + B_i + C_i + D_i + E_i)^5} \right\}^{1/5} \qquad (5.1)$$

式中，H 为土地利用多功能之间的耦合度，取值范围为 $[0, 1]$，H 值越大，表明土地利用各功能之间相互影响和作用的程度越强烈。A_i、B_i、C_i、D_i、E_i 分别为土地利用的农业生产功能、社会保障功能、生态服务功能、景观游憩功能和国家安全功能的评价值（第四章评价结果），$i \in \{1, 2, \cdots, 15\}$。为测度各功能两两之间的相互影响和作用程度，耦合度公式可演变为以下类型：

$$h = 2 \times \left\{ \frac{K_i \times U_i}{(K_i + U_i)^2} \right\}^{1/2} \qquad (5.2)$$

式中，h 为两项土地利用功能之间的耦合度，取值范围为 $[0, 1]$，h 值越大，表明这两项土地利用功能之间相互影响和作用的程度越强烈。$K_i \in \{A_i,\ B_i,\ C_i,\ D_i,\ E_i\}$，$U_i \in \{A_i,\ B_i,\ C_i,\ D_i,\ E_i\}$。

基于土地利用多功能耦合类型划分的已有的研究成果[215, 217, 234, 235]，运用土地利用多功能耦合度的测度结果对已有成果进行修正，将中国中越边境地区土地利用多功能耦合度划分为四种类型，见表5.1。

表 5.1 中国中越边境地区土地利用多功能耦合度类型划分

耦合类型	耦合度范围	耦合特征
低耦合时期	0.00~0.29	土地利用各功能开始进行博弈，耦合度属于较低水平时期，当 $H=0$ 时，各功能之间处于互不相关的状态
拮抗时期	0.30~0.59	土地利用各功能之间相互影响和作用程度逐渐强烈，各区域土地利用的优势功能和弱势功能逐渐可以区分，优势功能空间逐渐扩大，弱势功能空间逐渐被挤压
磨合时期	0.60~0.79	土地利用各功能之间开始相互制衡、配合，朝着良性耦合方向演变
耦合协调时期	0.80~1.00	土地利用各功能之间相互促进的程度逐渐增强，并朝着有序方向发展，各功能之间耦合度处于较高水平，当 $H=1$ 时，土地利用各功能之间实现良性共振耦合，并向新的有序结构方向发展

5.2.2 耦合协调度模型

耦合度能反映土地利用各功能之间相互作用的强度，但是无法表征各功能之间相互作用的方向，即无法判断各功能之间是相互促进、相互制约还是此消彼长的关系，因此，本书引入耦合协调度模型进一步诊断土地利用各功能之间的深层关系[215, 217, 236]，计算公式如下：

$$V = \sqrt{H(h) \times T},\quad T = \alpha A + \beta B + \gamma C + \delta D + \varepsilon E \qquad (5.3)$$

式中，V 为土地利用功能的耦合协调度，$H(h)$ 为土地利用功能的耦合度，A、B、C、D、E 分别为土地利用的农业生产功能、社会保障功能、生态服务功能、景观游憩功能和国家安全功能的评价值，α、β、γ、δ、ε 分别为农业生产功能、社会保障功能、生态服务功能、景观游憩功能和国家安全功能的权重系数，表示各项子功能在土地利用功能系统中的重要程度，参考前人的赋值方法[237, 238]，本书采用农业生产功能、社会保障功能、生态服务功能、景观游憩功能和国家安全功能对于边境土地利用综合功能的权重作为 α、β、γ、δ、ε 的值，因此，α、β、γ、δ、ε 的值分别为 0.128 7、0.144 1、0.204 6、0.244 8、0.277 8。同理，土地利用多功能两两之间的耦合协调度公式可表达为

$$V = \sqrt{H(h) \times T}, \quad T = \varphi K + \varphi U \qquad (5.4)$$

式中，$\varphi \in \{\alpha, \beta, \gamma, \delta, \varepsilon\}$；$K \in \{A, B, C, D, E\}$，$U \in \{A, B, C, D, E\}$。参考党建华、钟霞等人的赋值方法和结果[237, 238]，结合专家意见，当农业生产功能和社会保障功能进行博弈时，α 取 0.45，β 取 0.55；当农业生产功能和生态服务功能进行博弈时，α 取 0.45，γ 取 0.55；当农业生产功能和景观游憩功能进行博弈时，α 取 0.45，δ 取 0.55；当农业生产功能和国家安全功能进行博弈时，α 取 0.40，ε 取 0.60；当社会保障功能和生态服务功能进行博弈时，β 取 0.45，γ 取 0.55；当社会保障功能和景观游憩功能进行博弈时，β 取 0.45，δ 取 0.55；当社会保障功能和国家安全功能进行博弈时，β 取 0.40，ε 取 0.60；当生态服务功能和景观游憩功能博弈时，γ 取 0.45，δ 取 0.55；当生态服务功能和国家安全功能博弈时，γ 取 0.40，ε 取 0.60；当景观游憩功能和国家安全功能博弈时，δ 取 0.40，ε 取 0.60。

基于王成、戈大专、廖重振等前人的研究成果[217, 239, 240]，运用本书土地利用多功能耦合协调度的测度结果对已有成果进行修正，本书将中国中越边境地区土地利用多功能耦合协调度划分为三个阶段十种类型，见表 5.2。

表 5.2　土地利用多功能耦合协调度的发展阶段及类型划分

耦合协调发展阶段	耦合协调类型	协调度范围
协调发展期	优质协调发展型	0.90~1.00
	良好协调发展型	0.80~0.89
	中级协调发展型	0.70~0.79
	初级协调发展型	0.60~0.69
演变过渡期	勉强协调发展型	0.50~0.59
	濒临失调衰退型	0.40~0.49
失调衰退期	轻度失调衰退型	0.30~0.39
	中度失调衰退型	0.20~0.29
	严重失调衰退型	0.10~0.19
	极端失调衰退型	0.00~0.09

5.3 土地利用多功能耦合度研究的结果分析

5.3.1 土地利用多功能耦合度的时空分异特征

由图5.3可知，研究期内各县（市、区）土地利用多功能耦合度（5个子功能同时耦合）均大于0.90，各县（市、区）土地利用多功能耦合度均处于耦合协调时期，表明研究区土地利用的各项子功能已融为一体，各功能之间相互影响或作用的程度较大，任何一个功能发生变化都会引起其他功能和整个土地利用功能系统的变化。研究期内，各县（市、区）土地利用功能两两耦合度总体水平2018年最高，其次是2015年，2000年、2005年和2010年耦合度差异不大。由图5.2可知，研究期内，农业生产功能与国家安全功能耦合度最高，其次是农业生产功能与生态服务功能耦合度和生态服务功能与国家安全功能耦合度，生态服务功能与景观游憩功能耦合度前期最低，后期快速提高并达到与其他类型耦合度同等水平。

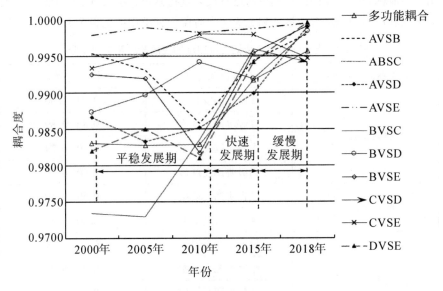

注：VS表示耦合关系，A为农业生产功能，B为社会保障功能，C为生态服务功能，D为景观游憩功能，E为国家安全功能。

图5.2 研究区土地利用多功能及两两功能耦合度平均值的时间演变

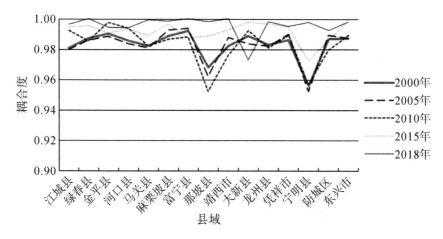

图 5.3　研究区土地利用功能两两耦合度平均值的时空分异

从时间序列上看，根据图 5.2 中土地利用多功能耦合曲线的演变特征，可将研究区土地利用多功能耦合总体情况划分为三个阶段：第一阶段为 2000—2010 年的平稳发展期，各功能之间的两两耦合度，2000—2005 年较 2005—2010 年更稳定；2005—2010 年，虽然土地利用各功能两两耦合度发生较大变化，但耦合度总体提高的程度和总体降低的程度基本持平，两种互逆的演变趋势在一定程度上相互抵消，确保了该时期内土地利用多功能总体耦合度的稳定性。第二阶段为 2010—2015 年的快速提高期，该时期内农业生产功能与国家安全功能耦合度、生态服务功能与国家安全功能耦合度平稳发展，农业生产功能与生态服务功能耦合度、社会保障功能与景观游憩功能耦合度稍有下降，其他类型耦合度（占耦合类型总数的 60%）呈现快速提高趋势，推动了该时期土地利用多功能总体耦合度的快速提高。第三阶段为 2015—2018 年的缓慢提高期，该时期内土地利用各功能之间的耦合度均处于相对较高水平，可提高幅度较小，难度较大。除生态服务功能与国家安全功能耦合度、生态服务功能与景观游憩功能耦合度、农业生产功能与生态服务功能耦合度稍有降低外，其他类型耦合度（占所有耦合类型的 70%）呈现缓慢提高趋势，耦合度总体提高的程度大于总体降低的程度，保证了研究区土地利用多功能耦合度的缓慢提高。

从空间分异特征来看（图 5.3），研究区各县域土地利用多功能的耦合度演变情况中，那坡县和宁明县变化幅度相对较大，耦合度在 0.95~1.00 变化，表明这两个县土地利用多功能的耦合程度最不稳定，容易受外界因素的影响。其次是大新县，耦合度在 0.97~1.00 波动，主要是 2018 年该县土地利用多功能耦合度较前 3 个研究时刻明显降低，2018 年，大新县是唯一一个土地利用多功能耦合度低于0.98的县域，这可能与该县矿产开发的情况有关，大新县矿产资源丰富，但分布广泛，以小型矿山居多，矿产资源开发对经济、社会和生态等方面造成不稳定的影响。江城县、绿春县、金平县等12个县（市、区）（占研究区评价单元的80%）土地利用多功能耦合度在较高水平范围内（0.98~1.00）上下浮动，表明这12个县（市、区）土地利用多功能之间相互影响或作用程度较强并趋于稳定状态。

5.3.2 土地利用功能两两耦合度的时空分异特征

图5.4（a~j）展现了中国中越边境各县（市、区）土地利用功能两两耦合度的时间演变特征和变化幅度，以及各年份的空间分异特征。

图5.4（a）表征土地利用农业生产功能与社会保障功能的耦合度，从时间序列上看，各县（市、区）两者的耦合度总体上2018年相对较高，2018年研究区耦合度平均值为0.998 0；2000年、2010年和2015年次之，研究区耦合度平均值分别为0.995 4、0.985 7和0.994 3；2005年最低并且最不稳定，耦合度平均值为0.993 0。从空间分异特征上看，研究区土地利用农业生产功能与社会保障功能耦合度表现出明显的空间聚集性和分异特征；从图5.4中可以看出，空间上以那坡县为分界点，左边（研究区西部）为云南段各县，总体耦合度略高于右边（研究区东部）的广西段各县，并且云南段各县耦合度总体变化幅度小于广西段各县，说明云南段土地利用的农业生产功能与社会保障功能之间的关联性更强，并具有更高的稳定性。那坡县土地利用农业生产功能与社会保障功能总体关联性最低，并且变化幅度最大，最不稳定，主要原因是2015年以前那坡县土地利用的社会保障功能偏低，2000年、2005年、2010年、2015年该县土地利用的社会保障功能评价值分别为0.500 7、0.432 1、0.430 2、0.694 8，均低于研究区4年平均水平的0.789 9，该县社会保障功能滞后，导致其与农业生产功能的关联性较低。

图5.4（b）表征土地利用农业生产功能与生态服务功能的耦合度，从时间序列上看，各年份耦合度总体处于较高水平，研究区2000年、2005年、2010年、2015年、2018年两者耦合度平均值分别为0.995 1、0.995 2、0.997 6、0.995 1、0.995 0，各县（市、区）两者耦合度类型在各时段都属于耦合协调时期。从空间分异特征上看，相对低值区间隔出现在江城县、富宁县和大新县，其余县域在各研究时点均保持较高水平且平稳的耦合状态，各县（市区）土地利用的生产功能与生态服务功能耦合度2000年和2010年平稳发展；2005年相对偏低的是江城县，为0.974 2；2015年相对偏低的是富宁县，为

0.977 9；2018 年大新县处于低谷，为 0.954 5。

图 5.4（c）表征土地利用农业生产功能与景观游憩功能的耦合度，从时间序列上看，各年份耦合度总体均处于较高水平，研究区 2000 年、2005 年、2010 年、2015 年、2018 年耦合度平均值分别为 0.986 6、0.983 2、0.985 1、0.989 9、0.999 0，各县（市、区）两者耦合度类型在各时段都属于耦合协调时期。从空间分异特征上看，除宁明县外，其他各县（市、区）耦合度均在 0.97~1.00 稳定浮动，表明这些县域土地利用的农业生产功能和景观游憩功能相互影响和作用的程度较强并趋于平稳；宁明县虽具备优越的旅游开发自然条件，但 2015 年以前该县对旅游产业的发展重视程度不够，未对旅游资源进行深度挖掘，旅游产业薄弱，景观游憩功能成为该县土地利用综合发展的短板，2015 年以后该县才逐渐对宁明花山壁画等景区进行深度开发，大力推动旅游产业发展，景观游憩功能与农业生产功能关联性随之增强。

图 5.4（d）表征土地利用农业生产功能与国家安全功能的耦合度，图 5.4（a~j）10 幅分图表示中国中越边境地区土地利用各功能之间具有 10 种耦合类型，纵览所有图形的变化特征可知，图 5.4（d）各年份耦合度变化幅度最小，并且最平稳，4 条曲线均在无限靠近 1.0 的位置上小范围浮动，说明中国中越边境地区土地利用的农业生产功能和国家安全功能具有高度关联性，并且两者的关联程度保持稳定，边境农业生产对国家安全具有重大影响；反之，边境国家安全也对农业生产产生重大影响，边境地区在发展农业过程中不能忽略边民土地利用行为、耕地投入产出效益、农业发展规模等因素对国家安全的影响，只有边境地区和谐稳定，才能确保边境农业的正常发展。

图 5.4（e）表征土地利用社会保障功能与生态服务功能的耦合度，从时间序列上看，各年份耦合度总体均处于较高水平，研究区 2000 年、2005 年、2010 年、2015 年、2018 年两者耦合度平均值分别为 0.988 3、0.983 5、0.983 7、0.992 9、0.993 8，各县（市、区）两者耦合类型在各时段都属于耦合协调时期。从空间分异特征来看，除那坡县 2000 年、2005 年、2010 年和大新县 2018 年两者耦合度出现异常外，其他县域耦合度均在 0.96~1.00 发生较小幅度的变化；那坡县土地利用的社会保障功能与生态服务功能耦合度变化幅度相对较大，主要是受社会保障功能的影响，该县 2015 年以前社会保障功能偏低，与生态服务功能的关联点较少，具体原因与图 5.4（a）空间分异特征相似。研究期内大新县土地利用的社会保障功能呈现"提高—降低—提高"的态势，生态服务功能呈现"提高—降低—提高—降低"的态势，两者变化趋势比较复杂，使 2018 年该县土地利用的社会保障功能与生态服务功能之间的关联性

降低，两者的相互作用方向在后文耦合协调度诊断中将做进一步分析。

图 5.4（f）表征土地利用社会保障功能与景观游憩功能的耦合度，从时间序列上看，各年份两者耦合度总体处于较高水平并趋于不断提高的状态，研究区 2000 年、2005 年、2010 年、2015 年、2018 年两者耦合度平均值分别为 0.987 3、0.989 6、0.994 1、0.991 9、0.998 4，各县（市、区）两者耦合类型在各时段都属于耦合协调时期。从空间分异特征来看，除宁明县出现异常外，其他各县土地利用的社会保障功能与景观游憩功能的耦合度均在合理范围内浮动，大多县域两者耦合度为 0.98~1.00，宁明县两者耦合度相对较低且变化不稳定，主要是受景观游憩功能的影响，原因类似于该县土地利用生产功能与景观游憩功能耦合度的影响因素，此处不再赘述。

图 5.4（g）表征土地利用社会保障功能与国家安全功能的耦合度，从时间序列上看，两者耦合度 2018 年最高，2010 年最低，2000 年、2005 年和 2015 年两者耦合度在 2018 年和 2010 年的耦合度之间浮动，其中 2010 年的变化轨迹最为复杂，表明 2010 年两者相互影响或作用的程度最不稳定。从空间分异特征来看，两者耦合度表现出明显的空间聚集性和分异特征，从图 5.4（g）中可以看出，从左往右（研究区西到东）各县域（那坡县除外）演变轨迹越来越复杂，并且变化幅度逐渐增加；两者耦合度以那坡县为分界点，左边（研究区西部）云南段各县域土地利用的社会保障功能与国家安全功能耦合度普遍较高且相对稳定，右边（研究区东部）广西各县域土地利用的社会保障功能与国家安全功能耦合度相对较低且相对不稳定。那坡县作为云南与广西的交界点，土地利用社会保障功能与国家安全功能的耦合度明显出现异常，该县土地利用各子功能发展不平衡，主要受土地利用社会保障功能的影响。其具体原因是那坡县是典型的喀斯特地貌，耕地资源匮乏，耕地地块零星分布，水资源紧缺，"石头缝里种玉米"是该县过去普遍存在的现象，粮食自给率偏低，2000 年、2005 年、2010 年、2015 年、2018 年，该县人均粮食保证率分别为 66.87%、63.57%、63.67%、78.97%、71.58%，均低于当年研究区平均水平的 80.46%、76.01%、69.21%、80.74%、78.40%，社会保障功能成为影响土地利用综合效益提高的重要因子。防城区 2010 年两者耦合度降低，主要也是受社会保障功能的影响，2010 年防城区土地利用的社会保障功能跌至最低谷，其评价值为 0.534 4，具体原因主要有两点：一是城市快速发展，挤压农业生产空间，使该市人均粮食保证率降低；二是防城区 2010 年城乡收入差距达到最大值，影响了城乡社会的平衡发展。

图 5.4（h）表征土地利用生态服务功能与景观游憩功能的耦合度，从时

间序列上看，研究区两者耦合度 2000 年、2005 年、2010 年、2015 年、2018 年平均值分别为 0.973 4、0.972 9、0.983 5、0.996 0、0.994 1，均属于较高水平的耦合协调时期，研究期内两者耦合度在波动中略有提升。从单个县域不同年度变化情况来看，与其他耦合类型相比，生态服务功能与景观游憩功能耦合度变化幅度更大且更复杂，说明中国中越边境地区土地利用的生态服务功能与景观游憩功能仍在不断博弈过程中，两者之间相互作用的程度尚未稳定。从空间分异特征来看，宁明县土地利用生态服务功能与景观游憩功能的耦合度表现出明显的特殊性，2005 年两者耦合度为 0.899 6，是研究期内耦合度小于 0.90 的唯一县域，该县土地利用生态服务功能与景观游憩功能之间的关联性处于相对最低水平，主要与该县旅游业发展情况有关，上文已做详细分析，此处不再赘述。大新县两者耦合度 2018 年较前几个研究时点明显降低，主要受该县土地利用生态服务功能的影响。

图 5.4（i）表征土地利用生态服务功能与国家安全功能的耦合度，从时间序列上看，5 个评价时点上，大多县域两者耦合度均在高水平线上（0.98 ~ 1.00）变化，2000 年、2005 年、2010 年、2015 年、2018 年两者耦合度平均值分别为 0.993 4、0.995 2、0.998 0、0.997 9、0.994 7，由此可以判断，中国中越边境地区土地利用的生态服务功能与国家安全功能之间相互影响或作用的程度较高，任何一个功能的小幅度变化都会引起另外一个功能的变化，两者之间相互作用的强度比较稳定，除大新县 2018 年两者耦合度明显降低外，其余县域各年份两者耦合度均未发生太大变化。从空间分异特征上看，除大新县外，其他县域两者耦合度均处于平稳的状态，大新县 2018 年两者耦合度明显降低，主要是受该县土地利用生态服务功能的影响。

图 5.4（j）表征土地利用景观游憩功能与国家安全功能的耦合度，从时间序列上看，各县域 2018 年两者耦合度普遍较高并且变化平稳，2000 年、2005 年、2010 年和 2015 年两者耦合度相对不稳定，变化幅度较大。从空间分异特征上看，从左到右（研究区从西到东）各县域两者耦合度变化幅度逐渐增大，说明研究区西部（云南段）各县土地利用景观游憩功能与国家安全功能的关系更密切并且相对稳定，东部（广西段）各县域土地利用景观游憩功能与国家安全功能的关联性相对较低，并且不稳定，其中宁明县土地利用景观游憩功能与国家安全功能的关联性最低，2000 年、2005 年、2010 年、2015 年耦合度仅为 0.902 9、0.923 5、0.919 3、0.952 3，明显低于研究区相同年份两者的耦合度的平均值（2000 年、2005 年、2010 年、2015 年分别 0.982 0、0.984 9、0.980 9、0.994 1），主要受该县景观游憩功能的影响，原因类似上文。

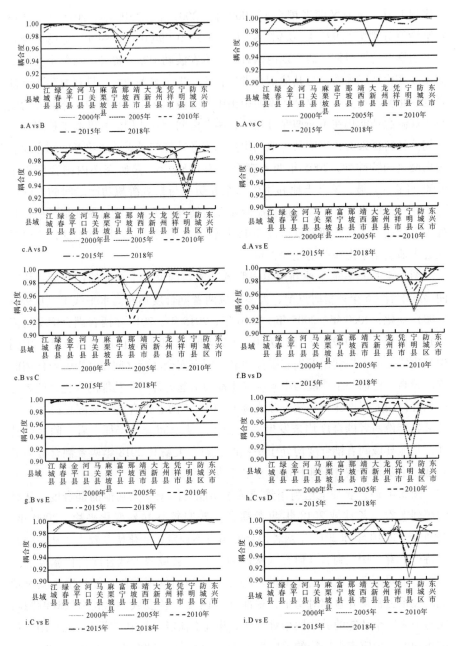

图中：VS 表示耦合关系，A 为农业生产功能，B 为社会保障功能，C 为生态服务功能，D 为景观游憩功能，E 为国家安全功能。

图 5.4　研究区土地利用功能两两耦合度的时空分异

5.4 土地利用多功能耦合协调度研究的结果分析

5.4.1 土地利用多功能耦合协调度的时空分异特征

由表5.3可知，研究期内各县域土地利用多功能耦合协调度均属于良好协调发展型和优质协调发展型两种类型，2000年绝大多数县域土地利用多功能的耦合协调度属于良好协调发展型，只有个别县域属于优质协调发展型，随后优质协调发展型县域逐年增多，到2018年，所有县域土地利用多功能耦合协调度都属于优质协调发展型。研究区2000年、2005年、2010年、2015年、2018年土地利用多功能耦合协调度平均值分别为0.866 0、0.870 7、0.888 5、0.921 5、0.972 7，处于逐年提高的趋势，其中前3年总体属于良好协调发展型，后2年总体属于优质协调发展型。结合上文研究区土地利用多功能耦合度演变情况可知，中国中越边境地区土地利用各功能之间不仅关系越来越密切，各功能之间的协调程度也在逐年提高，这为边境地区经济社会协调稳定发展奠定了良好的基础。究其原因，中国中越边境地区长期处于落后状态，近年来得益于兴边富民、精准扶贫等各项政策的实施，基于丰富的边境资源和良好的发展机遇，边境地区经济社会开始以较快的速度发展，各项事业目前处于全面上升的良好发展阶段，尚未达到各行业各部门之间相互挤压发展的状态，因此，各功能之间尚处于较好的耦合协调发展状态；反之，如资源枯竭地区在经济社会发展过程中已经将自然资源基本耗尽，各项政策已经被充分利用，经济社会发展水平暂时较高，但其可持续发展面临着严重的困境，各行业各部门之间的博弈十分激烈，土地利用各功能之间往往出现低耦合协调度甚至不协调的现象。

表 5.3　土地利用多功能耦合协调度及类型（2000—2018 年）

评价单元	2000 年		2005 年		2010 年		2015 年		2018 年	
	耦合协调度	耦合协调类型	耦合协调度	耦合协调类型	耦合协调度	耦合协调类型	耦合协调度	耦合协调类型	耦合协调度	耦合协调类型
江城县	0.833 1	良好协调	0.823 8	良好协调	0.874 8	良好协调	0.912 4	优质协调	0.974 9	优质协调
绿春县	0.858 1	良好协调	0.865 3	良好协调	0.896 1	良好协调	0.944 5	优质协调	0.998 5	优质协调
金平县	0.873 1	良好协调	0.873 6	良好协调	0.875 9	良好协调	0.909 4	优质协调	0.969 6	优质协调
河口县	0.854 8	良好协调	0.857 3	良好协调	0.870 3	良好协调	0.916 8	优质协调	0.970 6	优质协调
马关县	0.852 7	良好协调	0.847 6	良好协调	0.892 4	良好协调	0.919 7	优质协调	0.988 6	优质协调
麻栗坡县	0.846 2	良好协调	0.854 3	良好协调	0.912 2	优质协调	0.917 2	优质协调	0.983 3	优质协调
富宁县	0.835 9	良好协调	0.848 4	良好协调	0.894 7	良好协调	0.901 5	优质协调	0.993 9	优质协调
那坡县	0.863 5	良好协调	0.843 0	良好协调	0.867 6	良好协调	0.923 4	优质协调	0.982 5	优质协调
靖西市	0.890 8	良好协调	0.872 1	良好协调	0.885 9	良好协调	0.938 6	优质协调	0.995 9	优质协调
大新县	0.854 6	良好协调	0.883 9	良好协调	0.882 6	良好协调	0.937 4	优质协调	0.937 0	优质协调
龙州县	0.892 7	良好协调	0.905 7	优质协调	0.888 1	良好协调	0.938 6	优质协调	0.977 2	优质协调
凭祥市	0.885 0	良好协调	0.908 1	优质协调	0.914 8	优质协调	0.923 3	优质协调	0.953 5	优质协调
宁明县	0.853 5	良好协调	0.862 5	良好协调	0.862 2	良好协调	0.864 7	良好协调	0.971 6	优质协调
防城区	0.906 0	优质协调	0.890 7	良好协调	0.887 7	良好协调	0.935 8	优质协调	0.933 6	优质协调
东兴市	0.890 0	良好协调	0.924 8	优质协调	0.922 5	优质协调	0.938 6	优质协调	0.960 6	优质协调
平均值	0.866 0	良好协调	0.870 7	良好协调	0.888 5	良好协调	0.921 5	优质协调	0.972 7	优质协调

从表 5.3 可以看出，2000 年、2005 年、2010 年研究区多数县域土地利用多功能耦合协调度属于良好协调发展型，只有少数县域属于优势协调发展型，纵观三年各县域土地利用多功能耦合协调度分布情况可知，2000—2010 年，优质协调发展型出现频率比较高的是自然、地理、社会、经济等综合条件较好的县域，如 2000 年的防城区、2005 年和 2010 年的凭祥市和东兴市，自然、经济、社会等综合条件相对较差的区域土地利用多功能之间出现优质协调发展型的概率较低。随着各地经济社会不断发展，到 2015 年，除宁明县外，其他 14 个县域土地利用多功能之间均达到优质协调发展型；2018 年研究区所有县域土地利用多功能之间均达到优质协调发展型。总的来说，研究区各县（市、区）土地利用多功能之间的耦合协调度由良好协调发展型向优质协调发展型全面演进。由此可以判断，自然、经济、社会等因素在区域发展的不同阶段中对土地利用各功能具有一定的促进或者阻碍作用。土地是经济社会发展的载体和物质基础，而经济社会发展状况最终反作用于土地利用，随边境各地经济社会不断发展壮大，土地利用多功能耦合协调度也不断提高，两者逐渐形成相辅相成的相互促进机制。

5.4.2 土地利用功能两两耦合协调度的时空分异特征

土地利用功能的两两耦合协调特征，能反映土地利用各子系统之间相互作用的情况，进一步揭示边境地区土地利用各功能之间相互作用的方向和程度，为区域调节土地利用结构和确定土地利用投入的重点领域提供参考依据。

图 5.5 展现的是研究区土地利用功能两两耦合协调度平均值的时间演变特征，从各年份总体水平来看，各功能之间耦合协调度前 3 年没有太大变化，2015 年和 2018 年较前面各年度有较大幅度提升；从单向耦合协调类型来看，农业生产功能与社会保障功能（A VS B）、社会保障功能与国家安全功能（B VS E）、生态服务功能与景观游憩功能（C VS D）、生态服务功能与国家安全功能（C VS E）、景观游憩功能与国家安全功能（D VS E）各年份的耦合协调度具有相似的演变规律；农业生产功能与生态服务功能（A VS B）的耦合协调度在不同年度上表现出最平稳的状态，并且两者耦合协调度在各评价时点上都属于优质协调发展类型，表明研究区土地利用的农业生产功能与生态服务功能不仅具有高度的关联性，两者还具有相互促进的作用；变化幅度比较大的是农业生产功能与景观游憩功能、社会保障功能与景观游憩功能的耦合协调度，其中社会保障功能与景观游憩功能的耦合协调度 2005 年属于中级协调发展型（两者耦合协调度为 0.798 3），是研究区处于最低谷的耦合协调类型，2000 年

和2010年属于良好协调发展型，2015年和2018年属于优质协调发展型，2018年耦合协调度达0.9901，跃居研究区各功能耦合协调度总体水平的顶峰，说明中国中越边境地区土地利用的社会保障功能与景观游憩功能的耦合协调度总体由低度耦合协调向高度耦合协调方向演进，但两者之间的相互作用关系和作用方向尚不稳定。

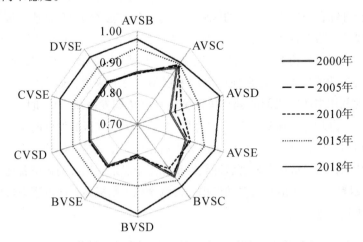

图中：VS表示耦合协调关系，A为农业生产功能，B为社会保障功能，C为生态服务功能，D为景观游憩功能，E为国家安全功能。

图5.5　研究区土地利用功能两两耦合协调度平均值的时间演变特征

图5.6（a~j）展现了中国中越边境地区各县（市、区）土地利用功能两两耦合协调度的时间演变特征和变化幅度，以及各年份的空间分异特征。纵观所有图形可知，中国中越边境地区各县（市、区）土地利用功能两两耦合协调度均大于0.70，在0.70~1.00波动，表明研究区土地利用两两功能之间的耦合协调度均在中级协调发展型以上，研究区各项土地利用功能之间处于较好的耦合协调发展状态。

图5.6（a）表征土地利用农业生产功能与社会保障功能耦合协调度的时空演变特征。2000年和2005年两者耦合协调度表现出以那坡县为分界点的"西低东高"的空间分布特征，研究区两者耦合协调度分布的地域差异明显，优质协调发展区域主要分布在东部地区自然、经济、社会综合条件比较好的大新县、龙州县、凭祥市、宁明县、防城区和东兴市；西部地区以良好协调发展类型为主，其中江城县2005年两者耦合协调度处于中级协调发展类型，主要是该县2005年土地利用的农业生产功能较低，对社会保障功能造成了影响，但社会保障功能变化的幅度更大；地处中部地区的那坡县2000—2015年两者

耦合协调度明显低于其他县域，主要是那坡县经济社会发展落后，拉低了社会保障水平，使两者的耦合协调度降低。2010年研究区两者的耦合协调度呈波浪式的发展趋势，原先"西低东高"的空间分布格局逐渐演变为"西高东低"的空间分布格局，随着经济社会不断发展，云南段各县的农业生产基础设施逐渐完善，促进了土地利用社会保障功能的提高，而具备农业发展相对优势条件的东部地区，随着经济社会转型发展，农业不再是重点发展领域，导致两者耦合协调度总体水平有所降低，这种情况将会成为研究区今后几年发展的主导趋势，使2018年研究区西部地区各县域农业生产功能和社会保障功能之间的耦合协调度明显高于东部各县域。

图5.6（b）表征土地利用农业生产功能与生态服务功能耦合协调度的时空演变特征。纵观所有图形变化特征可知，农业生产功能与生态服务功能耦合协调度总体水平高于大多数其他耦合协调类型，农业生产功能与生态服务功能耦合协调度一般在0.90~1.00波动，除江城县、金平县、麻栗坡县、富宁县、大新县个别年份两者耦合协调度属于良好协调发展类型外，其他县域两者耦合协调度在各评价时点上都属于优质协调发展型。从时间维度上看，图5.6（b）中4条曲线杂乱交织在一起，说明研究区农业生产功能与生态服务功能耦合协调程度不稳定。"生产-生态"功能的耦合协调过程实质上是农业生产空间与生态空间竞合、博弈的过程，农业生产过程中农药、化肥、地膜等的过度使用造成水土富营养化、土地退化等生态环境问题，随着全国经济由"高速发展向高质量发展"转变，乡村建设发展过程中由农业生产造成的生态环境问题越来越受到政府部门和学术界的关注，制定以乡村环境综合整治为重点的乡村人居环境规划显得越发重要[217]。党的十九大以来，在乡村振兴政策的大力推动下，各地逐渐转变农业发展方式，加强对农村农业污染物的治理工作，鼓励边境地区实行绿色、生态的现代农业发展模式，地处偏远地带的中国中越边境地区在农业发展过程中已逐渐受全国乡村振兴战略和现代农业发展模式的影响，避免了农业生产对生态环境造成严重破坏再恢复的过程，使两者长期处于优质协调发展状态。个别县域因工业发展或其他原因造成生态环境在短时间内遭到急剧破坏，也会影响生态环境功能与其他功能的耦合协调关系，此类情况以大新县2018年为典型。

图5.6（c）表征土地利用农业生产功能与景观游憩功能耦合协调度的时空演变特征。在时间维度上，图5.6（c）中5条曲线分布错落有致，表明研究区农业生产功能与景观游憩功能耦合协调度整体上呈现出由良好协调发展向优质协调发展逐渐上升的特征，耦合协调度平均水平由2000年的0.815 6逐年

提高到 2018 年的 0.987 1；2000 年和 2005 年两者总体耦合协调度处于良好协调发展类型的底部，江城县和宁明县两者耦合协调类型属于中级协调发展型；2010 年两者总体耦合协调度提高到良好协调发展类型的中部，江城县进入良好协调发展阶段；2015 年两者耦合协调度在 0.90 界线上下浮动，整体水平较 2015 年有明显提高；2018 年各县域两者耦合协调度全部处于优质协调发展阶段。由此可以判断，中国中越边境地区土地利用的农业生产功能与景观游憩功能在相互博弈过程中，向相互促进的良好趋势发展。在空间维度上，除宁明县两者耦合协调出现特殊情况外，其他县域均属于正常发展态势，研究前期宁明县对旅游产业挖掘力度不足导致旅游产业发展低迷，影响了景观游憩功能与农业发展功能的耦合协调发展。

图 5.6（d）表征土地利用农业生产功能与国家安全功能耦合协调度的时空演变特征。图 5.6（d）中，从左往右，曲线密度逐渐增大，上下跨越幅度逐渐减小，说明研究区土地利用农业生产功能与国家安全功能的耦合协调度，西部地区变化幅度较大，可提升空间较大，东部地区趋于平稳。在农业生产过程中，提高土地利用率和自给自足的生产能力可确保边境地区领土的安全，并为边境经济社会发展创造良好的物质基础，如边境地区大量耕地被撂荒，将会给不法分子有机可乘，为边境社会安全埋下危险信号，一旦边境受到威胁，将会严重影响边境农业生产在内的各项活动。在经济社会转型发展过程中，第一产业占国内生产总值比重会适当下降，但应确保第一产业比重在合理范围内变动，以免因第一产业发展水平低下而影响其他功能的正常发挥。

图 5.6（e）表征土地利用社会保障功能与生态服务功能耦合协调度的时空演变特征。2000 年、2005 年、2010 年、2015 年、2018 年研究区土地利用社会保障功能与生态服务功能耦合协调度平均值分别为 0.901 2、0.901 2、0.878 4、0.927 0、0.949 0，土地利用"社会-生态"功能耦合协调度呈现出"优质协调-良好协调-优质协调"的"先降后升"波动增长特征。2000—2010 年，良好协调发展型县域占研究区所有县域个数的比例逐渐增大，由 2000 年的 26.67%提高到 2010 年的 53.33%；随后 2015 年和 2018 年逐渐降低，良好协调发展型县域所占比例分别为 20.00%和 13.33%。结合第四章土地利用多功能评价结果可知，前一阶段，生活空间与生态空间在博弈过程中，两种功能相对独立发展，彼此之间协调度降低；后一阶段，研究区土地利用社会保障功能与生态服务功能在相对较长时间的博弈过程中找到了相互促进的支撑点，开始朝着良性方向发展。但从图 5.6（e）中可以看出，5 条曲线变化杂乱无章，没有明显的演变规律，表明研究区土地利用社会保障功能与生态服务功能耦合协调度

并不稳定，随时有升高或者降低的可能性，因此，在未来的发展过程中及时诊断出影响中国中越边境地区土地利用"社会-生态"功能协调发展的障碍因子尤为重要。

图 5.6（f）表征土地利用社会保障功能与景观游憩功能耦合协调度的时空演变特征。从时间维度上看，两者耦合协调度总体呈现"良好协调-中级协调-良好协调-优质协调"的演变特征，相对于其他耦合协调类型，研究区土地利用社会保障功能与景观游憩功能耦合协调度跨度更大，多数县域经历了"中级、良好、优质"三个级别，各县域两者耦合协调度总体呈提高的趋势。2000 年、2005 年和 2010 年相对低值区（中级耦合协调度）主要分布在中部地区的马关县、麻栗坡县、那坡县和靖西市；2015 年和 2018 年低值区向东部转移，耦合协调度最低值的地区为宁明县和防城区，这两个县域土地利用社会保障功能与景观游憩功能耦合协调度低的原因不尽相同，宁明县 2000—2015 年两者耦合协调度低主要是受景观游憩功能的影响，2015 年后旅游发展短板问题逐渐得到解决；而防城区 2018 年两者耦合协调度低主要是受社会保障功能的影响，农村地区经济社会虽然一直处于增长趋势，但跟不上城市地区快速发展的步伐，导致城乡发展不平衡，进而影响社会保障功能。

图 5.6（g）表征土地利用社会保障功能与国家安全功能耦合协调度的时空演变特征。对比图 5.6（g）与图 5.6（d）可知，两幅图演变特征具有高度相似性，表明研究区土地利用社会保障功能与国家安全功能耦合协调度演变规律类似于农业生产功能与国家安全功能耦合协调度演变规律。从研究区两者耦合协调度变化的总体情况来看，呈现"良好协调向优质协调"演变的趋势，2000 年、2005 年、2010 年研究区土地利用社会保障功能与国家安全功能耦合协调度平均值处在良好协调发展阶段，2015 年和 2018 年演进到优质协调发展阶段。防城区土地利用社会保障功能与国家安全功能耦合协调度由 2000 年和 2005 年的优质协调阶段演变为 2010 年、2015 年、2018 年的良好协调阶段，其中 2018 年研究区内多数县域都属于优质协调发展阶段，唯独防城区处于良好协调发展阶段，主要原因是研究期内防城区社会保障功能呈"大幅下降后缓慢提高"的演变态势，而国家安全功能呈"先下降后提高再下降"的演变规律，两者的演变方向和幅度各异，没有形成共振演变的特征，导致防城区后一时期土地利用社会保障功能与国家安全功能耦合协调度降低，并且与其他县域演变方向不一致。

图 5.6（h）表征土地利用生态服务功能与景观游憩功能耦合协调度的时空演变特征。良好的生态环境是区域旅游产业得以持续发展的前提条件和重要

保障[241]，而旅游发展对生态环境同时具有正向和负向两种作用力[242]，生态旅游、科教旅游等绿色旅游发展模式可合理利用区域自然环境并起到保护的作用，不合理的旅游开发和人类活动可能会对区域能源利用、生物交换、野生动植物生长等环境问题造成影响[243]。2000—2015年各评价时点两者耦合协调度低值区均为宁明县，4个评价时点耦合协调度分别为0.740 7、0.773 8、0.771 9、0.763 7，是研究区内唯一一个耦合协调度处于中级协调发展型的县域，其他县域在各评价时点上土地利用的"生态-景观"功能耦合协调度均在良好协调及以上等级。其主要原因是2015年以前宁明县旅游产业发展薄弱，景观游憩功能属于严重的发展瓶颈；2018年低值区演变为大新县，耦合协调度为0.867 2，是该年度内唯一一个"生态-景观"功能耦合协调度未达到优质协调发展阶段的县域，主要是该县采矿活动对生态服务功能的影响，使两者的耦合协调度降低。2000—2005年研究区没有任何一个评价单元"生态-景观"功能耦合协调度达到优质协调等级；2010年，作为边境旅游发展重点县域的东兴市，两者耦合协调度首次突破0.90，成为"生态-景观"功能耦合协调度的高值区；2015年，江城县、绿春县、靖西市、大新县、龙州县、凭祥市、防城区、东兴市两者耦合协调度全面提升，均进入优质协调发展时期，占研究区评价单元总数的53.33%，研究区"生态-景观"功能耦合协调度平均值2015年（0.895 6）较2010年（0.860 2）呈较大幅度提升态势；2018年，优质协调县域占比达93.33%，相对高值区普遍分布在云南段，其中绿春县、麻栗坡县和富宁县两者耦合度达到最理想状态（1.00），研究区各县域土地利用生态服务功能与景观游憩功能耦合协调度的平均值高达0.965 8。总之，中国中越边境地区土地利用的"生态-景观"功能耦合协调度呈逐渐提高的良好趋势。

图5.6（i）表征土地利用生态服务功能与国家安全功能耦合协调度的时空演变特征。长期以来，森林是各国重要的生态屏障，为区域生态服务价值做出了重大贡献，但边境地区的林地不仅具有生态功能，还具备维护国家安全的特殊功能，国防林是各国守护国家安全的重要军事备战区，边境地区适度比例的林地和大小合理的林地密度对维护国家安全具有举足轻重的作用。研究表明，中国中越边境地区土地利用"生态-安全"功能耦合协调关系较好，5个评价时点两者耦合协调度平均值均属于优质协调类型，并且处于波动提高的趋势，表明中国中越边境地区生态环境未对国家安全造成负面影响，边境安全的社会环境反过来促进了生态环境的保护。

图5.6（j）表征土地利用景观游憩功能与国家安全功能耦合协调度的时空演变特征。"景观-安全"功能关系主要体现在国家安全对边境旅游的影响，

我国边境旅游"从无到有""从薄弱产业到主导产业"的演变过程，得益于良好安全的边境地理及经济社会发展环境，边境地区同时具备优越的自然条件、丰富多彩的跨国文化以及安全的人身环境才能吸引国内外众多游客；边境旅游对国家安全虽没有直接的影响，但其可通过影响边境土地覆被来间接影响国家安全，因此，边境地区在开发旅游景区的过程中，应考虑旅游开发对国家安全可能造成的潜在影响，在开发过程中，边境地区应保持原始植被（林地尤为重要）不遭到破坏，不能千篇一律地夷为平地后再搞建设。从图 5.6（j）中可以看出，中国中越边境地区土地利用景观游憩功能与国家安全功能耦合协调度主要在 0.80～1.00 波动，总体处于较高水平，2000 年、2005 年、2010 年、2015 年、2018 年两者耦合协调度平均值依次为 0.838 8、0.847 4、0.893 4、0.914 1、0.990 1，呈现逐渐提高的良好发展势头，今后应重点关注两者耦合协调度偏低的地区，相对低值区主要在江城县和宁明县，江城县 2000 年两者耦合协调度为 0.794 8，宁明县 2005 年两者耦合协调度为 0.795 3，属于中级协调发展类型。

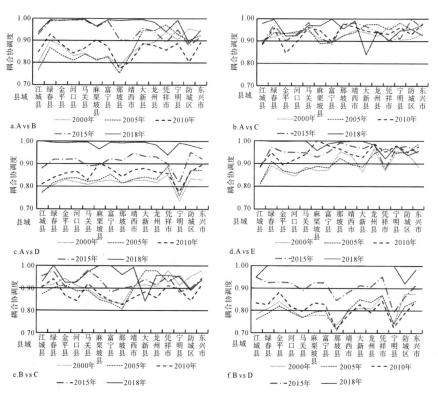

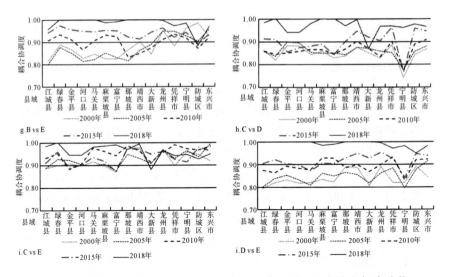

图中：VS表示耦合协调关系，A为农业生产功能，B为社会保障功能，C为生态服务功能，D为景观游憩功能，E为国家安全功能。

图5.6　研究区各县域土地利用功能两两耦合协调度的时空分异特征

5.5　本章小结

本章以土地利用多功能耦合协调机理为理论基础，划分土地利用多功能耦合协调的发展阶段，基于第四章中2000年、2005年、2010年、2015年和2018年中国中越边境15个县级单元土地利用多功能的综合评价结果，运用耦合协调度模型揭示了土地利用功能耦合度和耦合协调度的时空分异特征，并定性分析了影响因素，结果如下：

（1）中国中越边境各县（市、区）土地利用多功能之间耦合度均在0.90以上，全部属于耦合协调类型；各功能之间的耦合度宁明县2005年"生态-景观"功能耦合度为0.899 6，其余县域各土地利用多功能耦合度均在0.90以上，全部属于耦合协调类型，说明中国中越边境地区土地利用的农业生产功能、社会保障功能、生态服务功能、景观游憩功能、国家安全功能彼此之间相互作用强度较大，任何一个子系统的变化都会引起其他子系统随之变化，进而影响边境土地利用的总体效益。

（2）中国中越边境地区土地利用各功能间的耦合协调度与其耦合度的空间分布具有一定的关联性，耦合协调度的高值区与耦合度的高值区大致吻合。

研究期间，中国中越边境地区土地利用多功能耦合协调度呈现良好协调发展和优质协调发展两种类型，由良好协调发展向优质协调发展演变是主体趋势；土地利用功能两两耦合协调度呈现中级协调发展、良好协调发展和优质协调发展三种类型，多数县域各类型耦合协调度由低级别向高级别演进，个别县域由于土地利用各子功能之间发展不平衡导致部分耦合类型协调度有下降的趋势，如宁明县研究期内各功能之间的耦合协调度深受景观游憩功能的影响，那坡县研究期内各功能之间的耦合协调度深受社会保障功能的影响，大新县2018年各功能之间的耦合协调度深受生态服务功能的影响等。

（3）研究区土地利用功能耦合特征的时空格局差异显著。时间上，研究区土地利用功能耦合的总体情况可划分为三个阶段：第一阶段为2000—2010年的平稳发展期，第二阶段为2010—2015年的快速提高期，第三阶段为2015—2018年的缓慢提高期。其中，农业生产功能与国家安全功能耦合度最高，其次是农业生产功能与生态服务功能耦合度和生态服务功能与国家安全功能耦合度，生态服务功能与景观游憩功能耦合度前期明显低于其他耦合类型，后期快速提高并达到与其他类型耦合度同等水平。空间上，土地利用多功能耦合度呈现出云南段各县域比广西段各县域变化幅度更小、更平稳的发展状态。

（4）中国中越边境地区土地利用各功能之间耦合协调度总体呈上升趋势，各功能之间耦合协调度受自然、经济、社会等多重因素的共同影响。研究表明，中国中越边境地区土地利用各功能之间的关系不仅越来越密切，各种功能之间的协调程度也在逐年加深，为边境地区经济社会协调稳定发展奠定了良好基础。研究区土地利用功能两两耦合协调度均大于0.70，土地利用两两功能之间的耦合协调度均在中级协调发展型以上，各项土地利用功能之间处于较好的耦合协调发展状态。自然、经济、社会等因素在区域发展的不同阶段中对土地利用各功能具有一定影响，各县域在发展过程中，影响土地利用功能耦合协调发展的因素有所不同，需要根据具体问题来分析。

6 中国中越边境地区土地利用主导功能类型划分及优化调控

　　土地利用各功能之间耦合度和耦合协调度研究的最终目的在于科学研判土地利用过程中各功能之间相互促进和相互抑制的问题，为土地资源管理者和决策者制定更加科学合理的土地利用分配和管理方案提供辅助，实现区域土地资源合理利用和经济社会生态的可持续发展。从第五章土地利用各功能之间耦合度和耦合协调度的评价结果来看，中国中越边境地区土地利用各功能之间具有高度关联性，各功能之间的耦合协调度均在良好协调发展型及以上，表明研究区土地利用各功能之间具有较高的协调性，各功能之间存在相互促进的良性发展关系，研究期内暂不存在土地利用各功能之间相互抑制或者此消彼长的现象。因此，在本章土地利用功能优化调控中暂时不需要考虑抑制某项功能以助推其他功能发展的问题，重点优化方向在于推进各县域土地利用各项功能的共同发展，以提高研究区土地利用的综合效益。

　　中国中越边境东西部地区自然资源禀赋差异较大，区域发展目标多元化，土地利用具有明显差异性，土地利用功能演变体现出比较显著的时空分异特征。为进一步识别中国中越边境各县（市、区）土地利用功能演变主导模式和特征，本章以县域行政单元，以自然地理环境、主体功能区划、宏观经济背景等要素为依据，重点考虑各县域土地利用功能演变模式差异及原因，将精细化土地利用功能变化评价与区域主体功能区划相衔接[244]，识别不同县域土地利用的主导功能和短板功能，落实各县域土地利用功能定位，并将具有相同或相似功能定位的县域划分为同一种发展类型，诊断不同土地利用主导功能类型下存在短板功能的原因，进而提出相应的优化调整方向和措施，以及土地利用功能优化的政策建议。

　　土地利用功能定位的目的是探讨土地利用功能的结构特征[245]，发挥不同区域优势，提高土地利用效益，是土地可持续利用的基础，同时也是政府实施国土空间用途管制的前提[246]。近年来，中国政府越来越重视国土空间分区与规划的工作[247]，2011 年国家发布了《全国主体功能区规划》，指导全国性国土空间开发；党的十八大提出"生产空间集约高效、生活空间宜居适度、生态空间山清水秀"的国土空间规划目标；党的十九大进一步强调"坚定走生产发展、生活富裕、生态良好的文明发展道路"；2019 年 5 月，《中共中央 国务院关于建立国土空间规划体系并监督实施的若干意见》明确提出国土空间划定的基本要求和工作任务。作为地理学界的热点问题，土地利用功能分区（定位）备受国内外广大学者的关注。20 世纪 30 年代，国外学者率先开展了土地利用功能分区（定位）研究[247]，推动了世界各国土地利用及区划工作。近年来，国外学者开始运用新技术和区划思想开展土地利用区划研究[248, 249]，美国芝加哥通过确定土地利用功能定位，一定程度上解决了土地混合利用带来的一系列问题[250]。国内以黄秉维先生为代表的地理学家在 20 世纪 30 年代开始进行土地利用功能分区（定位）的开创性研究[251, 252]，但进展缓慢；直到1963 年，我国土壤普查办公室才组织研究人员全面系统地开展土地利用区划研究[253]，这一时期的分区主题较为单一，主要围绕农业土地利用功能分区展开；20 世纪 90 年代，部分学者开始注重将分区目标向可持续发展方向转移，陆续开展全国综合地理分区的研讨工作，土地利用逐步进入综合分区阶段[254, 255]。纵观国内外研究成果，体现地域功能特征的土地利用功能分区（定位）成为学术界发展的重要趋势，基于土地利用功能分区（定位）进行政策匹配是当前土地利用区划研究的热点议题。然而，目前依据土地的自然资源禀赋差异、经济社会发展差异等因素，将土地利用按功能优势划分为特定的区域，并制定相应的土地用途管制规则的研究并不多见[256]，针对不同功能区突破已有的各类政策提出差异化的政策支持体系的研究更是匮乏。

中国中越边境地区自然社会经济形势复杂多样，探讨边境各地土地利用功能定位的理论和实践对优化国土空间开发格局、促进区域协调发展具有重大意义。本章将融合各类主题要素对中国中越边境地区各县土地利用功能类型开展综合研究，并提出不同功能类型县域的优化调控策略，最后从宏观层面总结能促进边境地区经济社会可持续发展的综合优化对策，从微观和宏观两个层面提出优化策略，为边境地区各级政府部门制定边境国土空间开发格局和经济社会发展计划提供参考。由于在本书的研究中，研究区呈狭长带状形式，区别于组团式或广阔面板形式，具有相同或相似土地利用功能的县域有可能难以形成集聚效应，因此本书采用"定位"对功能进行表述比"分区"更准确，将具有相同或相似土地利用功能定位的县域划分为同一种发展类型。

6.1 土地利用功能类型的识别方法

土地利用具有多功能特性，不同功能由于区域资源禀赋和发展阶段等不同而表现出差异性[257]，某些功能是一个区域的主导功能，但却可能是另外一个区域的短板功能。主导功能可反映出某一区域的最适宜发展方向和最亟须的政策配套；短板功能则是区域发展的薄弱环节，在今后发展过程中，应着力诊断导致短板功能出现的主要问题，采取针对性措施补齐短板，积极探索创新发展之路，确保区域均衡发展。识别区域土地利用主导功能和短板功能，并确定发展类型，有利于各级政府和规划部门针对各区域发展优势和弱势制定差异化发展策略。

龙花楼等运用纵横对比法将乡村地域某项功能的评价结果值与全体样本的均值和标准差之和进行对比，划分东部沿海地区乡村发展的类型[258]；张利国等对此划分方法进行了修正并运用于山区村域功能的划分[257]。本章基于两者的研究结果，结合研究区土地利用多功能的评价结果，适当调整各功能类型划分标准，诊断中国中越边境各县域土地利用的主导功能和短板功能，并确定各县域的发展类型。对于中国中越边境各县域而言，各项土地利用功能类型的诊断方法如下：

$$\begin{cases} \dfrac{R_P}{M_P + S_P} \geqslant 0.90，第 P 项功能为该县域的主导功能； \\[3mm] 0.80 \leqslant \dfrac{R_P}{M_P + S_P} < 0.90，第 P 项功能为该县域的适中功能； \\[3mm] \dfrac{R_P}{M_P + S_P} < 0.80，第 P 项功能为该县域的短板功能。 \end{cases} \quad (6.1)$$

式中，R_P 为该县域的第 P 项功能值；M_P 为所有县域第 P 项功能的平均值；S_P 为所有县域第 P 项功能的标准差。因本书对各县域土地利用多功能进行多时点评价，因此判别某县域某项功能属于哪种类型时，采用的对照标准是每个县域多个评价时点 $\dfrac{R_P}{M_P + S_P}$ 值的平均值（Z_P），当同一个县域出现多项主导功能时，以 Z_P 值的最大值项为主导功能；反之，当同一个县域出现多项短板功能时，以 Z_P 值的最小值项为短板功能。

6.2 中国中越边境各县域土地利用主导功能定位

6.2.1 定位原则

（1）主导性原则

土地利用具有多功能性，不同区域因自然经济社会等条件以及发展方向不同使土地利用功能变化具有区域差异性，在不同区域内，某种土地利用功能变化对另一种土地利用功能变化的作用方向和程度存在差异，即使在同一区域内，两种土地利用功能之间在不同发展时段上也可能存在多种不同的相互关系。因此，各县域土地利用功能定位应遵循主导性原则，将具有相同主导功能的区域划分为同一种发展类型。

（2）地域差异性原则

不同区域自然地理环境、人文社会环境、经济发展条件、生态环境特征等因素存在差异，多重因素叠加共同影响区域土地利用功能的发挥，使土地利用功能演变特征具有明显的空间差异性，最终使不同区域内土地利用功能之间的相互作用存在差异。因此，土地利用功能定位必须考虑地域差异因素，划分为同一发展类型的县域应具有自然、社会、经济、土地利用等特征的高度相似性，以便于因地制宜地确定发展定位并进行优化管理。

（3）继承性与创新型相结合的原则

土地利用功能定位要符合区域可持续发展的原则，功能定位和发展类型确定要尽可能充分发挥各地原有的发展优势，既要考虑改革创新发展，也要尊重自然历史条件和现有经济社会的发展模式[259]，不能完全否定已取得的成绩，要在充分继承原有发展优势的基础上，大胆改革创新发展模式。

6.2.2 定位结果与分析

根据上述土地利用功能定位的方法与原则，本书进一步诊断中国中越边境地区 15 个县（市、区）土地利用各功能的类型并明确各县域的主导功能定位，由表 6.1 可知，研究区 15 个县（市、区）均存在主导功能，说明中国中越边境各县（市、区）土地利用特色明显，各县域都有自身突出的一面，土地利用各主导功能类型包含的县域见表 6.2。对研究区土地利用各主导功能类型特征的具体分析如下：

（1）农业主导型县域土地利用多功能的特征分析

我国地处中越边境的 15 个县域中，只有广西的大新县属于农业主导型县域，该县在《广西主体功能区规划》中被划分到农产品主产区，本书的评价结果与《广西主体功能区规划》对大新县的定位一致，因此，大新县应将功能定位为：建设成为区域粮食产品和农产品的主要供给基地，农业产业化基地，现代农业示范基地，农村居民安居乐业的美好家园，社会主义新农村建设的示范区。大新县地处云贵高原的南部边缘，石山泥岭间杂遍布，形成许多小盆地，耕地面积占全县面积的 24.80% 左右，远高于中国中越边境地区 15.00% 的平均耕地率，较多的耕地数量为该县发展农业奠定了良好的物质基础；全县属温暖多雨的南亚热带季风气候，四季气温变化不明显，年平均温度为 21.3℃ 左右，黑水河、桃城河、榄圩河三条河流贯穿行政区内，为农业生产提供了丰富的水资源条件。全县较高的耕地率以及优越的自然条件，使大新县农业生产功能长期处于主导地位，以水稻、玉米、豆类、红薯为主要粮食作物，甘蔗、水果、苦丁茶、剑麻等为特色经济作物。优越的农业生产条件使大新县的人均粮食保证率（2000—2018 年大新县人均粮食保证率平均值为 81.20%）在研究区内（中国中越边境 2000—2018 年人均粮食保证率平均值为 76.97%）处于较高水平，农业发展解决了大量农村劳动力的务工问题，激活了全县土地利用的社会保障功能，因此，该县土地利用的社会保障功能也达到主导功能的诊断标准。大新县拥有世界第二跨国瀑布——德天瀑布，年接待境内外游客 30 万人次左右，虽具有全国乃至世界著名的旅游景点，但该景区未形成完整的旅游路线，大量游客游览德天瀑布后，随即转移到周边县域的其他景点，未能最大限度地获得该县的旅游功能效益。大新县的生态服务功能和国家安全功能属于适中功能，基于土地退化数据分析，结合实地调研，造成大新县生态服务功能欠缺的原因主要有以下两点：一是大新县境内锰矿等矿产的开采造成全县生态服务价值偏低；二是土地退化比较严重，由于对坡耕地的保护力度不足，耕地表层土壤流失，土地石漠化现象严重，部分耕地演变为裸地或者裸岩石砾地。而国家安全功能欠缺，主要受路网密度的影响，边境地区道路通达度对解决边境冲突的时效性具有非常重要的作用，该县 2000—2018 年路网密度平均值为 0.317 6km/km²，达不到中国中越边境地区 2000—2018 年路网密度平均值 0.723 0km/km² 的一半；近年来大新县路网密度有持续提高的趋势，2018 年达到 0.364 7 km/km²，而此时中国中越边境各县域路网密度平均值已达 1.011 7 km/km²，大新县的道路工程建设明显滞后于其他地区。

（2）社会主导型县域土地利用多功能的特征分析

研究区只有云南省的绿春县属于社会主导型县域。绿春县土地利用的农业生产功能、社会保障功能、生态服务功能和国家安全功能均达到主导功能的划定标准，其中社会保障功能最强，景观游憩功能稍微欠缺，是发展相对平衡的县域。绿春县常年粮食总产量较高，粮食产量和人口规模匹配程度较高，粮食产量不仅能满足当地人口的粮食需求，还能适当解决周边地区粮食短缺问题。2000—2018 年绿春县人均粮食保证率平均值高达 101.02%，远高于中国中越边境地区 2000—2018 年人均粮食保证率平均值的 76.97%，是中国中越边境能完成粮食自给自足的两个县域之一（另一个为马关县），确保了该县土地利用社会保障功能的主体地位。绿春县土地利用的景观游憩功能相对于其他功能略显滞后，主要原因是该县缺少高等级边境口岸或保税区等配套，只有等级较低的边民互市点，边境贸易未形成规模，边境旅游欠缺；而 A 级景区只有一个黄连山国家级自然保护区，旅游先天条件的欠缺或开发力度不足，加上边境贸易发展滞后，使景观游憩功能略显不足。

（3）生态主导型县域土地利用多功能的特征分析

生态主导型县域包括江城县、马关县和靖西市，马关县和靖西市分别在《云南省主体功能区规划》和《广西壮族自治区主体功能区规划》中被定位为重点生态功能区，本书的评价结果与规划文件的定位一致；《云南省主体功能区规划》将江城县定位为农产品主产区，而本书对江城县的评价结果是农业生产功能短板，主要是两者的评判标准有所差异，江城县辖区内水系发达，有30 条江河及 200 多条溪流贯穿其中，农业发展的自然条件优越，从此角度来讲，我们将江城县确定为小规模的农产品主产区，而本书认为江城县耕地面积少，土地垦殖率低，农产品生产难以形成规模，小规模的农业生产和滞后的工业造就了该县较大的生态环境空间和较高的生态环境质量，据此，本书将农业生产功能诊断为短板功能，生态服务功能诊断为主导功能。根据本书评价结果可知，江城县、马关县和靖西市的土地利用以生态服务功能最为突出，其他功能类型各有差异，其中江城县同时存在主导功能、适中功能和短板功能，马关县存在主导功能和适中功能，靖西市存在主导功能和短板功能。

江城县生态服务功能和景观游憩功能达到主导功能的划定标准，其中以生态服务功能最强，两者相辅相成，生态服务功能为景观游憩功能的发挥奠定物质基础，而景观游憩功能的进一步提升为生态服务功能的发展提供了经济保障[200]。研究期间，江城县森林覆盖率较高，全县土地退化现象不明显，退耕还林、土地石漠化防治等水土保持工程持续开展，并取得良好效果；全县生境丰度指数和生态服务价值均达到较高水平。土地利用的社会保障功能和国家安全功能处于适中水平，农业生产功能滞后，属于短板功能，江城县2000—2018年土地垦殖率平均值只有6.36%，远低于同期中国中越边境地区平均水平的15.15%，而该县农业发展水平不高，较小的农业生产空间和生活生产空间成就了该县较大的生态空间，符合"生态优先，绿色先行"的发展理念。自然条件的优越性塑造了当地良好的生态环境，进一步带动了生态旅游的发展。

马关县土地利用各功能发展比较均衡，农业生产功能和生态服务功能均达到主导功能的划定标准，其中以生态服务功能最强。该县在农业生产过程中，比较注重水土保持，充分利用兴边富民土地整治工程，做好坡耕地的水土保持工程建设，加强土地石漠化防治，农业生产过程中没有对生态环境造成严重破坏，加上该县薄弱的工业发展基础，生态环境质量处于较高水平；城乡居民收入差距过大是导致社会保障功能欠缺的主要因素；全县境内没有2A级以上景区，也没有形成高等级的边境贸易区，旅游发展主要靠当地游客支撑，不利于持久发展，景观游憩功能欠缺；辖区内边境建设力度不足，2000—2018年建设用地比例平均值只有0.35%，且大多为农村居民点建设用地，而2000—2018年全国建设用地比例平均值为2.83%，边境建设力度不足不利于保障边境安全，马关县2000—2018年国防林比例平均值仅为30.40%，远低于本书研究的国防林比例的安全阈值（59.40%），两者的综合作用导致该县国家安全功能有所欠缺。

靖西市除社会保障为短板功能外，其余功能均达到主导功能的划分标准，其中生态服务功能最强，属于典型的两极分化发展模式。靖西市属亚热带季风气候，年平均气温为20℃左右，素有"小昆明"之称；境内以溶蚀高原地貌为主，以奇峰异洞、四季如春的自然风光闻名遐迩，又有"靖西山水小桂林"之誉，是旅游、度假和避暑的理想胜地。境内水系发达，拥有那多河、芭蒙河、兰康河、照阳河、立录河的右江河水系，难滩河、庞凌河、龙潭河、鹅泉河、逻水河、坡豆河、多吉河的左江水系，全市山清水秀的自然风光使靖西市生态服务功能凸显，带动了旅游产业发展，靖西市已成为西南地区较为闻名的边陲旅游名城。辖区内拥有国家级一类口岸龙邦口岸和国家级二类口岸岳圩口岸以及四个边民互市点，是桂西、滇东、黔南通往越南及东南亚各国的便捷陆路通道之一；优越的自然资源条件和比较繁荣的边境贸易使靖西市景观游憩功能仅次于生态服务功能，位居第二名。值得注意的是，靖西市拥有丰富的铝矿资源，近年来靖西市已开始对铝土矿进行大量开采和加工，局部地区已出现较严重的水土流失、河流污染、粉尘污染等环境问题，这些问题虽然短时间内不会对整个大的生态环境造成灾难性破坏，但局部地区生态环境质量下降的问题会影响靖西市其他功能的发挥，如在矿产开采过程中不注意生态环境保护，未来将会重蹈我国北方个别城镇因矿产资源枯竭"人去楼空"的覆辙，而由此带来的不仅是生态环境破坏的问题，更是阻拦了一座具有优越旅游资源城市的旅游发展。靖西市优越的气候条件及充足的水资源使该市粮食单产较高，确保了农业生产功能常年处于较高水平。全市拥有19个乡镇，2018年全市总人口约为66.29万人，人口规模较大，但作为偏远边境县域，过大的人口规模会带来就业困难等一系列社会问题，较小的中心城镇规模能够提供的服务业就业岗位有限，靖西市第二产业刚刚兴起，大量剩余农村劳动力成为流动于农业、工业和服务业的兼职劳动力，工作稳定性低，对社会稳定有一定影响；作为国家第三批新型城镇化综合试点县域（2016年12月入选），靖西市城乡收入差距较大，广大农村地区农民主要依靠农产品销售和外出打工获得收益，依然跟不上城镇的发展步伐，土地利用的社会保障功能滞后。

（4）旅游主导型县域土地利用多功能的特征分析

研究区共有10个县域的景观游憩功能达到主导功能的划定标准，占研究区所有评价单元的66.67%，其中金平县、河口县、麻栗坡县、富宁县、凭祥市、防城区、东兴市7个县（市、区）景观游憩功能最突出，江城县、靖西市和大新县景观游憩功能虽未能达到最强，但也达到了主导功能的划分标准，为该县域土地利用的次要功能。从空间分布来看，旅游主导型县域基本穿插于中国中越边境的东部、中部和西部各地，没有呈现明显的地域特征，表明中国中越边境各县（市、区）均有发展旅游产业的基础和潜力，在中国中越边境的县（市、区）中，只有宁明县的景观游憩功能属于短板功能，主要是该县旅游开发较晚，土地利用的景观游憩功能在土地利用各功能总值中所占的比重仍然较低，但该县目前已逐渐跟上中国中越边境旅游发展的总体步伐。可见，中国中越边境地区旅游资源丰富，旅游业已成为中国中越边境地区的新兴产业和多数县域重要的支柱产业。

东兴市土地利用的五项功能均达到主导功能的确定标准，其中以景观游憩功能最突出，是中国中越边境所有县域中的唯一一个全面发展型县域。东兴口岸是我国唯一与越南海陆相连的国家级一类口岸，出入境人数在中越边境各口岸中常年位居第一；东兴市也是一座美丽的滨海城市，具有典型的亚热带海滨气候，是海内外游客周末、节假日旅游、休闲、度假的旅游胜地。边境旅游和滨海旅游二合一使该市一年四季都属于旅游旺季，景观游憩功能具有明显的优越性，并带动其他功能全面发展，目前东兴市已成为中国中越边境各地经济社会发展的引领城市。

在所有旅游主导型县域中，只有防城区出现短板功能（社会保障功能短板），属于极化发展型县域，防城区和东兴市山水相连，具有同样丰富的旅游资源，海滨旅游和边境旅游堪比东兴市，景观游憩功能凸显。防城区土地利用的社会保障功能主要体现在土地为人类提供粮食和农业劳动机会两个方面，防城区作为防城港市的中心城区，常住人口城镇化率达到70%左右，不论是在广西还是中国中越边境各县，防城区城镇化率均处于较高水平，大部分人口从事工业和服务业工作，乡村就业人口比重较低，粮食保障略显不足，需要外界粮食的供给。

金平县、河口县、麻栗坡县、富宁县、凭祥市5个县域在旅游产业的主导下，带动了其他产业全面发展，各项土地利用功能发展状态良好，没有出现短板功能。5个县域具有明显的共同点：不仅拥有国家级边境口岸，还有数量较多的边民互市点，自然旅游资源丰富，是边境旅游和自然生态景观有效结合的边境地区。其中金平县拥有金水河国家级一类口岸和十里村热水塘、马鞍底地西北、金水河隔界3个边民互市点，风景名胜有金平勐拉温泉、西隆山自然保护区等；自对外开放以来，河口县大力发展口岸贸易经济，与越南老街省建立了良好的经济合作关系，河口不仅是国家一类口岸，也是云南省对外开放的重要窗口，是我国西南地区通往东南亚最便捷的陆地通道之一，通过河口口岸出入境的人员常年位居云南省各口岸前列，外贸总值和进出口总值常居云南省各口岸第一，是云南重要的边贸城镇；境内有南溪河漂流、花鱼洞国家森林公园、戈浩避暑山庄等著名景区。麻栗坡县境内的天保口岸属于国家级一类口岸，同时拥有14个边民互市点，拥有老山风景名胜区、半边寺、小河洞新石器时代遗址等著名景区。富宁县境内的田蓬口岸1996年获批国家级二类口岸，旅游资源以自然风光和人文景观为主，拥有剥隘驮娘江旅游区、云南低海拔体育训练基地富宁基地旅游带、剥隘坡芽歌书文化生态村、归朝老街三寨稻作文化生态旅游村、红色旅游区、归朝架街片区旅游休闲景区等。凭祥市景观游憩功能十分突出，境内有友谊关口岸（公路）和凭祥口岸（铁路）2个国家级一类口岸、1个国家级二类口岸、5个边民互市点，是中国中越边境地区口岸数量最多、种类最全、规模最大的边境口岸城市，是中国通往越南及东南亚最大和最便捷的陆路通道，具有"中国南大门"的美称；凭祥市是中国中越边关著名的旅游胜地，名胜古迹众多，不仅有气势宏伟的友谊关，还有白玉洞、中法战争古战场遗址平岗岭地下长城、金鸡山古炮台、大连城、大清国万人坟等，世界第二大亚热带珍稀植物园也坐落于此。

（5）安全主导型县域土地利用多功能的特征分析

中国中越边境地区有8个县域土地利用的国家安全功能达到主导功能的划定标准，分别为绿春县、麻栗坡县、那坡县、靖西市、龙州县、宁明县、防城区和东兴市，超过中国中越边境一半以上县域，其中那坡县、龙州县和宁明县3个县域土地利用的国家安全功能达到各项功能之首，属于安全主导型县域。其余7个县域（包括江城县、金平县、河口县、马关县、富宁县、大新县和凭祥市）土地利用的国家安全功能均为适中功能，整个研究区没有出现国家安全功能短板的现象。从空间分布上看，广西段土地利用的国家安全功能总体上优于云南段，在土地利用国家安全功能达到主导地位的8个县域中，有6个县域位于广西段，云南段7个县域中只有2个县域土地利用的国家安全功能达到主导的地位。总体来看，虽然广西段土地利用的国家安全功能总体上暂时优于云南段，但从本书第四章土地利用国家安全功能的演变情况来看，广西段土地利用的国家安全功能前期比后期强，应引起广西各级政府部门的高度重视，尽快补齐短板，进一步巩固边境社会的安全，而云南段土地利用的国家安全功能则呈现不断提高的良好发展势头。总的来说，中国中越边境地区土地利用总体处于比较安全的状态，边境地方政府和公民为维护中国中越边境地区安全的经济社会发展环境做出了重大贡献。安全是区域各类经济社会活动得以顺利开展的基本前提，1979年中越战争结束后，中越边境地区至今没有大规模的边境动乱，在国家兴边富民、农业补贴、脱贫攻坚等各项政策的大力支持下，边境地方政府和群众积极投入各类生产建设之中，大力推进边境基础设施建设，鼓励边民发展农业，重点推进旅游业等优势产业发展，使如今的边境地区享受到与非边境地区同等安全的发展环境。

在以国家安全功能为主导的3个县域中，那坡县适宜的国防林比重（那坡县5个评价时点国防林比重处于平稳状态，平均值为57.10%，比较接近本书设置的阈值59.40%）和较少的撂荒耕地面积（那坡县5个评价时点的撂荒耕地面积比重平均值为0.26%，远低于中越边境5个评价时点撂荒耕地比重平均值的0.95%）为边境安全做出了重要贡献，该县土地利用存在社会保障功能短板。那坡县是桂西北石漠化山区，境内多为喀斯特地貌，地形复杂，地表常年异常缺水，如到雨季则易发泥石流、洪涝等自然灾害，较为恶劣的自然条件使全县土地利用效益较低，人均粮食保证率偏低，无法完成粮食自产自足的任务；大量贫困人口分布在偏远山区，城镇常住人口和城镇户籍人口在全县人口中所占比重较低，城镇化发展水平滞后，城乡收入差距较大。龙州县土地利用不存在短板功能，其中农业生产功能、社会保障功能和国家安全功能达到主导功能的划定标准，以国家安全功能最为突出，该县土地利用以国家安全功能为主导，主要得益于建设用地比重、国防林比重和撂荒耕地比重，人口密度在中越边境地区也属于较高的水平。值得注意的是，研究期间该县的路网密度只有0.37km/km^2，远低于中国中越边境地区0.720.37km/km^{2}的平均值，路网密度低是整个广西边境地区普遍存在的问题，广西应加大边境地区道路的建设力度。龙州县土地整治工程效果显著，土地流转治理已成为全国典范，农业生产功能突出，但要注意农业生产空间对生态空间的挤压问题，合理控制农业生产过程中化肥和农药的使用量。作为主打全国红色旅游的边陲城镇，龙州县需要以红色旅游为突破点，加强红色旅游景区的品牌化包装，大力弘扬爱国主义革命精神，重点打造爱国主义教育基地，完善酒店、公共交通等旅游配套设施，进一步扶持旅游产业发展。宁明县适宜的国防林比重和较少的撂荒耕地面积强化了该县土地利用的国家安全功能，因旅游资源开发较晚而导致景观游憩功能短板，但宁明县拥有发展旅游的自然资源条件，目前旅游产业已找到发展突破点，继续加大旅游发展的投资力度，不断完善各类景区配套设施，宁明县有发展为边陲旅游名县的基础和潜力。

表 6.1　各县域土地利用功能类型识别及主导功能定位

县域	农业生产功能		社会保障功能		生态服务功能		景观游憩功能		国家安全功能		主导功能类型
	ZP 值	定位	ZP 值	定位	ZP 值	定位	ZP 值	定位	ZP 值	定位	
江城县	0.763 7	短板功能	0.828 2	适中功能	0.934 7	主导功能	0.917 2	主导功能	0.840 7	适中功能	生态主导型
绿春县	0.943 3	主导功能	0.949 5	主导功能	0.942 1	主导功能	0.865 9	适中功能	0.920 6	主导功能	社会主导型
金平县	0.872 3	适中功能	0.933 7	主导功能	0.838 3	适中功能	0.976 2	主导功能	0.874 2	适中功能	旅游主导型
河口县	0.899 6	适中功能	0.836 0	适中功能	0.875 9	适中功能	0.954 6	主导功能	0.854 5	适中功能	旅游主导型
马关县	0.933 2	主导功能	0.855 0	适中功能	0.970 2	主导功能	0.854 0	适中功能	0.883 1	适中功能	生态主导型
麻栗坡县	0.887 5	适中功能	0.841 1	适中功能	0.886 3	适中功能	0.947 8	主导功能	0.912 4	主导功能	旅游主导型
富宁县	0.938 0	主导功能	0.837 6	适中功能	0.806 4	适中功能	0.950 7	主导功能	0.896 8	适中功能	旅游主导型
那坡县	0.935 4	主导功能	0.654 8	短板功能	0.930 9	主导功能	0.877 5	适中功能	1.002 5	主导功能	安全主导型
靖西市	0.920 5	主导功能	0.767 1	短板功能	0.988 9	主导功能	0.959 4	主导功能	0.955 5	主导功能	生态主导型
大新县	0.966 1	主导功能	0.923 8	主导功能	0.855 3	适中功能	0.927 5	主导功能	0.862 0	适中功能	农业主导型

表6.1(续)

县域	农业生产功能		社会保障功能		生态服务功能		景观游憩功能		国家安全功能		主导功能类型
	ZP 值	定位	ZP 值	定位	ZP 值	定位	ZP 值	定位	ZP 值	定位	
龙州县	0.961 5	主导功能	0.912 8	主导功能	0.885 0	适中功能	0.894 2	适中功能	1.013 8	主导功能	安全主导型
凭祥市	0.867 6	适中功能	0.969 4	主导功能	0.925 7	主导功能	0.994 4	主导功能	0.899 5	适中功能	旅游主导型
宁明县	0.969 7	主导功能	0.919 0	主导功能	0.873 7	适中功能	0.664 4	短板功能	0.980 0	主导功能	安全主导型
防城区	0.946 7	主导功能	0.790 4	短板功能	0.913 9	主导功能	0.965 5	主导功能	0.953 0	主导功能	旅游主导型
东兴市	0.924 5	主导功能	0.929 4	主导功能	0.950 0	主导功能	0.971 5	主导功能	0.959 9	主导功能	旅游主导型

表6.2　中国中越边境各县域土地利用主导功能类型

主导功能类型	分布情况	县域数量/个
农业主导型	大新县	1
社会主导型	绿春县	1
生态主导型	江城县、马关县、靖西市	3
旅游主导型	金平县、河口县、麻栗坡县、富宁县、凭祥市、防城区、东兴市	7
安全主导型	龙州县、那坡县、宁明县	3

6.3　中国中越边境地区土地利用多功能的优化调控

6.3.1　不同土地利用主导功能区的微观调控措施

第五章土地利用多功能耦合度和耦合协调度诊断的结果显示，各县域各功能之间耦合度和耦合协调度均处于耦合协调发展期，研究区暂不存在各功能之间相互排斥的现象。由此可知，中国中越边境各县域土地利用多功能之间目前处于相互促进阶段，在优化调控过程中暂不需要考虑各项功能相互抑制的情况，但是随着边境地区经济社会发展步伐的加快，今后我们仍需要注意农业生产空间和生活生产空间占用生态空间、生活生产空间占用农业生产空间等问题。本节将按照"优势功能优化提升、弱功能侧重改善"的原则[259]，并与主体功能区规划确定的县域空间发展类型以及相应的配套政策保障体系进行关联[190]，针对不同主导功能区基于微观层面从多角度提出各主导功能区差异性的调控措施，以巩固各县域土地利用主导功能的主体地位，并提出"短板补齐、适中提升"的调控对策，旨在为市县级人民政府制定地方具体发展计划和拟采取的发展措施提供思路借鉴。

（1）农业主导型县域土地利用多功能的调控措施

该类型主要针对大新县的土地利用多功能进行调控。因该县农业生产功能、社会保障功能和景观游憩功能都达到主导功能的标准（其中以农业生产功能最强），并且不存在短板功能（生态服务功能和国家安全功能属于适中功能），因此，应制定"全面发展，齐头并进"的发展战略目标，在持续增强三大主导功能主体地位的同时，更加注重适中功能的调控。具体调控措施如下：一是巩固农业主体地位，重点提高农业综合生产能力，限制大规模高强度工业化城镇化开发；借鉴龙州县"小块并大块"的土地整治模式，全面推进土地整治工程的实施，继续加强农业基础设施建设，引导农民加大力度推进规模化农业经营；加快转变农业发展方式，调整农业产业结构，发展现代农业，强化农业现代信息技术支撑；严格落实高标准基本农田划定方案和耕地保护方案，增强粮食安全保障能力，健全农业生态环境补偿和农业保险机制，确保粮食安全和农产品供给；高度重视土地石漠化的预防和治理工作，及时采取有效措施抑制土地退化问题；加强社会主义新农村建设，提高农业现代化水平和农民生活水平；严格监督和控制矿产开采活动，杜绝采矿大量占用耕地的行为，做好农业水源污染防护工作。二是按国家要求尽早落实生态红线划定，禁止新增建设和农业开发占用生态保护红线内的生态空间，生态保护红线内已有的农业用地，建立逐步退出机制，恢复生态用途，并鼓励各地因地制宜有序退出生态空间内的建设用地[53]，加大废弃矿山的复垦力度，严格落实"边开采，边治理"的采矿政策。三是以德天瀑布景区为引领，加大对那岸明珠、明仕田园、龙宫洞、黑水河漂流、沙屯多级瀑布、恩城动植物自然保护区等景点的投资建设力度，完善广西南国边关风情旅游线路链条。四是将路网建设列为该县"十四五国民经济与社会发展规划"的重点内容并尽快开工建设，织密道路网络既能带动沿线村庄经济社会发展，又能进一步巩固边疆安全。

（2）社会主导型县域土地利用多功能的调控措施

该类型主要针对绿春县的土地利用多功能进行调控。由于该县农业生产功能、社会保障功能、生态服务功能和国家安全功能都达到主导功能的标准（其中以社会保障功能最强），并且不存在短板功能（景观游憩功能属于适中功能），因此，应制定"全面发展，齐头并进"的发展战略目标，持续增强四大主导功能主体地位的同时，重点对景观游憩功能进行扶持。具体调控措施如下：一是做好农村地区就业创业工作，加大农业投资力度，转变农业发展方式，以提高粮食产量为农业发展的首要目标，不断提高农民人均收入，完善农村基础设施建设，持续做好农村社会保障工作，维护边境社会稳定。二是出台边境吸引人才、边境户籍制度改革、边境营商优惠等政策，适当提高县域人口总规模。三是着力提高边民互市点建设水平，在编制县级国土空间规划时，将建设用地指标适当向边境重点乡镇倾斜，逐步将边民互市点向边境口岸等更高水平级别的贸易区升级，通过边境贸易带动边境旅游发展。四是充分挖掘自然旅游资源，加强对辖区内宋壁石林溶洞群和李仙江热带雨林的投资力度，增加景区数量并提高旅游品牌竞争力；打造边境民族风情品牌，以长街宴、捉蚂蚱节等民族传统活动和节日为契机，打造民族文化旅游品牌，加大宣传力度，通过构造独特的民族风情吸引八方来客以促进边境旅游的发展。

（3）生态主导型县域土地利用多功能的调控措施

生态主导型县域必须始终坚持"生态优先，绿色发展"的战略目标，以保护和修复生态环境、提供生态产品为首要任务，因地制宜地发展不动摇区域生态主导功能地位的绿色产业，切实保护好耕地、水域、林地等绿色空间。生态保护具有很强的外部性经济[53, 55]，地方为了保护生态环境而失去了很多发展经济的机会，采取限制工业发展等措施，导致重点生态保护地区经济社会发展缓慢，容易成为贫困集中区，如不给予生态保护者必要的经济补偿，就会挫伤其保护生态环境的积极性。因此，对于生态主导型县域（江城县、马关县和靖西市），中央及各级人民政府应完善生态保护补偿机制，强化激励性补偿，探索实施自然生态用途管制，制定自然生态用途管制实施细则，完善以政府购买服务为主的公益林管护机制，逐步建立市、县级生态效益补偿制度，提高生态效益补偿标准。加大对重点生态功能区、禁止开发区域和农产品主产区的转移支付力度，让有劳动能力的贫困人口就地转型成为护林员等生态保护人员，让更多当地群众受益。生态主导型县域应按照"生态产业化、产业生态化、生活低碳化"的要求，加快培育具有环境优势的产业，构建科技含量高、资源消耗低、环境污染少的生态产业体系，使经济增长与环境退化脱钩，探索人与自然和谐发展的生态经济发展模式。

江城县针对耕地面积少、土地垦殖率低、农业生产功能滞后的问题，可借鉴越南的做法，越南政府不提倡增加耕地面积，而是鼓励提高粮食单产[148, 260]。江城县丰富的水资源和亚热带湿润气候为提高粮食单产奠定了良好的自然基础，但在提高粮食单产过程中，应避免大量使用化肥和农药，坚持走

"发展生态农业"之路，大力发展无公害、绿色、有机生态农业，着力发展经济效益好的木本粮油和林下农业经济等。

马关县应坚持发展生态农业，在巩固生态服务功能主体地位的同时，优化配置水、土、光、热、种质等资源，合理调整农业生产布局、农作物种植结构，促进高效生态农业发展，提高农田水利现代化建设水平，避免农业生产空间对生态空间的挤压。探索实现居民收入增长与经济发展同步、劳动报酬增长和劳动生产率提高同步的长效机制，缩小城乡居民收入差距，形成合理有序的收入分配格局。持续提高中低收入群体收入，提高中等收入群体比重，不断缩小城乡、区域、行业和居民之间的收入差距。健全劳动、资本、知识、技术、管理等要素由市场决定报酬机制，充分发挥市场机制在要素配置和初次分配中的决定性作用。云南省和文山州在编制国土空间规划时，应适当追加马关县的新增建设用地指标，做好重点城镇和边境乡镇发展的建设用地保障，合理安排边境地区城镇工矿用地，增强边境地区重点镇的聚集、辐射能力以及竞争力，支持口岸、边民互市贸易点及口岸城镇、沿边城镇的发展[261]；大力调整山地林业结构，注重高密度林地的培育，切勿因眼前利益而大量砍伐森林；从各方面着力发展边境生态旅游和巩固边境安全。

靖西市不仅生态服务功能凸显，而且是农业大县和旅游大县，近年来其工业产业蓬勃发展，在此各行各业似乎都能找到发展的优势，如果各方面发展不协调，容易出现各项功能相互挤压的现象，因此，靖西市在发展过程中必须严格遵循"规划引导、补齐短板、完善载体、严格考评"的制度，制定合理的国土空间规划方案，划定严格的"生态保护红线、永久基本农田保护红线和城镇开发边界"三条控制线，尤其要严格监督和防范工矿用地占用农业生产空间和生态保护空间的行为，应在生态保护的前提下，不断提高农业生产水平和边境景观功能。作为边境地区的人口大县，解决剩余劳动力就业和缩短城乡收入差距是靖西市确保边境社会稳定的重要举措。针对农村劳动力过剩的问题，地方政府应有计划地培育新型职业农民，建立健全新型职业化农民教育、培训体系，提高农民职业技能，鼓励农民自主创业。建立覆盖城乡全体劳动者的培训制度，加强对新成长劳动力和失业人员的就业创业培训。完善城乡一体化就业援助制度，帮扶就业困难人员实现稳定就业。培育农业大户，建立家庭农场管理和服务制度，促进家庭农场的健康快速发展。充分利用旅游优势，加强乡村旅游创业扶持和从业人员培训，完善创业优惠政策，优化创业环境，建设创业公共服务平台，形成政府激励创业、社会支持创业、劳动者勇于创业的新机制，支持一批农民构建集"吃、住、游"于一体的农家乐或休闲农庄，通过发展旅游业带动一部分农民实现就地就业。着力提高城乡居民收入，提高劳动者收入在初次分配中的比重，促进劳动工资合理增长，健全收入分配调控机制。加大强农惠农富农力度，增加农民家庭经营收入，健全农业补贴制度，合理分享土地增值收益，加大扶贫开发投入，努力让经济社会发展成果惠及广大人民群众。

（4）旅游主导型县域土地利用多功能的调控措施

根据上文评价结果，景观游憩达到主导功能标准的县域占到中国中越边境地区的66.67%，其中被确定为景观游憩功能主导的县域有金平县、河口县、麻栗坡县、富宁县、凭祥市、防城区、东兴市7个县（市、区）。旅游已逐渐发展成为中国中越边境地区重要的支柱产业，个别旅游产业发展力度略显不足的县域也在努力寻找突破点，将旅游作为地方重要产业进行发展，整体上，中国中越边境地区的景观游憩功能在不断提升。因此，中国中越边境地区各级政府部门在编制"国民经济和社会发展第十四个五年规划"时，应把推动旅游产业发展作为重点任务，加大对旅游产业人力、物力和财力的支持力度；在各级国土空间规划用地指标分配上应向旅游设施用地倾斜，鼓励农民利用集体经营性建设用地自主开发旅游项目，保障区域优势发展。在口岸地区重点打造边境旅游，非口岸地区重点推进乡村休闲旅游与农业、扶贫等综合模式的开发，全面挖掘和打造具有优越自然旅游资源的地区，从全域视角丰富和优化中国中越边境的旅游业产品供给，拓展旅游业发展空间。广西壮族自治区和云南省政府可跨省界联手打造中国中越边境旅游品牌，对旅游开发坚持"规划引导"的原则，高起点、高标准地制定旅游发展规划，统筹考虑产品定位、规划布局、路线打造、要素配置等问题，加强资源整合、机制创新、品牌培育和市场扩展，着力抓好旅游精品开发，打造国际知名边境旅游度假区。

东兴市加大力度全面提升国际旅游品牌，继续维持土地利用各项功能平衡协调发展，进一步加快城镇化发展步伐，力争发展成为中国中越边境乃至全国和全世界重要的现代化边陲旅游名城。防城区作为防城港市的主城区，可充分利用政治和区位优势，联合东兴市和凭祥市重点推进"边境+海滨"旅游品牌，打造一批具有边境特色的旅游精品线路。在打造全域旅游品牌的同时，防城区应重点解决农业就业人口逐渐减少的问题，积极推进"小块并大块"土地整治工程，提高农业领域招商引资力度，积极引进农资企业，引导农民加快土地流转步伐，以提高粮食单产为农业发展首要目标，着力推进农业产业化规模经营，力求在投入较少劳动力的基础上全面盘活农村土地资源，提高粮食的自产自足能力。金平县、河口县、麻栗坡县、富宁县、凭祥市5个县域要充分发挥地形地貌、民族风情、边境文化和边境区位的优势，重点开发以边境生态旅游为主的健康旅游产品和以边关风情、抗战文化、侨乡文化、边境文化为特色的跨境旅游产品；在巩固景观游憩功能主导地位的同时，注重扶持适中功能的发展，逐步提高土地利用的综合效益，学习东兴市的先进发展理念和成功做法，力求各项功能全面发展，使土地利用结果呈现"一片欣欣向荣的景象"。

（5）安全主导型县域土地利用多功能的调控措施

研究期内研究区各县域土地利用的国家安全功能总体处于较高水平，因此，中国中越边境各级地方政府要不断巩固此发展成果。从实地调研和获取的统计数据来看，多数县域国防林的建设和维护效果比较好，各地要持续做好国防林维护工作，设立专门的护林员，杜绝因利益诱惑而乱砍滥伐的行为，不断完善生态补偿机制并有效落实当地群众的生态补偿资金，定期公开生态补偿资金发放情况，做到专款专用，鼓励边民积极参与国防林的保护工作；建设用地比重总体偏低，不利于边境人口的聚集和边境产业的发展，除增加建设用地指标外，边境地方政府应积极前往我国发达地区甚至国外招商引资，用足用好边境建设用地指标；各县撂荒的耕地面积变化情况没有明显的规律，可能与当年自然因素和进城务工农民数量等综合因素有关，据调查得知，农民进城务工具有集群效应，同一个行政村或自然村的青壮年可能会在同一年份集体涌入同一地点或企业打工，导致该村该年大量耕地撂荒，为了避免劳动力转移导致大量耕地撂荒的问题，地方政府可积极引进农资企业或培育农业大户，逐步引导农民进行土地流转。土地流转既能将广大农民从土地上释放出来，安心投入第二、第三产业工作，又能盘活土地资源。研究期内，虽然广西段各县域土地利用的国家安全功能总体高于云南段各县，但收集到的数据显示，广西段路网密度明显低于云南段，表明广西边境道路建设力度不足，土地利用的国家安全功能仍有较大的提高空间，道路基础设施不完善既不利于边境经济社会的发展，也降低了边境安全的保障程度，因此，广西应加大边境路网建设，改变部分偏远村庄只有一条道路通往外界的现状，将边境道路建设列为"国民经济和社会发展第十四个五年规划"的重要任务，并以专栏的形式重点体现。

在确保边境总体安全格局不受影响的前提下，龙州县以抗战红色旅游为契机，加大红色旅游品牌路线构造，推进景观游憩功能与其他功能的齐头并进；作为全国"小块并大块"土地整治的发源地，目前龙州县"小块并大块"土地整治行动已取得良好效果，推动了龙州县土地流转和农业产业化规模经营，在引进农资企业时，该县应设定农业投资门槛，重点引进生态型农业生产企业，避免因农业规模经营而大量使用农药和化肥，进一步提高农业生产功能和生态服务功能的耦合协调性，打造现代特色生态农业品牌。宁明县虽已找到解决短板功能（景观游憩功能）的突破点，开发了石山壁画等著名景区，但因其旅游产业处于起步阶段，相关部门需要加大人力、物力和财力等方面的投入力度以夯实旅游产业的根基。那坡县要做好易地搬迁，解决农民就业、子女教育、医疗保障等问题；针对该县常年严重缺水的问题，县级人民政府应联合相关高等院校及农业科学院等科研部门做好农业结构调整调查和验证工作，加大石漠化治理力度，引导农民逐步调整农业发展结构，引进耐旱及高产作物，用经济作物代替粮食作物、用养殖代替种植等，切实解决农业发展瓶颈；通过户籍制度改革、提供就业岗位、发放返乡青年创业启动基金等方式逐步缩小城乡收入差距。

6.3.2 土地利用多功能优化的宏观政策体系构建

土地利用多功能演变不仅是土地利用本身的问题，更是区域经济社会综合发展效益在土地上的体现，因此，本节将跳出土地利用范畴来看待区域土地利用问题，从各方面构建边境土地利用多功能优化政策支持体系。不同土地利用主导功能类型下的具体调控措施适宜特定的边境地区，可为县级及以下政府部门提供土地利用多功能优化的差异化的建议，中国中越边境线涉及 15 个县域，各县域土地利用多功能存在较大差异，本节基于中国中越边境各县域土地利用多功能的综合特征，以"扬优势、保基本、补短板"为优化的基本原则，针对边境地区土地利用多功能存在的普遍问题（根据土地利用多功能评价结果及障碍因子诊断结果判断）和需要重点解决的问题从宏观层面构建边境发展的政策支持体系，其中重点探索差异化的边境土地政策，以提高边境土地资源的空间配置效率，增强区域发展活力，促进区域协调发展[22]，《中华人民共和国国民经济和社会发展第十二个五年规划纲要》也明确提出：各地按主体功能区要求，实行差异化的土地管理政策，健全分类管理的区域政策，优化区域经济格局。

2012—2020 年，国家先后批复了云南瑞丽、广西东兴、内蒙古满洲里、内蒙古二连浩特、云南勐腊（磨憨）、广西凭祥、黑龙江绥芬河—东宁、广西百色为国家重点开发开放试验区，并授权省（自治区、直辖市）级人民政府出台《加快推进国家重点开发开放试验区建设的若干政策意见》，各相关省（自治区、直辖市）级人民政府从深化试验区行政审批制度改革、产业政策、开放合作政策、支持边境一线建设、财税支持政策、投融资及金融开放政策、加强用地保障、绿色发展政策、乡村振兴、人才保障政策等方面出台了支持国家重点开发开放试验区发展的若干差异化政策体系，在调研中发现，已获得差异化政策支持的地区切实突破了以往许多经济社会发展的束缚，加快了试验区经济社会发展的进程；其他边境地区由于没有被列为国家重点开发开放试验区而无法享受到差异化的政策福利，容易造成边境发展不平衡以及引起边民的矛盾，因此，本书建议，国家应以建设国家级重点开发开放试验区为契机，加强边境差异化政策支持体系建设的研究，逐步将差异化边境政策支持体系由重点开发开放试验区辐射到其他边境地区，推动全国边境地区经济社会的快速健康发展，在祖国大地上全面实现兴边富民的繁荣景象。

基于上文的理论和实证研究，以及调研中发现的问题，本书从土地利用与管理、户籍制度改革、生态补偿等多角度构建差异化的促进边境地区土地利用多功能优化的政策支持体系，为广西和云南省级人民政府以及其他边境省区乃至国家层面制定边境土地政策、边境经济社会发展规划等提供参考依据。

（1）探索差异化的边境土地政策

①探索差异化的边境土地供应政策。

目前，我国企业可通过"招标、拍卖、挂牌"的方式获得土地使用权，企业一次性支付土地出让费将土地有限的使用年限一次性买断，如企业获得土地使用权后不能及时进行开发利用，将面临土地使用权被收回的风险，有的企业在运营过程中由于经济环境变化或管理不善被市场淘汰，后期可能造成土地闲置。在土地供应方面，越南企业可通过国家分配或租赁的方式获得土地使用权[163, 260, 262-264]，新加坡以租赁为主要方式进行供地[265, 266]，越南和新加坡的供地方式更加灵活，有利于吸引投资者。我国可借鉴越南和新加坡的做法，在"招、拍、挂"的基础上探索国有土地租赁、弹性用地年限、先租后让、租让结合、土地出让金分年支付等多种供地方式，减轻企业负担，吸引企业到边境一线投资建设。逐步取消企业用地"占一补一"的政策，对落户边境地区的企业根据其距离边境线的距离远近按比例减免土地出让金，对于特别适合落户边境的行业，全部免除土地出让金。

近来年，中国中越边境地区旅游产业发展迅速，旅游产业逐渐发展成为区域优势特色产业和重要支柱产业，而现行体制均把旅游用地归属于建设用地范畴，可用于旅游建设的指标有限并且用地审批手续烦琐。建议旅游项目中的自然景观用地和非永久附属设施用地，在不占用永久基本农田，不破坏生态环境，不影响地质安全和农业生产的前提下，可按原地类进行认定，按现有用途进行管理；同时，鼓励农村集体经济组织以作价入股、合作经营、租赁等方式将集体农用地和未利用地用于旅游开发，支持边境地区农村集体经济组织和村民利用集体建设用地，按照原规划用途和空间管制自主开发集体经营性旅游项目[148]。此种供地方式不仅解决了旅游项目开发征地和审批程序烦琐的问题，也促进了土地集约节约利用，提高了土地利用效率，又让农民享受了旅游红利，还切实提高了农民自主创业的积极性，带动了区域食宿、商贸等现代服务业的发展，拓宽了当地农民的就业渠道。

目前，我国边境地区实行全国统一的土地税费制度，在同等条件下，企业更倾向于到经济发展基础好、交通物流等条件便利的沿海发达地区投资，地处偏远山区的边境地区在招商引资方面不占优势。因此，广西和云南省级（自治区）人民政府应制定边境地区土地有偿使用费和土地出让金减免或降低政策，为边境发展提供更多的土地税费优化政策，以引导产业发展。

②探索差异化的边境土地利用计划政策。

对边境地区涉及国土安全的"三道防线（边防检查站、边防铁栅栏和边防监控录像）"工程、交通等基础设施项目和边境旅游项目，实行单列土地利用计划指标，实现应保尽保。同时广西和云南省级（自治区级）人民政府应给予边境地区适当政策倾斜，将中国中越边境地区作为旅游产业用地的改革试点，让该地区旅游发展享受试点政策（借鉴广西桂林市的做法）。自然资源部及省级（自治区级）人民政府应尽量采纳边境地区提出的合理建议，建设用地指标适当向旅游项目、边贸口岸建设、边贸物流、交通、能源等基础设施用地倾斜，鼓励部分项目申请专项建设用地指标，广西尤其需要注重边境地区道路建设指标的倾斜和空间布局，年度土地利用计划应优先边境公路等公共基础设施建设的用地指标，支持对沿边公路升级改造工程，加快边防公路的改造和边境巡逻道路建设，重点支持边境地区 0~20km 范围内村镇道路建设，改善边境沿线地区农村居民点交通条件，逐步推进边境道路硬化工程，加强通往中越陆地边界戒备公路建设与维护。探索建立旅游生态产业用地管理新机制，促进边境地区旅游业大发展。逐步建立促进边境地区发展特殊用地管理制度，因地制宜制定旅游景区建设用地有偿使用机制；将边境地区的道路基础设施建设纳入国家扶贫开发规划范围，统筹规划道路基础设施建设的各类大中小项目，争取在"十四五"期间全面解决边境地区道路基础设施落后的问题，使边境地区逐步形成"四通八达、便捷畅通"的道路网络；边境地区脱贫攻坚、基础设施建设、稳边固边等项目，距离边境线 0~20km 范围内的居住、教育、卫生等重要民生项目和产业用地项目，确实难以避让永久基本农田的，可纳入重大建设项目范围，在本行政区范围内补充同等数量和质量基本农田的前提下允许占用已划定的基本农田。对距边境 0~3km 范围的土地实施差异化的特殊用地支持政策，建设用地指标向边境一线倾斜，放宽边境沿线居民建房用地选址权利，以鼓励群众向边境沿线聚集。合理安排边境地区城镇工矿用地，增强边境地区重点城镇的聚集效应、辐射带动能力和市场竞争力。下达给边境地区的新增建设用地指标，如当年用不完的，允许在3年内转结使用。省（自治区、直辖市）级层面统筹推进的重大项目由省（自治区、直辖市）级主管部门核销项目新增建设用地指标，获得省（自治区、直辖市）级主管部门同意的市级层面统筹推进的重大项目，也由省（自治区、直辖市）级主管部门核销项目新增建设用地指标。

③探索差异化的边境建设用地审批流程

2020年3月国务院颁布了《国务院关于授权和委托用地审批权的决定》（国发〔2020〕4号），文件明确规定"授权和委托用地审批权从自然资源部下放到省一级政府"，体现了我国建设用地管理权限的下放已迈出了重要一步，赋予省级人民政府更大的用地自主权，也就是说，过去严格执行的建设用地国家计划管理制度，现在可以通过试点将刚性审批制度改为相对柔性的指导性管理制度。边境地区经济社会发展水平与内陆其他地区存在较大差距，中国中越边境地区尤为突出，因此，边境地区应努力成为建设用地审批权下放的改革试点，获取更大的建设用地审批自主权。广西和云南省级（自治区级）人民政府应在国家政策的指导下，在可控制的权限内，对使用面积不超过控制标准、涉及国土安全、稳边固边、脱贫攻坚、兴边富民的项目，审批权限由省级（自治区级）人民政府下放到设区的市级人民政府；国家批准的边境旅游和交通基础设施项目，可申请办理先行用地手续；对重大旅游项目和边境口岸建设项目开通"绿色审批通道"，提高用地审批效率，加快边境建设步伐。

（2）以土地利用主导功能为导向，优化国土空间开发格局

根据不同主体功能区的发展定位，严格按照其主体功能地位和发展方向，结合各区域资源环境承载力，确定各功能区城镇和产业发展、人口聚集、生态环境建设和耕地保护的方向及重点，科学划定生产、生活和生态"三生"空间，尽快完成"三区三线"划定工作，形成各功能区差异化特色化的空间分布格局，生产空间要增强农业综合生产能力，提高农业现代化水平，做好耕地和基本农田保护工作；生活空间要适当压缩独立工矿空间，适度扩大城镇空间和边境口岸空间，增加边境基础设施建设空间；生态空间增强生态产品供给能力，发展适宜的生态产业，建立产业准入负面清单制度，强化对重点生态功能区的保护，制定严格的生态用地管控措施。引导和约束各类土地开发行为，探索主体功能区建设和优化国土空间开发的新模式、新途径。落实各主导功能区

的空间用途管制规则，推动各县（市、区）依据主体功能定位加快形成"生产空间集约高效、生活空间宜居适度、生态空间山清水秀"的空间发展格局，加快制定实施各主体功能区差异化的土地、财政、投资、产业、人口管理等配套政策及绩效考核评价体系；以县级行政区为单元，建立由空间规划、用途管制、差异化绩效考核等构成的空间管控体系，建立健全主体功能区规划实施机制，加强对规划实施情况的监督检查，确保主体功能区规划落到实处。积极推进以主体功能区规划为基础的"多规融合"，推动县级规划"多规合一"，实现一县一本规划、一县一张蓝图。

将功能定位进一步细化到乡镇和村庄级别，做好城区和乡镇以及村庄国土空间规划的协同衔接，根据各县域财政实际情况，稳步推进镇域国土空间规划编制工作，对有条件的、有需求的行政村按"多规合一"的要求，优先编制村庄规划，逐步实现行政村"村庄规划"的应编尽编。发展中心村、保护特色村、整治空心村，在尊重边民意愿的基础上，科学引导边境地区农村住宅和居民点建设，目前，中国中越边境多数地区"村庄规划"尚未编制完成，村庄用地布局凌乱，制定实施加快改善边民住房条件，推进城乡融合发展的实施方案，引导有条件的地区开展村庄规划，并做好配套基础设施建设。中国中越边境各级人民政府可借鉴越南边境人口聚集的做法[261]，在距离边境线0～20km范围内的村庄，政府可加大边民建房的补贴力度，将补贴范围扩大到全体村民，政府免费为村庄建设通信、水、电、路、球场、农家书屋、凉亭、边民互市点等基础设施。做好保护边境战争文化名村、传统村落和少数民族特色村寨的工作，打造边境特色景观旅游名村，让边境群众过上与时代同步的现代生活，推进边境幸福社区建设，通过改善边民居住条件和村庄环境、为边民增加收入来源等方式提高边民守土戍边的决心和信心。

（3）引导农业经营模式改革，健全边境土地流转机制

根据上文数据分析可知，中国中越边境地区土地撂荒具有随意性，而边境地区土地撂荒不仅是土地利用效率和效益低下的问题，而且会为边境安全埋下隐患。有关部门必须采取行之有效的措施遏制边境地区土地撂荒现象，如何全面盘活边境土地成为国家和地方政府亟待解决的重要问题。当前中国中越边境地区土地流转主要是亲朋邻里之间自发的互换、托管或出租，流转规模小、形式单一，并且多以口头协议为主，容易产生土地纠纷；多数农民害怕因此失去土地而宁愿将耕地撂荒也不愿意流转出去，而已经进行土地流转的农民中，因顾虑土地转让之后的生计问题，多数农民不愿意将土地进行长期流转[267]。边境地区各级政府部门必须采取有效措施引导边民进行土地流转，避免耕地大量

摆荒，可从以下五个方面破解以上问题：一是构建规范的土地流转信息平台，完善土地流转机制，如湖北大冶建立的三农金融服务中心、广西玉林建立的土地交易中心为我国其他地区土地流转制度改革提供了参考模式[268]，中国中越边境各级政府应主动带领各相关部门业务人员外出学习先进管理理念和发展模式，设立集信息收集、发布、咨询、委托代理租赁、合同拟定、边界确认等功能于一体的农地流转中介组织，为农民提供便利并具有保障的土地流转机制。二是推进农地"三权分置"的改革力度，引导农民放活土地经营权，实现农民集体、承包农户、新型农业经营主体对土地权利的共享[267, 269]。三是引导农业经营模式改革，支持家庭农场、农业合作社、农资企业等新型农业经营主体蓬勃兴起，引导农民通过出租、作价入股、合作经营、生产托管等多种形式进行土地流转[270]。处理好培育新型农业经营主体与扶持小农户的关系：一方面发挥新型农业经营主体在现代农业建设和农业产业化中的引领作用；另一方面，大力扶持小农户发展，引导小农户与现代农业有机衔接，让小农户共享农业现代化改革发展的成果。四是对于投资农业规模化经营、乡村旅游、生态农业的市场主体和个人，政府应给予政策支持，并落实为直接资金奖励、种子农药化肥补助等实物鼓励[271]。五是加大边境地区农村土地整治力度，完善农业基础设施。农民不愿意耕种，也没有企业愿意在土地上投资，很大程度上是农业基础设施不完善、农业生产成本高。广西及云南各级人民政府应继续推进兴边富民的土地整治工作，继续实施土地平整工程，大力推进农村道路、农业引水灌溉、排洪等工程建设，克服山区土地利用的先天不足，改善农业经营条件，降低农产品生产和运输成本[268]，以提高直接农业收入，带动各类社会组织参与农业投资，从根本上解决边境耕地摆荒和农民种地积极性不高的问题。

（4）探索有利于边境人口聚集的户籍制度改革模式

根据统计数据及计算结果可知，2018年中国中越边境地区平均人口密度仅为117人/hm²，而2018年全国平均人口密度为148人/hm²，中国中越边境地区平均人口密度偏小，尤其是研究区西部地区的江城县、绿春县、金平县、河口县和中部地区的富宁县、那坡县，常年平均人口密度小于100人/hm²，有的县域甚至低至26人/hm²，过小的人口密度不仅不利于经济社会的发展，还隐藏着边境社会安全和国土安全的危机。笔者在调研中发现，目前主要有三种途径可落户到中国中越边境：一是婚迁落户，二是购房落户，三是公务员事业单位的集体户口。目前将户口迁往边境地区以第一种途径为主，由于中国中越边境地区房地产行业发展落后，购房落户的情况比较少见，第三种途径多以本地农业人口市民化户籍转移为主；边境地区外来人口主要是从事边境小额贸易的商人，而这部分人员几乎不符合以上三种落户政策，如不解决落户问题，不利于边境人口的聚集和边境社会的长治久安。目前，广西和云南均尚未出台鼓励人口往边境线附近迁移落户的有关政策，因此，应积极推进有利于边境人口聚集的户籍制度改革，根据《国务院关于进一步推进户籍制度改革的意见》（国发〔2014〕25号），边境地区应全面放开落户限制，降低外来人口落户门槛，推动居住证持有人享有与当地户籍人口同等的公共服务。深化户籍制度改革，创新和完善人口服务和管理制度，对部分准予迁入户口进一步放宽准入条件，增加准予迁入户口范围。推进居住证制度覆盖全部未落户的边境常住人口，为流动人口提供权益保障和公共服务，以居住证为载体，建立健全与居住年限等条件挂钩的基本公共服务提供机制，使居住证持有人享有与当地户籍人口同等的劳动就业、基本公共教育、基本医疗卫生服务、计划生育服务、公共文化服务、证照办理服务等权利；以连续居住年限和参加社会保险年限等为条件，逐步享有与当地户籍人口同等的就业扶持、住房保障、养老服务、社会福利、社会救助等权利。到边境地区购房的外地户籍人口，当地政府给予房屋购置补贴、就业创业优惠、社保优惠等优惠政策[268]。目前中国中越边境地区多数县域的人口密度低于全国的平均水平，只有放宽落户条件、出台人口落户的政策，确保边境地区人口保持在合理规模，才能更好地维护我国边境国土的安全。

（5）建立健全生态保护与生态补偿的长效机制

中国中越边境15个县域土地利用的生态服务功能均未出现短板现象，其中江城县、绿春县、马关县、那坡县、靖西市、凭祥市、防城区和东兴市8个县域土地利用的生态服务功能达到主导功能的划定标准。总的来说，中国中越边境地区土地利用的生态服务功能比较突出，目前生态环境质量总体水平较高，是我国西南地区重要的生态屏障。但中国中越边境地区目前仍集"老、少、边、山、穷"①于一体，生态环境保护和经济发展的矛盾越来越突出，在经济发展过程中建立生态保护和生态补偿的长效机制是促进区域可持续发展、维护国家生态安全的重要举措[272]。为解决因自然灾害而改变边境线的问题，我国有必要在边境沿线构建生态防护工程，如河堤改造工程、土壤侵蚀防护工程等，这些工程的建设不仅是解决脆弱地区的生态环境问题，对维护国土完整和安全也起到重要作用。加快推进中越界河治理，将中越边境线河流中方岸基建设和河道整治工程列入省（自治区、直辖市）级以上重大建设项目，严格

---

① "老、少、边、山、穷"是指老革命根据地、少数民族地区、边远地区、山区、穷困地区。

按照国境线河流中线的划定位置，继续对北仑河、平而河、归春河等国境线河流的中方岸基部分实施堤岸防护加固和建设，减少水流对中方岸基的侵蚀，有效防治洪涝、塌陷等自然灾害，防止水土流失，确保国土完整和安全。加大边境地区退耕还林、荒山造林和石漠化治理的投入力度，鼓励边境地区发展经济林果和林木经济，由国家无偿提供种苗，并实施谁种谁所有和每成活一棵奖励20元的激励政策。

不同区域经济社会发展的目标和方式有所不同，有的以经济发展和社会保障为主要追求目标，而有的以生态保护作为未来发展的重点，体现了经济发展权利和责任的相互转移[273]。以经济发展和社会保障为主要追求目标的地区容易导致生态服务功能的下降，为了实现国土"三生空间"的共同发展，政府部门需要从宏观层面进行协调，建立健全生态保护补偿、资源开发补偿等区际利益平衡机制，加大森林资源保护、退耕还林还草、水土保持等生态保护工程建设力度[272]，通过财政转移支付、生态效益补偿等措施构建不同区际之间的生态补偿长效机制[274, 275]，实行生态产品和服务的购买制度，引导全社会树立节约资源和保护生态环境的观念，逐渐缩小不同区域之间居民生活水平的差距。建立国家和地方的生态补偿分级体制和生态补偿基金，国家的生态补偿主要针对国家级重点生态保护区，鼓励地方政府建立生态保护基金，为地方政府实施生态补偿提供经济保障。明确生态补偿对象和补偿方式，目前我国除退耕还林还草的生态补偿能直接发放到农民（牧民）手中外，其他生态补偿资金直接受益者均为各级政府和护林员，当林地被划入生态保护区范围时，为生态保护做出直接贡献的林权所有者没有得到相应的资金补偿，因此，国家及省级（自治区级）人民政府应进一步明确生态补偿受益者，推动市场化多元化的生态补偿模式，建立健全用水权、排污权、碳排放权等交易制度，形成有利于保护耕地、森林、草地、水域等自然资源和生态农业发展的奖励机制，构建森林、草地、湿地等生态保护工程参与碳汇交易的有效途径，探索实物补偿、服务补偿、设施补偿、对口支援、干部支持、共建园区、飞地经济等方式，支持生态保护区走低碳绿色的经济发展路径[276]。开展边境贫困地区生态综合补偿试点，创新资金使用方式，利用生态保护补偿资金和生态保护工程资金鼓励当地有劳动能力的部分贫困人口转为生态保护人员。

6.4　本章小结

本章基于纵横对比法识别中国中越边境各县域土地利用的主导功能、适中功能和短板功能，划分土地利用主导功能类型，并在此基础上从微观层面提出各主导功能区和各县域具体发展方向以及土地利用多功能优化的具体调控措施，针对中国中越边境地区土地多功能利用普遍存在的问题以及经济社会发展亟须突破的重点问题，从宏观层面提出综合性的政策优化建议。本章具体结论如下：

（1）本书确定大新县为农业主导型县域，绿春县为社会主导型县域，江城县、马关县、靖西市为生态主导型县域，金平县、河口县、麻栗坡县、富宁县、凭祥市、防城区、东兴市 7 个县域为旅游主导型县域，龙州县、那坡县、宁明县为安全主导型县域。从各主导功能类型所包含的县域数量可以看出，景观游憩功能已成为中国中越边境地区多数县域土地利用的引领功能，旅游业已成为中国中越边境地区新兴的产业，并逐步发展成为该地区重要的支柱产业。

（2）本书按照"优势功能优化提升、弱势功能侧重改善"的原则，针对不同主导功能类型，基于微观视角从多角度提出各主导功能类型和各县域今后发展的主要方向及土地利用多功能优化的具体调控措施；针对中国中越边境地区土地利用存在的普遍问题及经济社会发展亟须解决的突出问题，本书跳出土地范畴来看待边境地区土地利用和管理的问题，基于宏观视角从差异化的边境土地政策、优化边境国土空间开发格局、建立健全边境土地流转制度、推进边境户籍制度改革、构建边境生态保护与生态补偿机制等方面构建优化边境土地利用多功能的政策支持体系。

7 结论与展望

7.1 研究主要结论

土地利用多功能是人类利用土地的结果，是经济、社会、环境等多个领域发展综合效益在土地上的体现，目前土地利用多功能问题已成为国际可持续发展的重要研究议题，该议题引起了国内外各级政府部门和学术界的高度关注。土地利用多功能源于农业多功能，研究时间较短，关于土地利用多功能研究内容的分类体系尚未形成统一标准，多数学者只研究土地利用的经济功能、社会功能和生态功能三大传统功能，而忽略土地利用多功能的地域差异特征和人类对土地利用的动态发展需求特征，对土地利用多功能之间的相互关系的探讨也较少，基于功能分区或类型划分进行优化调控的成果相对匮乏，对边境地区土地利用多功能的研究力度更是严重不足。本书以优化边境土地利用多功能、提高边境土地利用效益为目标，在土地利用多功能基础理论的指导下，构建边境地区土地利用多功能研究的内容框架和指标体系，基于改进的 TOPSIS、指标偏离度和障碍度模型、耦合协调度模型、纵横对比、GIS 技术等方法，对中国中越边境地区土地利用多功能进行评价，并诊断影响土地利用功能效益的主要障碍因子，进而分析各功能之间的相互耦合协调关系，最后确定各评价单元土地利用的主导功能，划分主导功能类型区，并针对各主导功能区从具体优化措施的微观层面和制定差异化的边境土地政策、边境人口聚集户籍制度改革、确保边境生态安全等宏观层面提出优化调控的政策建议。本书丰富了我国边境土地利用的理论研究成果，实践上为我国制定边境土地利用管理的差异化政策支持体系提供借鉴，在一定程度上也为新一轮国土空间规划的编制指明了边境土地利用的方向。具体研究结论如下：

（1）影响中国中越边境地区土地利用功能效益的主要问题

边境地区经济社会发展的特殊机遇和路径使土地利用功能逐渐区别于其他地区，并呈多样化状态，而目前我国边境地区各项事务执行的是全国或省（自治区、直辖市）一级的各项政策和标准（国家批复设立的 8 个重点开发开放试验区除外），缺乏支持边境发展的差异化政策体系，现行政策与边境发展的特殊性不完全匹配。边境公民国土安全意识和保护措施不足，因生存条件差、经济落后等原因，大量青壮年外出就业，耕地撂荒现象严重，也存在部分废弃农村居民点和工业用地。长期以来，我国自上而下的建设规划指标分解方法，使大部分指标倾向于重点市区，下达给边境地区的指标较少，规划建设用地规模已不能适应边境发展的新形势，亟须对边境国土空间规划进行调整。中越边境地区是我国重要的生态屏障，但目前研究区没有全部被纳入生态补偿范围，以及目前不完善的生态补偿机制，不能最大程度地鼓励地方政府和居民积极参与生态环境保护工作，也不利于该地区长期走绿色生态经济发展道路，研究区生态环境脆弱，易受人类活动的影响，目前局部地区生态环境已遭到不同程度的破坏。

（2）中国中越边境地区土地利用多功能时空动态评价和障碍因子诊断结果

本书将中国中越边境地区土地利用功能划分为农业生产功能、社会保障功能、生态服务功能、景观游憩功能和国家安全功能五个子系统，在此基础上构建评价指标体系，然后运用改进的 TOPSIS 方法对土地利用多功能进行评价，基于 GIS 的空间分析技术研究各功能的空间演变特征，并运用指标偏离度和障碍度模型诊断影响因子。

从时间序列上看，中国中越边境各县域土地利用综合功能随时间推移总体呈不断提高的良性发展趋势（个别县域个别年份除外），表明近年来我国出台的各类相关政策确实提升了区域土地利用的多功能效益。各县域农业生产功能演变类型多样化，波动提高型县域居主导地位，个别县域农业生产功能在波动中衰退（凭祥市），但不影响研究区农业的总体发展趋势，总的来说，研究区农业生产功能总体呈稳定提高的态势。研究区土地利用的社会保障功能除防城区属于波动衰退型外，其余县域均在一定范围内波动或总体呈提高的态势，总体上研究区土地利用的社会保障功能先下降后上升，上升的幅度大于下降的幅度。研究期内，只有绿春县土地利用的生态服务功能在波动中提高，多数县域土地利用的生态服务功能在一定范围内上下浮动或波动衰退，研究区土地利用的生态服务功能总体呈波动衰退的趋势；中国中越边境地区生态环境保护问题应引起相关部门和社会各界人士的高度重视。中国中越边境地区旅游产业发展势头良好，所有县域土地利用的景观游憩功能都处于稳定提高的状态。边境地区土地利用的国家安全功能随经济社会进入发展和成熟阶段表现出不同的特征，多数发展型县域土地利用的国家安全功能不断提高，经济社会发展相对成熟型县域土地利用的国家安全功能容易受经济利益的影响。我国历来高度重视边境的安全问题，中越边境地区土地利用的国家安全功能总体处于波动提高的状态，为我国的总体安全做出了重大贡献。

从空间演变特征来看，中国中越边境地区土地利用的综合功能表现出显著的空间分异特征和明显的空间聚集特征；研究期初，研究区土地利用综合功能表现出显著的东高西低的空间分异特征，高值区主要集聚在中东部地区，低值区主要集聚在西部地区；研究中期，高值区主体规模由东部逐渐向西部转移；研究末期，土地利用综合功能呈现中间高、两头低的空间分布格局。农业生产功能高值区前期主要集中在东部地区，后逐渐向中西部地区转移，后期高值区主要集中在中部和西部地区。2000—2015年研究区土地利用的社会保障功能相对高值区呈现由东部向西部演变的趋势，2018年除地处东西两端的防城区和江城县以外，其他县域土地利用的社会保障功能均达到较理想的状态。研究区土地利用生态服务功能空间演变规律不显著，2000年高值区以云南段为主；2010年和2015年研究区土地利用生态服务功能呈高低相间的空间分布格局；2018年又出现空间聚集的格局，以中部的马关县、麻栗坡县、富宁县和靖西市为生态服务功能高值区大组团，以最西端的江城县和绿春县为生态服务功能高值区小组团。研究区景观游憩功能在各阶段呈现不同的空间分异特征，2000年高值区主要分布在广西的凭祥市、东兴市和防城区，以及云南的金平县、河口县和麻栗坡县；2005—2015年景观游憩功能高值区逐渐向广西各地演变，到2018年中国中越边境沿线上旅游产业全面发展。研究区土地利用的国家安全功能表现出较明显的地域分异特征和空间演变规律；2000年呈现东高西低的空间分布格局，云南段土地利用的国家安全功能普遍低于广西段；2010年和2015年高值区逐渐向中西部地区转移，但广西段依然占据主导地位，到2018年高值区主要集中在研究区的中西部地区。

从障碍因子的诊断结果来看，影响中国中越边境地区各县域土地利用综合功能效益的主要障碍因子具有普遍一致性，障碍度从高到低依次为旅游收入、2A级以上景区个数、旅游接待人次、城乡居民收入平衡指数、土地退化指数、耕地撂荒比例，主要障碍因子涵盖了社会保障、生态服务、景观游憩和国家安全四个方面，其中景观游憩功能方面的障碍因子占据主导地位，但景观游憩功能障碍因子主要体现在研究前期，中后期已经逐步得到缓解，今后随着中国中越边境各地旅游产业不断发展，景观游憩功能领域的障碍因子障碍度将会逐渐减弱。近年来，虽然中国中越边境地区旅游产业蓬勃发展，但由于多数县域旅游产业发展时间较短、投入力度不足，景观游憩功能在土地利用各功能效益总和中所占的比重较小，各项评价指标仍有较大优化空间，景观游憩功能未来发展潜力巨大。

（3）中国中越边境地区土地利用多功能耦合协调的时空特征及格局演化

中国中越边境所有县域土地利用多功能之间的综合耦合度和各县域两两功能之间的耦合度均属于耦合协调类型，表明中国中越边境地区土地利用的农业生产功能、社会保障功能、生态服务功能、景观游憩功能、国家安全功能之间相互作用强度较大，任何一个子系统的变化都会引起其他子系统随之变化，进而影响边境土地利用的总体效益。研究区土地利用多功能综合耦合度的时空格局差异显著。时间序列上，研究区土地利用多功能耦合的总体情况可划分为三个阶段：第一阶段为2000—2010年的平稳发展期，第二阶段为2010—2015年的快速提高期，第三阶段为2015—2018年的缓慢提高期。研究期内，农业生产功能与国家安全功能耦合度最高，其次是农业生产功能与生态服务功能耦合度和生态服务功能与国家安全功能耦合度，生态服务功能与景观游憩功能耦合度前期最低，后期快速提高并达到与其他类型耦合度同等水平。空间上，土地利用多功能耦合度呈现出云南段各县域比广西段各县域变化幅度更小、发展更平稳的状态。

研究期内，中国中越边境地区土地利用多功能耦合协调度呈现良好协调发展和优质协调发展两种类型，由良好协调发展向优质协调发展演变是研究区土地利用多功能之间耦合协调的主体趋势；土地利用两两功能之间的耦合协调度呈现中级协调发展、良好协调发展和优质协调发展三种类型，多数县域各功能之间的耦合协调度由低级别向高级别演进，个别县域由于土地利用各子功能之间发展不平衡导致部分功能之间耦合协调度有下降的趋势。总的来说，中国中越边境地区土地利用多功能之间的耦合协调度总体呈上升趋势。土地利用各功能之间的关系越来越密切，协调程度逐年提高，为边境地区经济社会协调稳定发展奠定了良好的基础。土地利用两两功能之间的耦合协调度均属于中级协调发展及以上类型，各项土地利用功能之间处于较好的耦合协调发展状态。中国中越边境地区土地利用各功能间的耦合协调度与其耦合度的空间分布具有一定的关联性，耦合协调度的高值区与耦合度的高值区大致吻合。

（4）中国中越边境地区土地利用主导功能类型划分与优化调控

本书确定大新县为农业主导型县域，绿春县为社会主导型县域，江城县、马关县、靖西市为生态主导型县域，金平县、河口县、麻栗坡县、富宁县、凭祥市、防城区、东兴市7个县域为旅游主导型县域，龙州县、那坡县、宁明县为安全主导型县域。从土地利用各主导类型包含的县域数量来看，景观游憩功能已成为中国中越边境地区多数县域土地利用的引领功能，旅游已成为中国中越边境地区新兴的产业并逐步发展成为该地区重要的支柱产业。

按照"优势功能优化提升、弱势功能侧重改善"的原则，本书针对不同土地利用的主导功能类型，基于微观层面从多角度提出各主导功能类型和各县域土地利用多功能的优化方向以及具体的调控措施；针对中国中越边境地区土地利用存在的普遍问题及经济社会发展亟须解决的重大问题，本书跳出土地范畴看待边境土地利用和管理的问题，基于宏观层面从差异化的边境土地政策、优化边境国土空间开发格局、健全边境土地流转制度、推进边境户籍制度改革、边境生态保护与生态补偿机制等方面构建优化边境土地利用多功能的政策支持体系。

7.2　研究不足及展望

本书基于土地利用多功能已有研究成果和边境土地利用特点，识别了边境地区土地利用多功能研究应包含的内容，并尝试构建边境地区土地利用多功能研究的评价指标体系。本书理论上深化了土地利用多功能研究的内容，也在一定程度上弥补了边境土地利用研究的不足；实践上为我国各级人民政府制定差异化边境土地利用多功能优化政策提供参考。但由于受资料获取、研究时间、论文篇幅以及目前研究能力等方面的限制，本书的研究成果尚存在一些不足，还需要在今后长期的研究和实践中不断完善：

（1）研究范围可进一步扩大，提高研究成果的普适性和权威性

本书研究范围为我国的中越边境地区，而我国与世界上20个国家相邻，其中陆上邻国14个，海上邻国6个；由于受毕业时间、论文篇幅和短时间内笔者精力等条件的限制，本书只研究了我国的中越边境地区，没有研究其他边境地区，研究结果的普适性有待提高，权威性有待加强。我国尚未出台专门的边境土地政策，《中华人民共和国土地管理法》中也没有特别明确边境土地利用与管理的相关规程，目前边境地区的土地征收、土地出让、规划制定等工作

大多采用国家和省（自治区、直辖市）一级的各项标准和规范，不能完全适用于具有特殊地缘区位的边境地区，而我国边境地区大多属于经济社会落后区域，如不尽快出台差异化的边境经济社会发展优惠政策，将难以缩短区域发展差距，也不利于边境的社会稳定和国家领土的完整。下一步笔者将基于工作单位的研究平台，组建一支队伍致力于边境土地利用与边境土地政策的研究，扩大研究范围，加强实地调研，深入总结我国边境地区土地利用的特点及普遍存在的问题，系统开展我国边境土地利用研究，借鉴国外边境土地利用管理的成功经验和先进做法，提高研究成果的说服力和普遍适用性，力争为我国构建边境地区土地利用管理的差异化政策支持体系提供建议，努力为边境土地利用与管理献计献策。

（2）本书缺乏中国中越边境地区与越南中越边境地区及我国其他地区土地利用多功能的对比研究

土地利用是开放的空间，不同区域土地利用多功能既有相同点也有不同点，本书只注重研究中国中越边境地区土地利用多功能的时间动态评价以及研究区内各县域之间的空间演变问题，将中国中越边境地区作为一个相对密闭的空间进行研究。虽然通过越南政府工作报告、书籍、论文、网页等途径可获取越南边境的相关描述性文字信息，但是由于目前本书研究缺乏越南边境地区土地利用的矢量数据以及经济社会统计数据等资料，无法开展中国与越南边境地区土地利用多功能的定量比较研究。由于受篇幅及时间等条件限制，本书的研究没有将中国中越边境地区和其他边境地区及其他内陆地区进行定量对比研究，只在书中个别地方对土地利用现状进行定性对比研究。下一步，笔者将通过多种途径努力获取与我国相邻的越南边境地区的各类矢量数据和统计数据，进行中越边境地区中国边境与越南边境土地利用情况的深入对比研究，将中国中越边境地区与其他边境地区和广大内陆地区进行定量对比研究，进一步挖掘中国中越边境地区土地利用的特殊性和存在的问题，为云南和广西乃至全国边境各级地方政府提高边境管理水平献计献策。

（3）考虑国家安全的边境土地研究的展望

边境土地利用及管理的方式及效率对国家安全起到重要的作用，将国家安全纳入边境土地研究的范围将是未来土地科技领域的重要研究方向和内容，本书认为，未来边境土地研究应主要包含以下六项内容：一是构建详细的边境土地利用及经济社会发展动态数据库，研究边境土地利用结构和产业结构的演变规律及相互影响机制。二是深入边境地区调查，研究我国现行土地政策对边境经济发展及土地利用的影响，研究边民国土安全意识及土地利用行为对边境经济和社会安全的影响。三是出台边境土地政策、创新边境土地利用与管理模式，研究边境土地利用与兴边富民和乡村振兴的关系。四是提高土地利用、监测及管理的科技水平，构建跨国界土地利用动态数据库，对比我国与邻国边境土地利用变化特征，及时分析邻国土地利用变化对我国安全的影响，为我国各级政府及时采取有效应对措施提供借鉴。五是构建边境国土安全预警系统、边境地理信息安全预警系统等，开展边境国土安全预警分析，提出防控对策。六是研究编制边境国土空间规划，边境经济社会发展的机遇及模式区别于广大内陆地区，边境土地承载的功能和使命也具有特殊性，边境地区的国土空间规划不能完全按照其他地区进行编制，需要考虑国家安全的特殊功能以及边境产业发展的特殊需求。

参考文献

[1] 谢贵平. 中国边疆跨境非传统安全：挑战与应对 [J]. 国际安全研究, 2020 (1)：131-160.

[2] 余潇枫, 潘一禾, 王江丽. 非传统安全概论 [M]. 杭州：浙江人民出版社, 2007.

[3] 孙保全. 边疆治理与边疆发展、边境安全 [D]. 昆明：云南大学：2019.

[4] 罗柳宁. 中越边民的特殊需求与边疆安全的生成研究 [J]. 广西民族研究, 2018 (5)：70-76.

[5] 佚名. 一带一路 [EB/OL]. [2023-02-03]. https://baike.baidu.com/item/%E4%B8%80%E5%B8%A6%E4%B8%80%E8%B7%AF/13132427? fr = aladdin[Z]. 2019. [6] 矫德阳. 中俄边境贸易驱动下的区域土地利用演变及模拟研究 [D]. 北京：中国地质大学, 2017.

[7] 宋小青. 论土地利用转型的研究框架 [J]. 地理学报, 2017, 72 (3)：471-487.

[8] TURNER II B L, LAMBIN E F, REENBERG A. Land change science special feature：the emergence of land change science for global environmental change and sustainability [J]. Procceedings of the National Academy of Sciences, 2007 (104)：20666-20671.

[9] 段建南, 刘思涵, 李萍, 等. 土地功能研究进展与方向的思考 [J]. 中国土地科学, 2020, 34 (1)：8-16.

[10] VERBURG P H, VAN DE STEEG J, VELDKAMP A, et al. Fron land cover change to land function dynamics：A major challenge to improve land characterization [J]. Journal of environmental management. 2009, 90 (3)：1327-1335.

[11] WIGGERING H, DALCHOW C, GLEMNITZ M, et al. Indicators for multifunctional land use-linking socio-economic requirements with landscape potentials

［J］. Ecological Indicators, 2006, 6（1）：238-249.

［12］周子英. 土地利用及其功能变化研究［D］. 长沙：湖南农业大学, 2012.

［13］张洁瑕, 陈佑启, 姚艳敏, 等. 基于土地利用功能的土地利用分区研究：以吉林省为例［J］. 中国农业大学学报, 2008（3）：29-35.

［14］刘沛, 段建南, 王伟, 等. 土地利用系统功能分类与评价体系研究［J］. 湖南农业大学学报（自然科学版）, 2010, 36（1）：113-118.

［15］FAN Y, JIN X, GAN L, et al. Spatial identification and dynamic analysis of land use functions reveals distinct zones of multiple functions in eastern China ［J］. Science of the Total Environment. 2018, 642：33-34.

［16］RUDOLF DE GROOT. Function-analysis and valuation as a tool to assess land use conflicts in planning for sustainable, multi-functional landscapes ［J］. Landscape Urban Planning, 2006（75）：175-186.

［17］ADMINISTRATOR. 自然资源科技创新发展规划纲要［R］. 2018.

［18］DE GROOT R S, WILSON M A, BOUMANS R M J. A typology for the classification, description and valuation of ecosystem functions, goods and services ［J］. Ecological Economics. 2002, 41（3）：393-408.

［19］RAUDSEPP-HEAME C, PETERSON G D, BENNETT E M, et al. Ecosystem service bundles for analyzing tradeoffs in diverse landscapes ［J］. Proceeding of the National Academy of Sciences. 2010, 107（11）：5242-5247.

［20］傅伯杰. 系统认知土地资源的理论与方法［J］. 科学通报, 2019, 64（21）：2172-2179.

［21］FU B J, WEI Y P. Editorial overview：keeping fit in the dynamics of coupled natural and human systems ［J］. Current Opinion in Environmental Sustainability. 2018（33）：1-4.

［22］杨刚强, 张建清, 江洪. 差别化土地政策促进区域协调发展的机制与对策研究［J］. 中国软科学, 2012（10）：185-192.

［23］许坚. 改善国土安全, 促进边境发展：边境土地利用及土地政策创新学术研讨会综述［J］. 南方国土资源, 2018（1）：31-34.

［24］于立雪, 李锦鑫. 东北边境口岸土地资源合理利用与功能分区探究：以黑龙江省东宁县为例［J］. 延边大学学报（社会科学版）, 2011, 44（1）：36-42.

［25］刘长波, 杨栋会. 兴边富民行动下边境民族地区人居环境建设研究：

以云南为例［J］.经济学研究，2013（11）：70-72.

［26］洪惠坤."三生"功能协调下的重庆市乡村空间优化研究［D］.重庆：西南大学，2016.

［27］REENBERG A. Land systems research in denmark：Background and perspectives［J］. Geografisk Tidsskrift-Danish Journal of Geography. 2006, 106（2）：1-6.

［28］HELMING K, TSCHERNING K, KÖNIG B, et al. Exante impact assessment of land use changes in European regions：the SENSOR approach［M］. Germany：Springer：Berlin & Heidelberg, 2008：77-105.

［29］WIGGERING H, MÜLLER K, WERNER A, et al. The concept of multifunctionality in sustainable land development［M］. Germany：Springer：Berlin & Heidelberg, 2003：3-8.

［30］刘超，许月卿，孙丕苓，等.土地利用多功能性研究进展与展望［J］.地理科学进展，2016, 35（9）：1087-1099.

［31］刘彦随，刘玉，陈玉福.中国地域多功能性评价及其决策机制［J］.地理学报，2011, 66（10）：1379-1389.

［32］PÉREZ-SOBA M, PETIT S, JONES L. Land use functions-multifunctionality approach to assess the impact of land use changes on land use sustainability［C］. 2008.

［33］VEREIJKEN P H. Multifunctionality：Applying the OECD framework, a review of literature in the Netherlands［R］. Paris, France：OECD, 2001.

［34］陈婧，史培军.土地利用功能分类探讨［J］.北京师范大学学报（自然科学版），2005, 41（5）：536-540.

［35］易秋圆.县域城市土地利用功能分类与评价［D］.长沙：湖南农业大学，2013.

［36］VERBURG P H, OVERMARS K P. Combining top-down and bottom-up dynamics in land use modeling：Exploring the future of abandoned farmlands in Europe with the Dyna- CLUE model［J］. Landscape Ecology. 2009, 24（9）：1167-1181.

［37］XIE G D, ZHEN L, ZHANG C X, et al. Assessing the multifunctionalities of land use in China［J］. Journal of Resources and Ecology, 2010, 1（4）：311-318.

［38］PARACCHINI M L, PACINI C, JONES M L M, et al. An aggregation framework to link indicators associated with multifunctional land use to the stakeholder evaluation of policy options [J]. Ecological indicators. 2011, 11 (1): 71-80.

[39] PÉREZ- SOBA M, PETIT S, JONES L, et al. Land use functions: A multifunctionality approach to assess the impact of land use changes on land use sustainability [M]. Germany: Springer: Berlin & Heidelberg, 2008: 375-404.

[40] 杨忍. 广州市城郊典型乡村空间分化过程及机制 [J]. 地理学报, 2019, 74 (8): 1622-1636.

[41] 杨威. 土地功能分类及评价体系研究 [D]. 长沙: 湖南农业大学, 2017.

[42] 梁小英, 顾铮鸣, 雷敏, 等. 土地功能与土地利用表征土地系统和景观格局的差异研究: 以陕西省蓝田县为例 [J]. 自然资源学报, 2014, 29 (7): 1127-1135.

[43] 孙丕苓, 许月卿, 刘庆果, 等. 张家口市土地利用多功能性动态变化及影响因素 [J]. 中国农业资源与区划, 2018, 39 (8): 65-74.

[44] 蒙吉军, 王祺, 李枫, 等. 基于空间差异的黑河中游土地多功能利用研究 [J]. 地理研究, 2019, 38 (2): 369-382.

[45] 杜国明, 孙晓兵, 王介勇. 东北地区土地利用多功能性演化的时空格局 [J]. 地理科学进展, 2016, 35 (2): 232-244.

[46] 张晓平, 朱道林, 许祖学. 西藏土地利用多功能性评价 [J]. 农业工程学报, 2014, 30 (6): 185-194.

[47] 李欣, 殷如梦, 方斌, 等. 基于"三生"功能的江苏省国土空间特征及分区调控 [J]. 长江流域资源与环境, 2019, 28 (8): 1833-1846.

[48] 张乐敏. 青海省海晏县土地利用多功能评价 [D]. 北京: 中国地质大学, 2012.

[49] 李德一, 张树文, 吕学军, 等. 基于栅格的土地利用功能变化监测方法 [J]. 自然资源学报, 2011, 26 (8): 1297-1305.

[50] 王枫, 董玉祥. 基于灰色关联投影法的土地利用多功能动态评价及障碍因子诊断: 以广州市为例 [J]. 自然资源学报, 2015, 30 (10): 1698-1713.

[51] HELMING K, PéREZ- SOBA M. Landscape scenarios and multifunctionality: making land use impact assessment operational [J]. Ecology and Society. 2011, 16 (1): 50.

[52] 甄霖, 魏云洁, 谢高地, 等. 中国土地利用多功能性动态的区域分析 [J]. 生态学报, 2010, 30 (24): 6749-6761.

［53］范业婷.快速城镇化地区土地利用功能权衡与协同研究［D］.南京：南京大学，2019.

［54］林佳，宋戈，张莹.国土空间系统"三生"功能协同演化机制研究：以阜新市为例［J］.中国土地科学，2019，33（4）：9-17.

［55］党丽娟，徐勇，高雅.土地利用功能分类及空间结构评价方法：以燕沟流域为例［J］.水土保持研究，2014，21（5）：193-197.

［56］黄金川，林浩曦，漆潇潇.面向国土空间优化的三生空间研究进展［J］.地理科学进展，2017，36（3）：378-391.

［57］黎夏，刘小平."三规合一"服务的空间信息技术：地理模拟与优化［J］.遥感学报，2016，20（5）：1308-1318.

［58］黎夏，李丹，刘小平，等.地理模拟优化系统 GeoSOS 软件构建与应用［J］.中山大学学报（自然科学版），2010，49（4）：1-5.

［59］李少英.土地利用变化模拟模型及应用研究进展［J］.遥感学报，2017，21（3）：329-340.

［60］王德光，胡宝清，饶映雪，等.基于网格法与 ANN 的县域喀斯特土地系统功能分区研究［J］.水土保持研究，2012，19（2）：131-136.

［61］刘玉，刘彦随，郭丽英.基于 SOFM 的环渤海地区乡村地域功能分区［J］.人文地理，2013，28（3）：114-120.

［62］曲衍波，王世磊，赵丽鋆，等.山东省乡村地域多功能空间格局与分区调控［J］.农业工程学报，2020，36（13）：222-232.

［63］刘晓娜，封志明，姜鲁光，等.西双版纳土地利用/土地覆被变化时空格局分析［J］.资源科学，2014，36（2）：233-244.

［64］刘美玲，齐清文，刘景峰，等.云南边境地区土地利用/覆盖变化及环境效应分析［J］.云南地理环境研究，2006（2）：1-5.

［65］黎励，毛蒋兴，陆汝成.边境地区土地利用时空格局的分形动态研究：以广西崇左市为例［J］.水土保持研究，2014，21（5）：204-209.

［66］刘郑伟，付梅臣，丁茜.边境贸易地区土地利用变化驱动力演变研究［J］.资源科学，2018，40（4）：729-736.

［67］李怡，刘正佳，李裕瑞.边境贫困县建设用地变化特征与驱动因素：以广西龙州为例［J］.自然资源学报，2018，33（8）：1291-1303.

［68］黄天能，张建中，庞艳展.边境口岸城市土地利用转型及其社会经济关联因子分析［J］.广西财经学院学报，2020，33（4）：68-78.

［69］肖艳.基于遥感与 GIS 东北界河地区生态环境质量评价［D］.长春：

吉林大学, 2014.

[70] CHANHDA H, CI-FANG W, YAN-MEI Y, et al. Gis based land suitability assessment along laos-China border [J]. Journal of Forestry Research, 2010, 21 (3): 343-349.

[71] LU D, FITZGERALD R, STOCKWELL WR, et al. Numerical simulation for a wind dust event in the US/Mexico border region [J]. Air Quality, Atmosphere & Health, 2013, 6 (2): 317-331.

[72] 林莹. 中越边境地区土地利用变化及景观格局对比研究 [D]. 南宁: 广西师范学院, 2017.

[73] DONALD-F K. Contingent coordination: Practical and theoretical puzzles for homeland security [J]. The American Review of Public Administration, 2003, 33 (3): 253-277.

[74] 何跃. 冷战后中国西南边疆的安全困境与安全治理 [J]. 云南师范大学学报 (哲学社会科学版), 2007, 39 (5): 12-19.

[75] 雷韵. 边疆安全学视野下的边民土地意识构建: 以凭祥市友谊镇卡凤村为例 [J]. 广西民族研究, 2015 (2): 85-91.

[76] 杨才林. 古代西北屯田开发述论 [J]. 西北第二民族学院学报 (哲学社会科学版), 2003 (3): 71-75.

[77] 马小军. 中国领土主权安全的战略再审视 [J]. 国际展望, 2010 (5): 1-16.

[78] 王会鹏, 涂攀. 非传统安全视角下的东盟国家间领土边界争端及解决思路 [J]. 东南亚纵横, 2010 (5): 49-53.

[79] 杨雪, 谈明洪. 近年来北京市耕地多功能演变及其关联性 [J]. 自然资源学报, 2014, 29 (5): 733-743.

[80] 杨雪, 谈明洪. 北京市耕地功能空间差异及其演变 [J]. 地理研究, 2014, 33 (6): 1106-1118.

[81] 张英男, 龙花楼, 戈大专, 等. 黄淮海平原耕地功能演变的时空特征及其驱动机制 [J]. 地理学报, 2018, 73 (3): 518-534.

[82] 万伦来, 卢晓倩, 张颖. 矿产资源型地区生态系统服务功能的影响因素 [J]. 资源与产业, 2013, 15 (1): 50-54.

[83] KIENAST F, BOLLIGER J, POTSCHIN M, et al. Assessing landscape functions with broad-scale environmental data: In sights gained from a prototype development for Europe [J]. Environmental Management, 2009, 44 (6): 1099-

1120.

[84] 王枫, 董玉祥. 广州市土地利用多功能的空间差异及影响因素分析 [J]. 资源科学, 2015, 37 (11): 2179-2192.

[85] 王玥. 土地管理学 [M]. 北京: 中国农业大学出版社, 2018.

[86] 陆红生. 土地管理学概论 [M]. 北京: 中国农业出版社, 2018.

[87] 陈睿山. 土地系统功能及其可持续性评价 [J]. 中国土地科学, 2011, 25 (1): 8-15.

[88] 王文刚. 区域间土地利用功能置换的理论与实践研究 [D]. 长春: 东北师范大学, 2012.

[89] 王超. 试论土地的结构与功能 [J]. 中原地理研究, 1984 (2): 12-21.

[90] 申仲英. 系统中的结构与功能 [J]. 哲学研究, 1983 (8): 42-48.

[91] 王文萱. 湖南省土地利用系统空间演变及布局优化研究 [D]. 长沙: 湖南农业大学, 2018.

[92] 谭荣. 国家安全战略研究丛书: 中国土地安全评论 [M]. 北京: 金城出版社, 2014: 18-59.

[93] 百度百科. 总体国家安全观 [Z]. 2020.

[94] 肖凤城. 加强国土安全法律制度建设 [J]. 国防. 2015 (7): 32-33.

[95] 余飞. "国土安全" 是国家安全基础中的基础 [N]. 法制日报, 2014-04-28 (2).

[96] 黄天能. 土地整治规划实施综合效益评价 [D]. 南宁: 广西师范学院, 2014.

[97] 戴云菲. 可持续发展理论文献综述 [J]. 商, 2016 (13): 111.

[98] 世界环境与发展委员会. 我们共同的未来 [M]. 北京: 世界知识出版社, 1989.

[99] 杨青山. 人地关系、人地关系系统与人地关系地域系统 [J]. 经济地理, 2001, 21 (5): 532-537.

[100] 吴传钧. 人地关系地域系统的理论研究及调控 [J]. 云南师范大学学报 (哲学社会科学版), 2008 (2): 1-3.

[101] 郑度. 21 世纪人地关系研究前瞻 [J]. 地理研究, 2002 (1): 9-13.

[102] 信桂新, 杨朝现, 魏朝富, 等. 人地协调的土地整治模式与实践 [J]. 农业工程学报, 2015, 31 (19): 262-275.

[103] 夏德孝, 张道宏. 区域协调发展理论的研究综述 [J]. 生产力研究, 2008 (1): 144-147.

[104] 权衡. 中国区域经济发展战略理论研究述评 [J]. 中国社会科学, 1997 (6): 44-51.

[105] 李清泉. 中国区域协调发展战略 [M]. 福州: 福建人民出版社, 2000.

[106] 庞博. 促进区域经济协调发展的税收政策研究 [J]. 经济论坛, 2010 (3): 72-74.

[107] 高秉雄, 林大祥. 诺思的国家理论: 一个新的分析框架 [J]. 江汉论坛, 2018 (12): 60-64.

[108] 史修松. 中国区域经济差异与协调发展研究 [M]. 北京: 经济科学出版社, 2013.

[109] 张敦富, 覃成林. 中国区域经济差异与协调发展 [M]. 北京: 中国轻工业出版社, 2001.

[110] 曾坤生. 论区域经济动态协调发展 [J]. 中国软科学, 2000 (4): 119-124.

[111] 国家发展改革委宏观经济研究院国土开发与地区经济研究所课题组. 区域经济发展的几个理论问题 [J]. 宏观经济研究, 2003 (12): 3-17.

[112] 蒋清海. 论区域经济协调发展 [J]. 学术论坛, 1992 (3): 21-25.

[113] 廖荣华. 论区域经济协调发展的地域结构优化 [J]. 经济地理, 1993 (3): 14-19.

[114] 樊明. 市场经济条件下区域均衡发展问题研究 [J]. 经济经纬, 2006 (2): 73-76.

[115] 周叔莲, 魏后凯. 论政府在地区经济协调发展中的作用 [J]. 特区理论与实践, 1998 (12): 29-32.

[116] 王园林. 试论我国区域经济的协调发展 [J]. 现代财经, 2005, 25 (3): 19-22.

[117] 钟禾. 正视存在差距 促进区域经济协调发展 [J]. 经济研究参考, 2004 (58): 2-15.

[118] 陈玉宇, 黄国华. 中国地区增长不平衡与所有制改革 [J]. 经济科学, 2006 (1): 5-19.

[119] 林木西. 区域协调发展的改革逻辑 [J]. 经济理论与经济管理, 2020 (2): 4-5.

[120] 徐现祥, 李郇. 市场一体化与区域协调发展 [J]. 经济研究, 2005 (12): 57-67.

［121］欧阳慧.新时期促进区域协调发展的战略思考［J］.区域经济，2002（2）：55-59.

［122］刘庆刚.区域协调发展与西部开发：现代化进程的新阶段［J］.山东师大学报（社会科学版），1996（3）：14-17.

［123］张可云，洪世键.全球化背景下中国区域分工与合作问题探讨［J］.经济经纬，2004（6）：45-48.

［124］文云朝.关于地缘研究的理论探讨［J］.地理科学进展.1999，18（2）：172-175.

［125］帕克杰弗里.二十世纪的西方地理政治思想［M］.北京：解放军出版社，1992.

［126］DOUSSOT S. Geography and political skills：A case study in a school of education［J］. Journal of Social Science Education. 2012（4）：30-48.

［127］熊琛然，王礼茂，屈秋实，等.地理学之地缘政治学与地缘经济学：学科之争抑或学科融合？［J］.世界地理研究，2020，29（2）：296-306.

［128］胡志丁，陆大道.地缘结构：理论基础、概念及其分析框架［J］.地理科学，2019，39（7）：1045-1054.

［129］胡志丁，葛岳静，骆华松，等.地缘环境解析：理论与方法笔谈［J］.世界地理研究，2019，28（2）：2-12.

［130］周强，杨宇，刘毅，等.中国"一带一路"地缘政治研究进展与展望［J］.世界地理研究，2018，27（3）：1-10.

［131］王丰龙，胡志丁，刘承良，等.中国政治地理与地缘政治理论研究展望：青年学者笔谈［J］.世界地理研究，2020，29（2）：232-251.

［132］王铮.新地缘政治经济结构进化与治理［M］.北京：科学出版社，2017.

［133］李敦瑞.地缘经济学的理论流派与发展趋向［J］.中南财经政法大学学报，2009（1）：26-29.

［134］刘从德.地缘政治学导论［M］.北京：中国人民大学出版社，2010：236-241.

［135］陆大道，杜德斌.关于加强地缘政治地缘经济研究的思考［J］.地理学报，2013，68（6）：723-727.

［136］周骁男.地缘政治与地缘经济的研究路径比较［J］.长春工业大学学报（社会科学版），2005（4）：39-41.

［137］陈才.区域经济地理学的学科理论与实践［M］.北京：科学出版

社，2010.

［138］张雷堃. 边境地区公共安全治理问题与对策研究 ［D］. 南宁：广西大学，2018.

［139］BUZAN B. People，states & fear：An agenda for international security studies in the post-cold war era ［J］. Revista Académica De relaciones Internacionales. 2008（9）：1-53.

［140］联合国开发计划署组织. 2004 年人类发展报告 ［M］. 北京：中国财政经济出版社，2004.

［141］李学保. 边疆民族地区安全稳定研究：不同视角的分析 ［J］. 湖北省社会主义学院学报，2019（6）：50-55.

［142］"中国边疆治理与国家安全"学术研讨会 ［Z］. 2019：37，2-161.

［143］韦福安. 中法战争与中越边境地区的近代化契机：以近代滇越、桂越边境贸易和交通变迁比较为例 ［J］. 广西民族研究，2008（2）：167-174.

［144］黎励. 中越边境地区（广西段）土地利用分形时空格局及驱动力研究 ［D］. 南宁：广西师范学院，2015.

［145］刘琳琳. 广西中越边境喀斯特地区自然生态旅游景观价值提升研究 ［D］. 南宁：广西师范学院，2014.

［146］邓德山，张华，唐赛春. 中国中越边境地区有毒植物资源的调查研究 ［J］. 广西植物，2003（1）：7-10.

［147］章博远. 滇、桂两省中越边境地区藓类区系及越南藓类物种多样性研究 ［D］. 上海：华东师范大学，2016.

［148］潘安兴. 基于国土安全的广西沿边土地政策创新研究 ［M］. 郑州：黄河水利出版社，2018.

［149］李春连. 建国以来中越边境民族地区经济发展环境研究 ［D］. 南宁：广西师范大学，2008.

［150］李崇. 越南边境民族政策对我国云南中越交界地区跨界民族的影响及对策研究 ［D］. 北京：中央民族大学，2013.

［151］李碧华. 革新以来越南实行民族政策的情况 ［J］. 东南亚纵横，2009（11）：70-79.

［152］王孔敬. 革新后越南越中边境民族政策及其对中国的影响 ［J］. 东南亚研究，2007（4）：46-49.

［153］张鹤光，熊元荣，王华，等. 中越边界（文山段）跨境民族调查报告 ［J］. 文山师范高等专科学校学报，2002（2）：1-11.

［154］欧明刚，何敏.云南与广西口岸建设的成效、问题与建议［J］.亚太经济，2016（1）：123-127.

［155］梁妍妍.基于区域经济一体化广西边境贸易发展研究综述［J］.产业与科技论坛，2011，10（8）：45-46.

［156］邓玉函，秦红增.合作共赢：近代以来中越边境陆路口岸演变研究［J］.中国边疆史地研究，2019，29（3）：163-174.

［157］尉蓝戈.中越贸易研究（1950—2016）［D］.昆明：云南财经大学，2016.

［158］杨清震.中国边境贸易概论［M］.北京：中国商务出版社，2005.

［159］郭明等.中越关系演变四十年［M］.南宁：广西人民出版社，1992.

［160］范宏贵，刘志强.中越边境贸易研究［M］.北京：民族出版社，2006.

［161］龙保贵.中越边境民族地区扶贫开发政策及实施效果比较［J］.红河学院学报，2017，15（1）：8-14.

［162］刘洪.中越边境区发展失衡调查：越南老街反超云南河口背后的政策激励和对策建议［J］.外资经贸，2014（15）：32-34.

［163］向媛秀，向秋华，粟增富.越南政府推动（中越）边境地区经济发展的政策及借鉴［J］.生产力研究，2011（6）：135-137.

［164］刘建文，刘丹蓉.中越两国跨境经济合作区政策比较探：以中越凭祥—同登跨境经济合作区为例［J］.东南亚纵横，2013（10）：50-53.

［165］盘金贵.中越两国边境扶贫政策差异分析：以云南麻栗坡县、越南河江省为例［J］.今日南国（理论创新版），2008（12）：225-227.

［166］李升发，李秀彬.耕地撂荒研究进展与展望［J］.地理学报，2016，71（3）：370-389.

［167］DANIEL M, MUNROE D K. Changing rural landscapes in Albania: Cropland abandonment and forest clearing in the postsocialist transition［J］. Annals of the Association of American Geographers, 2008, 98（4）：855-876.

［168］OSAWA T, KOHYAMA K, MITSUHASHI H. Multiple factors drive regional agricultural abandonment［J］. Science of the Total Environment, 2016, 542：478-483.

［169］KRAUSE A, PUGH T A M, BAYER A D, et al. Impacts of land-use history on the recovery of ecosystems after agricultural abandonment［J］. Earth System Dynamics, 2016, 7 (3): 745-766.

[170] ROMERO-DAZ A, RUIZ-SINOGA J D, ROBLEDANO-AYMERICH F, et al. Ecosystem responses to land abandonment in Western mediterranean Mountains [J]. Catena, 2017, 149: 824-835.

[171] NOVARA A, GRISTINA L, SALA G, et al. Agricultural land abandonment in Mediterranean environment provides ecosystem services viasoil carbon sequestration [J]. Cience of the Total Environment, 2017, 576: 420-429.

[172] GLAUBEN T, TIETJE H, WEISS C. Agriculture on the move: exploring regional differences in farm exit rates in western Germany [J]. Jahrbuch für Regional Wissenschaft. 2006, 26 (1): 103-118.

[173] KUEMMERLE T, OLOFSSON P, CHASKOVSKYY O, et al. Post-soviet farmland abandonment, forest recovery, and carbon sequestration in western Ukraine [J]. Global Change Biology. 2011, 17 (3): 1335-1349.

[174] 黄天能, 李江风, 温雪, 等. 桂西资源富集区土地利用转化的时空特征 [J]. 中国农业资源与区划, 2020, 41 (12): 141-148.

[175] SPERA S A, COHN A S, VANWEY L K, et al. Recent cropping frequency, expansion, and abandonment in Mato Grosso, Brazil had selective land characteristics [J]. Environmental Research Letters, 2014, 9 (6): 1-12.

[176] ESTEL S, KUEMMERLE T, ALCÁNTARA C, et al. Mapping farmland abandonment and recultivation across Europe using MODIS NDVI time series [J]. Remote Sensing of Environment, 2015, 163: 312-325.

[177] RENWICK A, JANSSON T, VERBURG P H, et al. Policy reform and agricultural land abandonment in the EU [J]. Land Use Policy, 2013, 30 (1): 446-457.

[178] ZHANG Y, LI X, SONG W. Determinants of cropland abandonment at the parcel, household and village levels in mountain areas of China: a multi-level analysis [J]. Land Use Policy, 2014 (41): 186-192.

[179] ZUMKEHR A, CAMPBELL J E, HISTORICAL U. S. Cropland areas and the potential for bioenergy production on abandoned croplands [J]. Environmental Science & Technology. 2013, 8 (47): 3840-3847.

[180] 李升发, 李秀彬, 辛良杰, 等. 中国山区耕地撂荒程度及空间分布: 基于全国山区抽样调查结果 [J]. 资源科学, 2017, 39 (10): 1801-1811.

[181] 王倩, 邱俊杰, 劲余. 移民搬迁是否加剧了山区耕地撂荒: 基于陕

南三市 1578 户农户面板数据 [J]. 自然资源学报, 2019, 34 (7): 1377-1390.

[182] 金芳芳, 辛良杰. 中国闲置耕地的区域分布及影响因素研究 [J]. 资源科学, 2018, 40 (4): 719-728.

[183] 李莉. 高耗能行业结构调整和能效提高对我过 CO_2 排放峰值的影响: 基于 STIRPAT 模型的实证分析 [J]. 生态经济, 2015, 31 (8): 74-79.

[184] 高帆. 中国居民收入差距变动的因素分解: 趋势及解释 [J]. 经济科学, 2012 (3): 5-17.

[185] 刘新建. 不变价格投入产出表编制及应用中的若干理论问题 [J]. 统计与决策, 2011 (18): 12-16.

[186] 张利国, 王占岐, 柴季, 等. 湖北省耕地多功能地区差异及综合分区研究 [J]. 地域研究与开发, 2019, 38 (5): 125-130.

[187] LONG H L L Y. A commentary on the international conference on land use issues and policy in China under rapid rural and urban transformation [J]. Journal of Resources and Ecology, 2012, 4 (3): 384.

[188] 杨忍, 刘彦随, 龙花楼, 等. 中国乡村转型重构研究进展与展望: 逻辑主线与内容框架 [J]. 地理科学进展, 2015, 34 (8): 1019-1030.

[189] 甄霖, 曹淑艳, 魏云洁, 等. 土地空间多功能利用: 理论框架及实证研究 [J]. 资源科学, 2009, 31 (4): 544-551.

[190] 樊杰. 中国主体功能区划方案 [J]. 地理学报, 2015, 70 (2): 186-201.

[191] 李广东, 方创琳. 城市生态—生产—生活空间功能定量识别与分析 [J]. 地理学报, 2016, 71 (1): 49-65.

[192] 刘继来, 刘彦随, 李裕瑞. 中国"三生空间"分类评价与时空格局分析 [J]. 地理学报, 2017, 72 (7): 1290-1304.

[193] 易秋圆, 段建南. 土地利用功能分类与评价研究进展 [J]. 贵州农业科学, 2013, 41 (2): 188-191.

[194] GAODI X, LIN Z, CAIXIA Z, et al. Assessing the multifunctionalities of land use in China [J]. Journal of Resources and Ecology, 2010, 1 (4): 311-318.

[195] 黄安, 许月卿, 郝晋珉, 等. 土地利用多功能性评价研究进展与展望 [J]. 中国土地科学, 2017, 31 (4): 88-97.

[196] 孙丕苓, 许月卿, 刘庆果, 等. 环京津贫困带土地利用多功能性的县域尺度时空分异及影响因素 [J]. 农业工程学报, 2017, 33 (15): 283-292.

[197] 安悦, 周国华, 贺艳华, 等. 基于"三生"视角的乡村功能分区及调控: 以长株潭地区为例 [J]. 地理研究, 2018, 37 (4): 695-703.

[198] 龙花楼，刘彦随.中国土地利用问题与政策国际研讨会在北京举行 [J].地理学报，2012，67（11）：1579-1581.

[199] 黄天能，李江风，许进龙，等.资源枯竭城市转型发展绩效评价及障碍因子诊断：以湖北大冶为例 [J].自然资源学报，2019，34（7）：1417-1428.

[200] 王成，彭清，唐宁，等.2005—2015年耕地多功能时空演变及其协同与权衡研究：以重庆市沙坪坝区为例 [J].地理科学，2018，38（4）：590-599.

[201] 李玉平.河南省粮食生产与耕地变化的分析及预测 [J].地域研究与开发，2007（3）：95-98.

[202] 刘笑彤，蔡运龙.基于耕地压力指数的山东省粮食安全状况研究 [J].中国人口·资源与环境.2010，20（S1）：334-337.

[203] 谢高地，甄霖，鲁春霞，等.一个基于专家知识的生态系统服务价值化方法 [J].自然资源学报，2008（5）：911-919.

[204] 梁倩婧.广西边境地区土地安全评价 [D].南宁：广西师范学院，2017.

[205] 彭建，吴健生，潘雅婧，等.基于PSR模型的区域生态持续性评价概念框架 [J].地理科学进展.2012，31（7）：933-940.

[206] 马丁丑，王文略，马丽荣.甘肃农业循环经济发展综合评价和制约因素诊断及对策 [J].农业现代化研究，2011，32（2）：204-208.

[207] PAN Z W, DAI Z R, WANG Z L. Nanobelts of semiconducting oxides [J]. Science, 2001, 291（5510）：1947-1949.

[208] 鲁春阳，文枫，杨庆媛，等.基于改进TOPSIS法的城市土地利用评价及障碍因子诊断：以重庆市为例 [J].资源科学，2011，33（3）：535-541.

[209] 邱根胜，邹水木，刘日华.多指标决策TOPSIS法的一种改进 [J].南昌航空工业学院学报（自然科学版），2005（3）：1-3.

[210] XIANG YANGKONG Y D R Z. Single crystal nanorings formed by epitaxial self coiling of polar nanobelts [J]. Science. 2004, 303（2）：1348-1351.

[211] 胡永宏.对TOPSIS法用于综合评价的改进 [J].数学的实践与认识.2002（4）：572-575.

[212] 苏飞，张平宇.基于集对分析的大庆市经济系统脆弱性评价 [J].地理学报，2010，65（4）：454-464.

［213］王成成. 广西边民土地利用行为对国土安全的影响研究［D］. 南宁：广西师范学院，2018.

［214］田俊峰，王彬燕，王士君. 东北三省城市土地利用效益评价及耦合协调关系研究［J］. 地理科学，2019，39（2）：305-315.

［215］张路路，郑新奇，孟超，等. 湖南省土地多功能耦合协调度时空分异［J］. 中国土地科学，2019，33（3）：85-94.

［216］单薇，全晓斌，冉娜，等. 江苏省土地利用"生产-生活-生态"功能变化与耦合特征分析［J］. 长江流域资源与环境，2019，28（7）：1541-1551.

［217］王成，唐宁. 重庆市乡村三生空间功能耦合协调的时空特征与格局演化［J］. 地理研究，2018，37（6）：1100-1114.

［218］张光宏，马艳. 城郊土地利用社会经济效益和生态环境效益的动态耦合关系：以武汉市远城区为例［J］. 农业技术经济，2014（11）：14-20.

［219］曹堪宏，朱宏伟. 基于耦合关系的土地利用效益评价：以广州和深圳为例［J］. 中国农村经济，2010（8）：58-66.

［220］梁红梅，刘卫东，刘会平，等. 深圳市土地利用社会经济效益与生态环境效益的耦合关系研究［J］. 地理科学，2008，28（5）：636-641.

［221］梁红梅，刘卫东，刘会平，等. 土地利用社会经济效益与生态环境效益的耦合关系：以深圳市和宁波市为例［J］. 中国土地科学，2008（2）：42-48.

［222］仇娟东，赵景峰，吴建树. 基于耦合关系的中国区域土地利用效益水平测度［J］. 中国人口·资源与环境. 2012，22（1）：103-110.

［223］王国刚，刘彦随，方方. 环渤海地区土地利用效益综合测度及空间分异［J］. 地理科学进展，2013，32（4）：649-656.

［224］倪维秋. 中国三大城市群城市土地利用经济—社会—生态效益的耦合协调性及其空间格局［J］. 城市发展研究，2016，23（12）：69-77.

［225］熊建新，陈端吕，彭保发，等. 洞庭湖区生态承载力系统耦合协调度时空分异［J］. 地理科学，2014，34（9）：1108-1116.

［226］孔伟，任亮，王淑佳，等. 河北省生态环境与经济协调发展的时空演变［J］. 应用生态学报，2016，27（9）：2941-2949.

［227］姜磊，柏玲，吴玉鸣. 中国省域经济、资源与环境协调分析：兼论三系统耦合公式及其扩展形式［J］. 自然资源学报，2017，32（5）：788-799.

［228］KATES R W，CLARK W C，CORELL R，et al. Environment and development-sustainability science [J]. Science, 2001, 292 (5517): 641-642.

　[229] 成周, 冯学钢, 睿唐. 区域经济—生态环境—旅游产业耦合耦合协调发展分析与预测: 以长江经济带沿线各省市为例 [J]. 经济地理, 2016, 36 (3): 186-193.

　[230] 王琦, 汤放华. 洞庭湖区生态—经济—社会系统耦合协调发展的时空分异 [J]. 经济地理, 2015, 35 (12): 161-167.

　[231] 杨忍, 刘彦随, 龙花楼. 中国环渤海地区人口—土地—产业非农化转型协同演化特征 [J]. 地理研究, 2015, 34 (3): 475-486.

　[232] 丛晓男. 耦合度模型的形式、性质及在地理学中的若干误用 [J]. 经济地理, 2019, 39 (4): 18-25.

　[233] 王亚华, 袁源, 王映力, 等. 人口城市化与土地城市化耦合发展关系及其机制研究: 以江苏省为例 [J]. 地理研究, 2017, 36 (1): 149-160.

　[234] 张旺, 周跃云, 胡光伟. 超大城市"新三化"的时空耦合协调性分析: 以中国十大城市为例 [J]. 地理科学, 2013, 33 (5): 562-569.

　[235] 张玉萍, 瓦哈甫·哈力克, 党建华, 等. 吐鲁番旅游—经济—生态环境耦合协调发展分析 [J]. 人文地理, 2014, 29 (4): 140-145.

　[236] TANG Z. An integrated approach to evaluating the coupling coordination between tourism and the environment [J]. Tourism Management, 2015, 46: 11-19.

　[237] 党建华, 瓦哈甫·哈力克, 张玉萍, 等. 吐鲁番地区人口—经济—生态耦合协调发展分析 [J]. 中国沙漠, 2015, 35 (1): 260-266.

　[238] 钟霞, 刘毅华. 广东省旅游—经济—生态环境耦合协调发展分析 [J]. 热带地理, 2012, 32 (5): 568-574.

　[239] 廖重斌. 环境与经济协调发展的定量评判及其分类体系: 以珠江三角洲城市群为例 [J]. 热带地理, 1999, 19 (2): 171-177.

　[240] 戈大专, 龙花楼, 张英男, 等. 中国县域粮食产量与农业劳动力变化的格局及其耦合关系 [J]. 地理学报, 2017, 72 (6): 1063-1077.

　[241] DAY J, CAI L. Environmental and energy-related challenges to sustainable tourism in the United States and China [J]. International Journal of Sustainable Development and World Ecology, 2012, 19 (5): 379-388.

　[242] 斯蒂芬, 史密斯. 游憩地理学理论与方法 [M]. 北京: 高等教育出版社, 1992.

　[243] GOSSLING S. Global environmental consequences of tourism [J]. Global Environmental Change-Human and Policy Dimensions. 2002, 12 (2): 283-302.

[244] 范业婷，金晓斌，项晓敏，等.江苏省土地利用功能变化及其空间格局特征 [J].地理研究，2019，38（2）：383-398.

[245] 陈百明.中国土地利用与生态特征区划 [M].北京：气象出版社，2003.

[246] 樊杰.我国主体功能区划的科学基础 [J].地理学报，2007（4）：339-350.

[247] 金贵，邓祥征，张倩，等.武汉城市圈国土空间综合功能分区 [J].地理研究，2017，36（3）：541-552.

[248] CHRISTOPHER P C. Allocation rules for land division [J]. Journal of Economic Theory，2005，121（2）：236-258.

[249] NICK G K S K. Land zoning and local discretion in the Korean planning system [J]. Land Use Policy. 2001，3（18）：233-243.

[250] DANIEL P M J F M. Land use before zoning：The case of 1920's [J]. Chicago Sregional Science And Urban Economics. 1999，29（4）：473-489.

[251] 罗开富.再论自然区划问题 [J].地理学报，1955，21（3）：311-313.

[252] 任乃强.四川省之自然区划与天产配布 [J].地理学报，1936（4）：727-741.

[253] 邓静中.我国土地利用现状区划 [M].北京：农业出版社，1964：23-48.

[254] 刘慧，高晓路，刘盛和.世界主要国家国土空间开发模式及启示 [J].世界地理研究，2008（2）：38-46.

[255] 郑度.中国区划工作的回顾与展望 [J].地理研究，2005，24（3）：330-344.

[256] 张利国.库区土地利用多功能时空分异及综合分区研究 [D].北京：中国地质大学，2019.

[257] 张利国，王占岐，魏超，等.基于村域多功能视角的乡村振兴策略：以鄂西郧阳山区为例 [J].资源科学，2019，41（9）：1703-1713.

[258] 龙花楼，刘彦随，邹健.中国东部沿海地区乡村发展类型及其乡村性评价 [J].地理学报，2009，64（4）：426-434.

[259] 张路路.湖南省国土空间共生分区研究 [D].北京：中国地质大学，2017.

[260] 刘长新，侯微.越南农村土地政策革新浅析与借鉴 [J].农业经济，

2013 (5)：73-74.

[261] 邓强，苏志军.为民治土 为国固边：基于国土安全的中越边境地区土地利用思路研究 [J].中国土地.2013 (8)：21-23.

[262] 黄伟生.越南促进边境地区经济社会发展的政策及其对我国的启示 [J].学术论坛，2008 (11)：104-108.

[263] 赵松.越南的土地征用、收回与补偿 [J].国土资源，2007 (8)：48-51.

[264] 张玫，丁士军.越南土地政策概述 [J].世界农业，2004 (7)：32-34.

[265] 柳岸林.新加坡土地利用及其发展对策 [J].国土资源，2005 (5)：52-53.

[266] 柳岸林.新加坡土地利用的新举措及其发展对策 [J].现代经济探讨，2005 (6)：24-26.

[267] 缪德刚.从单一产权到"三权分置"：新中国农村土地产权制度70年沿革 [J].西南民族大学学报（人文社科版），2019，40 (12)：103-112.

[268] 黄天能，李江风.非农就业视角下广西农村土地经营权转出意愿及转出行为研究 [J].江苏农业科学，2019，47 (15)：38-43.

[269] 韩长赋.中国农村土地制度改革 [J].农业经济问题，2019 (1)：4-16.

[270] 陈汉.乡村振兴战略下的土地制度改革与管理思考 [J].中国国土资源经济，2019，32 (1)：15-19.

[271] 张翔.土地制度改革：乡村振兴的突破口 [J].人民论坛，2019 (6)：64-65.

[272] 欧阳志云，郑华，岳平.建立我国生态补偿机制的思路与措施 [J].生态学报，2013，33 (3)：686-692.

[273] 杜黎明.主体功能区配套政策体系研究 [J].开发研究，2010 (1)：12-16.

[274] ZHUANG G T, GAO P, WANG X J. Theory and practice of the levy on eco-environmental compensation in China [J]. China Environmental Science, 1995 (6)：413-418.

[275] 中华人民共和国财政部.中央对地方重点生态功能区转移支付办法 [C]. 2019.

[276] 广西壮族自治区人民政府.广西壮族自治区主体功能区规划 [R]. 2013.